パーソナルアシスタンス

障害者権利条約時代の新・支援システムへ

［編］
岡部耕典

［執筆］
山下幸子／中根成寿／圓山里子／深田耕一郎／白井誠一郎
麦倉泰子／鈴木良／木口恵美子／清原舞／浜島恭子／小川喜道

生活書院

読者への手引き──はしがきに代えて

はじめに

　2014年1月20日に障害者の権利に関する条約（Convention on the Rights of Persons with Disabilities、以下「障害者権利条約」）が日本国政府によって批准され、障害者を保護の客体ではなく権利の主体とするパラダイム転換を図るための国内制度の改革も次のステージを迎えている。
　障害者権利条約の基本的な考え方においては、障害（disability）とは、機能障害（impairment）のある者と彼らに対する社会の態度及び環境による障壁との相互作用により他の者との平等な社会参加が妨げられることによって生じるものであるとする「障害の社会モデル」が採用され、医療やリハビリテーションを中心とする「障害の個人モデル」からの転換が求められている。
　「権利の主体としての障害者」「障害の社会モデル」が障害者権利条約の基本概念として取り入れられたのはいずれも国際的な障害者運動や障害学の長年の主張や研究の成果の反映である。そしてDPI日本会議や日本の自立生活運動の取り組みにおいて具体的に求められたのは、障害者差別禁止法の制定によって、障害者の就労・就学・社会参加の領域における従来の保護的政策を差別禁止と合理的配慮に基づく人権保障政策へと転換させることであり、パーソナルアシスタンス中心の支援システムを確立することにより、政府や専門家主導の福祉サービスを当事者主体の支援へと置き換えることであった。
　目指されたこのような2つのパラダイム転換において、前者はひとまず2013年8月成立の障害者差別解消法というかたちをとって制度的に具現化している。しかし、後者のために障がい者制度改革推進会議総合福祉部会が行った「障害者総合福祉法の骨格に関する総合福祉部会の提言」（以下、骨格提言）は、障害者自立支援法に代わって2013年4月より施行された障害

者総合支援法にはほとんど反映されておらず、その意味では制度改革はいまだ明確なそのかたちを得ていない。

　障害者権利条約第19条は「全ての障害者が他の者と平等の選択の機会をもって地域社会で生活する平等の権利を有することを認める」ことを謳い、そのために必要な在宅サービス、居住サービスその他の地域社会支援サービスとしてパーソナルアシスタンス（personal assistance）が特記されている。重度訪問介護を発展的に継承したパーソナルアシスタンス制度を確立し、障害種別を問わず日常生活全般に常時の支援を要する障害者が利用可能とすることは、障害者権利条約批准後の日本の障害当事者運動における最大の残された課題であり、障害学研究が真摯に取り組むべきテーマである。

本書の構成

　本書は、骨格提言で掲げられた「重度訪問介護の発展的継承による「パーソナルアシスタンス制度」の確立」に焦点をあてた障害学研究者による政策・理論研究論集である。

　その問題意識と具体的な政策上の課題は、障害者総合支援法3年後の見直しに向けた論点整理ワーキンググループのメンバーであった山下幸子によって、序章「パーソナルアシスタンス制度創設のための論点整理——障害者権利条約の視点から」において示されている。

　第Ⅰ部では、序章の問題意識を踏まえ、これからの日本におけるパーソナルアシスタンスの制度化の一歩手前で必要な基本的な検討が行われる。

　まず、第1章「『通所施設中心生活』を超えて——『ケアの社会的分有』とパーソナルアシスタンス」（中根成寿）では、障害者福祉の利用と障害者とその家族の関係において、パーソナルアシスタンスによる「通所施設中心生活」を超える「ケアの社会的分有」の実現可能性が示される。第2章「地域生活支援拠点の整備に向けて」（圓山里子）は、相談援助＝ソーシャルワークと個別生活援助＝パーソナルアシスタンスの連携のもとに、新たな障害者地域生活支援体制を構想すべきことを論じる。第3章「『その人らしさ』

を支援するとはどのようなことか？——発話困難者の介助コミュニケーションから考えるパーソナルアシスタンス」（深田耕一郎）は、参与観察を踏まえ、パーソナルアシスタンスという営みが「その人らしさ」の相互作用であること、「障害」が後景に退いた位相において、介助されるものとする者がパーソナルに出会う地平が立ち現われることを示し、その本質に迫る。

　いずれの論考も、家族、ケアマネジメント、介助という著者たちそれぞれのこれまでの研究と実践の立ち位置からパーソナルアシスタンスの在り方を問うものである。

　第Ⅱ部では、いち早く知的障害者も含むパーソナルアシスタンスの制度化が取り組まれてきた諸外国の現状と課題が、現地の学術調査を踏まえ詳述され、そこから日本におけるパーソナルアシスタンス制度化への含意が抽出されている。

　第4章「パーソナライゼーションはケアを取り巻く関係をどう変化させたか」（麦倉泰子）は、イギリスのダイレクトペイメント／パーソナライゼーション政策と介助する／される人の関係についての研究を踏まえ、ダイレクトペイメントの意義と課題を整理する。第5章「知的障害者の脱施設化とパーソナルアシスタンス——カナダにおける入所施設から地域生活への移行支援と個別化給付」（鈴木良）は、カナダの知的障害者の脱施設においてダイレクトペイメント／パーソナルアシスタンスが果たしてきた役割と問題点を整理し、遅々として進まない日本の知的障害者地域移行においても大いに重度訪問介護を活用すべきことを論じる。続いて、カナダ・マニトバ州の取り組みを参照しつつ「支援された意思決定」のためのパーソナルアシスタンスの役割を積極的に評価し、相談援助と成年後見制度の利用促進ありきの現在の「意思決定支援」政策の方向性に警鐘を鳴らすのが、第6章「パーソナルアシスタンスと支援された意思決定——カナダ・マニトバ州と札幌市の取り組みを踏まえて」（木口恵美子）である。第Ⅱ部の最後を締める第7章「権利法『LSS法』にみる当事者主体の支援——スウェーデン・ヴェルムランド県における実践を手がかりに」（清原舞）は、これまで日本ではその具体的な姿があまり知られていないスウェーデンのパーソナルアシスタンスを主軸と

する当事者主体の支援の実際を詳述し、当事者の権利に基づく制度の意義を確認する。

　第Ⅱ部の各論考では、障害者総合支援法3年後の見直しの過程では問題点や見直しの動向が強調されてきたパーソナルアシスタンス先進国の動向が必ずしもそのような単純かつ後ろ向きのものではないことが示されており、これらの制度や実践が、知的障害者の地域移行の推進や、パーソナルアシスタンスと一体化した意思決定支援、さらに利用者本位をさらに推し進めて当事者の権利に基づく制度を確立することなど、今後の制度改革において大いに参考にされるべきことが論じられている。

　第Ⅲ部では、これからの障害者権利条約時代の日本におけるパーソナルアシスタンスの制度化の展望と課題を整理し、本書全体のまとめに代える。
　第8章「日本においてパーソナルアシスタンスへの道は切り拓けるか──意思決定に基づく暮らしとその支援に関する日英の制度比較からの検討」では、支援費制度以前からパーソナルアシスタンスやダイレクトペイメントに関心を持ち研究を進めてきた小川喜道が、現在のパーソナルバジェットにいたるイギリスの政策や運動を概観しつつ、生活を「計画」によって管理する日本の制度が当事者主導のしくみに転換されるべきことを論じる。その問題提起を踏まえ、これからのパーソナルアシスタンス制度化のための制度提言をカリフォルニア州のランターマン法に基づく知的／発達障害者支援との対比のもとに具体的に行うのが、第9章「ポスト障害者自立支援法のパーソナルアシスタンス──カリフォルニア州のサポーテッドリビング・サービスを手がかりとして」（岡部耕典）である。

　なお、第Ⅰ部、第Ⅱ部の議論を補い深めるために、「難病当事者とパーソナルアシスタンス」、「イギリス精神障害者地域生活支援における対人サービスの現況」という二つのコラムがDPI日本会議の白井誠一朗と浜島恭子によって執筆され収められている。

岡部　耕典

パーソナルアシスタンス
障害者権利条約時代の新・支援システムへ

目次

読者への手引き——はしがきに代えて　岡部耕典　*3*

序　章　パーソナルアシスタンス制度創設のための論点整理
　　　　——障害者権利条約の視点から　　山下幸子

1　本稿の目的と概要　*15*
2　障害者権利条約、骨格提言にみるパーソナルアシスタンス　*17*
　　2-1　障害者権利条約の基本的な考え方と第19条　*18*
　　2-2　骨格提言と重度訪問介護の対象拡大　*20*
3　障害者総合支援法施行3年後見直しの議論①——障害福祉サービスの在り方等に関する論点整理のためのワーキンググループにおいて　*22*
　　3-1　見直しの枠組　*22*
　　3-2　「常時介護を要する障害者等に対する支援」作業チーム、WG による論点整理　*23*
　　3-3　パーソナルアシスタンスについての議論の争点　*24*
4　障害者総合支援法施行3年後見直しの議論②——社会保障審議会障害者部会において　*27*
　　4-1　関係団体ヒアリングでの意見　*27*
　　4-2　障害者部会での議論　*28*
　　4-3　障害者総合支援法見直し議論の結果　*30*
5　障害者総合支援法改正内容——「常時介護を要する障害者等に対する支援」を中心に　*32*
　　5-1　自立生活援助の創設　*32*
　　5-2　入院時の重度訪問介護　*33*
6　「地域包括支援体制」を目指す、現在の施策展開　*33*
　　6-1　地域包括支援体制の確立　*34*
　　6-2　生産性の向上と効率的なサービス提供体制の確立　*35*
　　6-3　総合的な支援を行える福祉人材の確保・育成　*35*
　　6-4　ニッポン一億総活躍プラン、「我が事・丸ごと」地域共生社会実現本部　*36*
7　パーソナルアシスタンス制度創設のための論点整理　*36*
　　7-1　重度訪問介護の対象・利用範囲の拡大と、パーソナルアシスタンス制度創設に向けた4つの論点の検討　*37*
　　7-2　「包括化・総合化」の検討とともに「個別」に対応できる体制への検討　*38*
　　7-3　財政課題への検討に向けて　*38*

第Ⅰ部　パーソナルアシスタンスの射程——何を目指すのか

第1章　「通所施設中心生活」を超えて
　　　　——「ケアの社会的分有」とパーソナルアシスタンス　　中根成寿

1　はじめに　45
2　制度利用状況を分析する意義　46
3　障害者自立支援法以降の制度変更と予算の推移　49
4　どのようなアクター（主体）が関係しているか　49
5　障害者総合支援法の利用実態調査から　50
　5-1　障害者総合支援法サービス利用者人数の推移　50
　5-2　障害者総合支援法サービス利用率調査の方法　53
　5-3　障害者総合支援法利用率調査　54
6　考察　56
　6-1　調査結果の概要　56
　6-2　家族のリアリティと「市場」の結合　57
　6-3　通所施設中心生活とパーソナルアシスタンスの比較　58
7　おわりに　61

第2章　地域生活支援拠点の整備に向けて　　圓山里子

1　はじめに　65
2　地域生活支援拠点が取り上げられた経過　65
　2-1　「障害者の地域生活の推進に関する検討会」とその後の施策への反映　65
　2-2　平成26（2014）年度研究事業　72
　2-3　平成27（2015）年度モデル事業　73
　2-4　なぜ地域生活支援拠点が施策課題となったのか　75
3　相談援助と個別生活支援　76
　3-1　障害者の地域生活支援に必要な機能——相談援助と個別生活支援　76
　3-2　相談援助＝ソーシャルワーク　79
4　地域生活支援拠点の方向性　82
5　まとめ　84

第3章 「その人らしさ」を支援するとはどのようなことか？
―――発話困難者の介助コミュニケーションから考えるパーソナル
アシスタンス　深田耕一郎

1　「その人らしさ」を支援するとはどのようなことか　*86*
　1-1　その人らしさの支援？　*86*
　1-2　かかわりのなかにある「その人らしさ」　*87*
2　調査の概要―――参与観察とインタビュー　*89*
　2-1　天畠大輔と「あかさたな話法」　*89*
　2-2　5人の介助者　*89*
3　コミュニケーションの方法―――意思疎通は可能である　*93*
　3-1　習得の過程―――「あかさたな話法」は必要なくなる　*93*
　3-2　声・視線・表情―――先読みのサイン　*96*
4　ぎこちないふたり―――近づき・遠ざかるコミュニケーション　*98*
　4-1　非介入的な態度―――話し合い・距離化・危険の尊重　*98*
　4-2　通訳のコミュニケーション―――会話している「感じ」　*99*
5　人生が交錯する―――介助と生き方　*102*
　5-1　「その人らしさ」の相互作用―――関係性の生成　*102*
　5-2　介助者は生き方を問うことができるか―――「人として」出会うとき　*105*
6　パーソナルアシスタンス―――生き方を見すえたかかわり　*113*
　6-1　コミュニケーションは可能である　*113*
　6-2　その人とパーソナルに出会う地平　*114*

［コラム］　難病当事者とパーソナルアシスタンス　　　白井誠一朗
　1　難病者の現在地　*116*
　2　難病者と介助サービスについて考える　*118*
　3　難病者の視点からパーソナルアシスタンスを考える　*120*

第Ⅱ部　パーソナルアシスタンスの実践
―――どう取り組まれてきた／いるのか

第4章　パーソナライゼーションはケアを取り巻く関係を
　　　　どう変化させたか　　麦倉泰子
1　パーソナライゼーションの経緯　*125*

1-1　障害者運動の到達点としてのダイレクトペイメント　*126*
　　1-2　「贈与」から「市民権」へ　*129*
　2　パーソナル・バジェットへの発展　*130*
　3　パーソナル・ヘルス・バジェットの導入　*131*
　4　家族の経験　*132*
　　4-1　資源の管理——「官僚的」と「フレキシブル」　*133*
　　4-2　関係性——「ケア共同体」の可能性　*135*
　　4-3　知識と訓練——資格を与えるのは誰か　*137*
　5　ケアワーカーとの関係——フェミニズムとの葛藤　*139*
　　5-1　ケアの商品化　*140*
　　5-2　ケア労働の規制の形態と感情　*141*
　6　結論　*144*

第5章　知的障害者の脱施設化とパーソナルアシスタンス
　　　　——カナダにおける入所施設から地域生活への移行支援と個別化給付
　　　　　鈴木良
　1　はじめに　*147*
　2　制度化以前　*150*
　　2-1　重度知的障害者の移行支援と入所施設モデルからの脱却　*150*
　　2-2　日常生活支援に基づく計画作成と権利擁護による協議調整　*152*
　　2-3　地域社会への包摂と自己決定の支援　*153*
　3　制度化以後　*156*
　　3-1　統一的尺度による認定方式　*156*
　　3-2　ケアマネージャー化するファシリテーター　*158*
　　3-3　家族への負担と施設化の危機　*160*
　4　おわりに　*161*
　　4-1　本章のまとめ　*161*
　　4-2　日本における知的障害者入所施設から地域生活への移行支援の方法について　*162*

第6章　パーソナルアシスタンスと支援された意思決定
　　　　——カナダ・マニトバ州と札幌市の取り組みを踏まえて　　木口恵美子
　1　はじめに　*171*
　2　権利条約第12条と「支援された意思決定」　*171*

2-1　権利条約12条における「支援された意思決定」　171
　　2-2　第1回日本政府報告における権利条約第12条　175
　　2-3　障害学における意思決定支援の議論　177
　3　知的障害者のパーソナルアシスタンス事業──カナダ・マニトバ州の取り組みを中心に　180
　　3-1　Vulnerable Persons with Mental Disability Act と In the Company of Friends　180
　　3-2　ICOFの仕組み　182
　　3-3　パーソナルアシスタント（PA）の役割と義務　182
　　3-4　安全対策　184
　4　日本の障害者施策と意思決定支援　187
　　4-1　日本の障害者の法制度に現れた意思決定支援　187
　　4-2　障害者総合支援法3年後の見直し　188
　　4-3　意思決定支援の定義とガイドライン　189
　　4-4　日本の成年後見制度と意思決定支援　190
　5　札幌市のパーソナルアシスタンス制度　191
　　5-1　概要　191
　　5-2　PA制度の仕組み　194
　　5-3　PA制度の利点と課題　195
　6　おわりに　196

第7章　権利法「LSS法」にみる当事者主体の支援
　　　　──スウェーデン・ヴェルムランド県における実践を手がかりに　　清原舞

　1　はじめに　199
　2　スウェーデンにおける障害者福祉政策の発展　201
　　2-1　障害者「保護」中心の政策から「ノーマライゼーション原理」の実現へ　201
　　2-2　「権利法」LSS法の誕生と当事者の権利保障　203
　　2-3　当事者組織の誕生と障害福祉政策　206
　3　ヴェルムランド県の実践　208
　　3-1　ヴェルムランド県の概要　208
　　3-2　カールスタッド・コミューンにおける実践　208
　　3-3　ストールフォーシュ・コミューンにおける実践　211
　4　当事者主体の支援のとらえ方──課題と展望　214
　　4-1　当事者主体の支援における課題　214
　　4-2　LSS法にみる当事者主体の支援とは　217

5　おわりに　*221*

[コラム]　イギリス精神障害者地域生活支援における対人サービスの現況
　　　　　　浜島恭子
　1　はじめに　*227*
　2　精神保健福祉施策の概要　*227*
　　2-1　サービス申請の手続き　*227*
　　2-2　指針が示す各種精神保健福祉サービス　*228*
　3　精神科ユーザー家族の事例にみる支援施策の例　*229*
　　3-1　家族（ケアラー）シェリル（仮名）の話（70代，女性，ロンドンW区）　*229*
　　3-2　事例にみる支援施策の概要　*230*
　4　フローティング・サポート・サービス　*231*
　　4-1　フローティング・サポートの枠組み　*231*
　　4-2　サポーティング・ピープル・プログラム利用者の内訳　*232*
　5　フローティング・サポートの日本への示唆　*232*
　6　まとめに代えて　*234*

第Ⅲ部　パーソナルアシスタンスの展望
　　　　——障害者権利条約時代の日本で

第8章　日本においてパーソナルアシスタンスへの道は切り拓けるか
　　　　——意思決定に基づく暮らしとその支援に関する日英の制度比較からの検討
　　　　　小川喜道
　1　はじめに　*239*
　2　イギリスにおけるパーソナルアシスタンスの誕生　*240*
　　2-1　イギリスにおける障害者の隔離収容型施策からの脱却　*240*
　　2-2　「自立生活」の考え方とイギリス障害者運動　*242*
　　2-3　日本における"自立生活"への意識と実践　*243*
　3　パーソナルアシスタンスの進展　*245*
　　3-1　パーソナルアシスタンスを推進したダイレクトペイメント　*245*
　　3-2　本人中心のプランニング　*247*
　　3-3　日本における1990年代から2000年代にかけての障害者福祉の動向　*250*
　4　パーソナルバジェットによるパーソナルアシスタンスの推進　*252*
　　4-1　パーソナルバジェットの普及状況　*252*

4-2　ケア法に基づくパーソナルアシスタンス　253
        4-3　日本におけるダイレクトペイメントへの切り口　256
    5　おわりに――"暮らし"に必要な社会サービスと、その意思決定権　260

第9章　ポスト障害者自立支援法のパーソナルアシスタンス
　　　――カリフォルニア州のサポーテッドリビング・サービスを手がかりとして
　　　岡部耕典

    1　はじめに　269
    2　障害者権利条約の要請と障害者総合支援法の課題　269
        2-1　権利条約第19条と知的障害者の自立生活支援　269
        2-2　障害者自立支援法までの知的障害者を対象とする居宅介護の状況　271
        2-3　重度訪問介護の対象拡大　273
        2-4　利用の伸び悩みとパーソナルアシスタンスの施設化／療育化の懸念　274
        2-5　障害者総合支援法「3年後の見直し」の射程と今後の課題　275
    3　カリフォルニア州・ランターマン法に基づく知的障害者自立生活システムの
        概要　277
        3-1　サービスシステムにおける支援のエンタイトルメント　277
        3-2　PC-IPPとリージョナルセンター・システムによる支給決定　279
        3-3　サポーテッドリビング・サービスによる地域自立生活支援　284
    4　ポスト障害者自立支援法のパーソナルアシスタンス　288
        4-1　支援の権利性に基づく給付と予算の確保　288
        4-2　国庫負担基準の廃止と完全な義務的経費化の実現　289
        4-3　当事者参画と支給決定プロセスの見直し　290
        4-4　個別性・包括性・関係性が担保される当事者主体の支援システム　291
    5　「重度訪問介護の充実発展」と「パーソナルアシスタンス制度の創設」　293
        5-1　「常時介護が必要な」知的・発達障害者を排除しない地域移行のために　293
        5-2　「パーソナルアシスタンス制度の創設」とSLSからのインプリケーション　294

    おわりに　　岡部耕典　303

序章　パーソナルアシスタンス制度創設のための論点整理
——障害者権利条約の視点から [1]

山下幸子

1　本稿の目的と概要

　「まず第一に、すべての人は何らかの援助を利用しています。何もかもすべて自分でできる人はいません。(引用者による中略)『パーソナル・アシスタンス』とは、他の人に仕事を頼むことにより障害を補填することです。頼む仕事は自分でできないことや、得意でないことです。人に頼むことにより、自分がうまくできることを専門的にやる時間とエネルギーをつくれるのです。『パーソナル』という言葉は、アシスタンスが個人のニードに従って行われるべきことを意味しています。『パーソナル』という言葉はまた、どの仕事を頼むか、だれに、いつ、どのようにやってもらうかについてユーザーが決定することを意味しています。」(ラツカ 1991: 106)

　障害当事者の立場から自立生活運動を世界的に牽引してきたアドルフ・ラツカによる、1991年の講演録を上に引用した。そこから、パーソナルアシスタンスとは、障害をもたない人が特段の力を注がなくても行える日常生活の様々な事柄が、その障害（impairment）によって障害をもたない人のようにはできない場合、障害者個人のニーズと主導のもとに、信任されたアシスタントによって、その行為遂行のために行われる支援のことを指すとわかる。「ユーザーが決定」とあるが、重度の知的障害者にとっても当事者管理は重要な意義をもつことが指摘されてきた（河東田 1992: 176-178）。
　障害当事者による自立生活運動は、生活や人生の主導権を他者から損なわれないよう、障害者本人の個別のニーズに沿い支援が展開されることを目指

し、継続して行われてきた。パーソナルアシスタンス制度は、その重要な成果の1つである。スウェーデンでは LSS 法によって 1994 年にパーソナルアシスタンスが制度化している。日本では障害当事者による粘り強い運動の成果として、1974 年、東京都重度脳性麻痺者介護人派遣事業（後の全身性障害者介護人派遣事業）が始まり、複数の自治体で全身性障害者介護人派遣事業が始められてきた。支給量は各自治体によって異なっていたが、介助者は障害者自身が選任でき、介助内容も障害者の自由に決めることができるという点で、障害者の日常生活——特に地域での自立生活——において重要な制度であった。全身性障害者介護人派遣事業は 2003 年度以降、日常生活支援として法に基づく制度となり、その後 2006 年度以降、現在は障害者総合支援法の重度訪問介護として規定されている。

　重度訪問介護は障害者の地域での自立生活において重要な制度である。ただ、2006 年に国連採択された障害者の権利に関する条約（以下「障害者権利条約」と記す）では、障害の種類や程度にかかわらず全ての障害者が他の者と平等に地域での生活を営む権利を有すると規定しており、その内容に照らせば、重度訪問介護は、その対象者規定や利用範囲の制限などにおいて課題がある。日本の障害者権利条約批准後を見据え、障害児者施策の改革検討を目的とした障がい者制度改革推進会議に位置づく総合福祉部会は、2011 年に「障害者総合福祉法の骨格に関する総合福祉部会の提言—新法の制定を目指して—」（以下「骨格提言」と略す）を発表し、重度訪問介護の発展的継承として「パーソナルアシスタンス制度」の創設を提言した。日本の障害児者施策においてパーソナルアシスタンスが初めて具体的に政策議論の俎上に載ったわけであるが、佐藤久夫（2015）らが述べるように、骨格提言の内容は一部を除いて、ほとんど議論・考慮されないまま 2012 年に障害者総合支援法が成立する。骨格提言での指摘の検討は、障害者総合支援法施行 3 年後の見直し議論に持ち越されることとなり、2014 年末から 2015 年の約 1 年間、見直し議論の一項目として「パーソナルアシスタンス」が社会保障審議会障害者部会を中心に議論されてきた。だが、そこでもやはり、パーソナルアシスタンスの制度化は見送りという結果に至っている。

　筆者は、2014 年 12 月から翌年 4 月まで行われた「障害福祉サービスの在り

方等に関する論点整理のためのワーキンググループ」のメンバーを務め、障害者総合支援法見直し項目全体はもちろん、特に見直し項目の1つであった「常時介護を要する障害者等に対する支援」の中で、パーソナルアシスタンスに関する議論のための論点整理作業に関わってきた。結果として、上述の通り、障害者総合支援法施行3年後見直しでパーソナルアシスタンス制度創設は見送りとなったのだが、障害者総合支援法見直しでの議論展開においては、パーソナルアシスタンスの意義は一定認められつつも、財政上・運用上等の理由から制度化を困難視する向きが大きかったと、筆者は振り返っている。

こうした障害者総合支援法の改正動向とともに、現在、社会福祉制度全体が大きく変革しようとしていることにも注目したい。障害者総合支援法見直しと同時進行で、2015年9月から厚生労働省内の各局長・部長を主な構成員とした「新たな福祉サービスのシステム等のあり方検討プロジェクト」が始まっている。地域包括支援体制の推進と、高齢者・子ども、障害者等の福祉サービスの総合化を目指すものであり、以降、2016年6月の「ニッポン一億総活躍プラン」、7月の「我が事・丸ごと」地域共生社会実現本部設置につながっている。

障害者権利条約を批准した今、障害者福祉政策は何を検討していかなければならないだろうか。本稿の目的は、日本の障害福祉政策においてパーソナルアシスタンスがどのように課題化され、議論されてきたのかを追いながら、その都度のパーソナルアシスタンスに関わる政策上の争点を整理し示すこととする。加えて、現在の障害福祉施策の方向性について、障害者権利条約やパーソナルアシスタンスの考え方に照らし合わせ、今後の検討課題を明示することも行っていく。

2　障害者権利条約、骨格提言にみるパーソナルアシスタンス

本節では、日本の障害福祉政策においてパーソナルアシスタンスがどのように議論されてきたかを述べていくにあたり、まず、本稿が拠って立つ障害者権利条約と障がい者制度改革推進会議総合福祉部会の「骨格提言」にみるパーソナルアシスタンスの考え方について確認しておく。

2-1　障害者権利条約の基本的な考え方と第19条

　日本の障害福祉政策において、パーソナルアシスタンス制度が議論の俎上に載る重要な契機は、2006年に国連採択され、2014年に日本政府が批准した障害者権利条約である。

　東俊裕は、他の人権条約と比較した時の障害者権利条約の特徴の一つとして「当事者参画」を挙げている（東 2014: 11）。特別委員会では障害をもたない外務省関係者だけではなく障害当事者も委員となり、また障害当事者団体による積極的なロビー活動も行われた。Nothing about us without us!（私たち抜きで私たちのことを決めないで！）というスローガンは「各国の障害者団体の特別委員会での発言の締めくくりに使われ」（東 2014: 11）たが、それはまさに、障害者自身の声を聞くこと、障害者が策定プロセスに中心的に関与することの重要性を表すものであった。

　障害者権利条約は、「障害の社会モデル」に基づき、「他の者との平等を基礎に、完全なる社会参加の権利」を規定する条約である。前者の社会モデルの発想は、1970年代の障害当事者運動から生まれた。「障害者は、インペアメントのある人々を無力化するのは社会であり、それゆえ何らかの意味のある解決方法は、個人の対応やリハビリテーションというよりは、むしろ社会的な変化へと向けられるべきだということを主張した」（Barnes, Mercer, Shakespeare=2003: 45）。障害者が受ける何らかの困難や不具合に対する意味ある解決方法を、障害者個人の努力やリハビリテーションに求める医学モデルに対抗する考え方として社会モデルがあり、障害者権利条約は、この考え方に立つものである。

　後者の「他の者との平等」（on an equal basis with others）という文言は、条約中に多く使われている。東によると、この言葉には二つの側面がある。一つは「他の人が有しない特別な人権を障害者のために作り出すものではない」ということであり、もう一つは「障害者を他の人以下の存在として扱ってはならない」ということである（東 2014: 11）。この社会において、障害のない人には当たり前のことであっても、障害者にとっては当たり前ではないことがたくさんある。例えば、障害のない人の場合、時間と費用が許せば好きな映画を観に行くことができる。しかし他者による介助が必要な場合、介

助者の確保ができなければ映画館に自由に行くことはできない。

　石川准はその著において「配慮の平等」を主張するが、そこで「すでに配慮されている人々と、いまだ配慮されていない人々がいる」と述べる（石川 2004: 242）。石川によると、「配慮を必要としない多くの人々と、特別な配慮を必要とする少数の人々がいる」という見方を立ててしまうと、少数者への配慮が特別な負担として浮かび上がってくるのだが、「少数者ほど配慮されていない」と立てるなら、その釣り合いの均等化により平等に近づくこととなる（石川 2004: 242-3）。障害者権利条約では「他の者との平等」を実現するために、いまだ配慮されていない人々への合理的な配慮を行い、締約国が権利保障に向け必要な措置をとることを規定するものと考えることができる。

　障害者権利条約では、第3条において、固有の尊厳、個人の自律（自ら選択する自由を含む。）及び個人の自立の尊重、無差別、社会への完全かつ効果的な参加及び包容等を条約の基本原則としている。そして、障害者の地域での自立生活に関し規定するのが第19条である。

> 　この条約の締約国は、全ての障害者が他の者と平等の選択の機会をもって地域社会で生活する平等の権利を有することを認めるものとし、障害者が、この権利を完全に享受し、並びに地域社会に完全に包容され、及び参加することを容易にするための効果的かつ適当な措置をとる。この措置には、次のことを確保することによるものを含む。【引用者による中略】
>
> （b）　地域社会における生活及び地域社会への包容を支援し、並びに地域社会からの孤立及び隔離を防止するために必要な在宅サービス、居住サービスその他の地域社会支援サービス（個別の支援を含む。）を障害者が利用する機会を有すること。【引用者により以下略】

　b項にある「個別の支援」は personal assistance の邦訳である。障害者権利条約では、全ての障害者が他の者と平等に、地域社会で暮らす方法の1つとしてパーソナルアシスタンスを示している。

2-2 骨格提言と重度訪問介護の対象拡大

2009年12月に、障害者権利条約の日本政府批准に向けた国内法整備のための議論を行うために、内閣府に「障がい者制度改革推進会議」が創設され、そのもとに障害者自立支援法以降の法制度のあり方を検討する「総合福祉部会」が設置された。総合福祉部会での議論を重ね、その成果は「骨格提言」として2011年にまとめられている。

骨格提言は、障害者権利条約と、2010年1月に障害者自立支援法違憲訴訟原告と国（厚生労働省）との間で交わされた「基本合意文書」を基礎としている。基本合意文書では、「国（厚生労働省）は、速やかに応益負担（定率負担）を廃止し、遅くとも平成25年8月までに、障害者自立支援法を廃止し新たな総合的な福祉法制を実施する」（厚生労働省 2010: 1）と明記されている。

骨格提言が示したパーソナルアシスタンス制度創設について、ここからは、骨格提言本文とともに、岡部耕典[2]（2015a）による論考を参考にまとめていく。

骨格提言での「支援（サービス）体系」の項目をみると、「全国共通の仕組みで提供される支援」と「地域の実情に応じて提供される支援」という大きく2つの枠組みが提起されている。前者は、就労支援、日中活動等支援、居住支援、施設入所支援、個別生活支援、コミュニケーション支援及び通訳・介助支援、補装具・日常生活用具、相談支援、権利擁護の9項目からなり、このうちの「個別生活支援」に重度訪問介護の発展的継承としてのパーソナルアシスタンスの創設、居宅介護、移動支援（移動支援、行動援護、同行援護）が含まれている。

骨格提言での「重度訪問介護の発展的継承におけるパーソナルアシスタンス制度の創設」についての提言内容は、以下の通りである（障がい者制度改革推進会議総合福祉部会 2011a: 35-6）。

　○パーソナルアシスタンスとは、
　1）利用者の主導（支援を受けての主導を含む）による
　2）個別の関係性の下での

3) 包括性と継続性

を備えた生活支援である。

○パーソナルアシスタンス制度の創設に向けて、現行の重度訪問介護を充実発展させる。

○対象者は重度の肢体不自由者に限定せず、障害種別を問わず日常生活全般に常時の支援を要する障害者が利用できるようにする。また、障害児が必要に応じてパーソナルアシスタンス制度を使えるようにする。

○重度訪問介護の利用に関して一律にその利用範囲を制限する仕組みをなくす。また、決定された支給量の範囲内であれば、通勤、通学、入院、1日の範囲を超える外出、運転介助にも利用できるようにする。また、制度利用等の支援、見守りも含めた利用者の精神的安定のための配慮等もパーソナルアシスタンスによる支援に加える。

○パーソナルアシスタンスの資格については、従事する者の入り口を幅広く取り、仕事をしながら教育を受ける職場内訓練（OJT）を基本にした研修プログラムとし、実際に障害者の介助に入った実経験時間等を評価するものとする。

　パーソナルアシスタンスの要点は、利用者の主導・個別の関係性・包括性と継続性にあり、それらは、これまで障害当事者運動が推進してきた地域での自立生活に必要な点である。そして岡部（2015a: 216）が指摘するように、骨格提言が示すパーソナルアシスタンスのもう一つの重要な点は、その提言が重度訪問介護の対象者および介護内容の拡大にとどまることなく、居宅介護や各種移動支援においても利用者の主導性が守られるとともに、個別の関係性を重視し、包括性と継続性をもったサービスとなるように提言している点である。「訪問系作業チームによる提言の射程は、たんなる重度訪問介護の対象者拡大にとどまらず、その延長線上にパーソナルアシスタンスを核と

する居宅介護を含む日本の障害者福祉の体系全体の改革・再編を求めるものだったのである」(岡部 2015a: 216)。

しかし、主に財政上の課題を理由として、骨格提言は障害者自立支援法から障害者総合支援法への改正の際に、その内容がほとんど反映されなかった。重度訪問介護の対象拡大も、他の提言内容と同様に、当初、障害者総合支援法の改正内容には含まれていなかったのだが、障害当事者団体の後押しとともに政党間の駆け引きの中で重度訪問介護の知的・精神障害者への対象拡大が実現することとなった（岡部 2015a: 223-4）。その後の 2013 年からの「障害者の地域生活の推進に関する検討会」での議論結果から、重度訪問介護の対象者が、それまでの肢体不自由者のみから、障害支援区分 4 以上、区分認定調査項目のうち行動関連項目で 10 点以上の障害者と定められるとともに、相談支援事業者を中心とした連携体制の中で行動援護事業者等のアセスメントを受ける等の条件が課されることとなった。

岡部は、この状況を楽観はできないものの、重度訪問介護の対象拡大によってパーソナルアシスタンス制度確立の足掛かりを得ることができたと述べる（岡部 2015a: 234-235）。こうして骨格提言内容の検討は、2015 年からの障害者総合支援法施行 3 年後見直し議論に持ち越されることとなる。

3　障害者総合支援法施行 3 年後見直しの議論①
——障害福祉サービスの在り方等に関する論点整理のためのワーキンググループにおいて

3-1　見直しの枠組

障害者総合支援法附則第 3 条で、施行後 3 年（2016 年 4 月）を目途として、以下の事項を見直すこととしていた。

・常時介護を要する障害者等に対する支援
・障害者等の移動の支援
・障害者の就労の支援その他の障害福祉サービスの在り方
・障害支援区分の認定を含めた支給決定の在り方
・障害者の意思決定支援の在り方、障害福祉サービスの利用の観点からの

成年後見制度の利用促進の在り方
・手話通訳等を行う者の派遣その他の聴覚、言語機能、音声機能その他の障害のため意思疎通を図ることに支障がある障害者等に対する支援の在り方
・精神障害者及び高齢の障害者に対する支援の在り方等

　本書、本稿の主題であるパーソナルアシスタンスについては、上記見直し項目のうち「常時介護を要する障害者等に対する支援」において議論検討された。
　これら見直し項目の検討は社会保障審議会障害者部会によって行われるが、それに先駆けて、検討の「論点整理」を行うためのワーキンググループとして、2014 年 12 月から「障害福祉サービスの在り方等に関する論点整理のためのワーキンググループ」（以下、「WG」と略す）が始まり、2015 年 4 月まで計 9 回行われた。そして、上記見直し項目のうち、「常時介護を要する障害者等に対する支援」、「手話通訳等を行う者の派遣その他の聴覚、言語機能、音声機能その他の障害のため意思疎通を図ることに支障がある障害者等に対する支援」、「高齢の障害者に対する支援」の 3 項目については、WG の下に作業チームがおかれ、WG とは別に 3 回の作業チームでの検討会が行われた。各作業チームで論点整理案を検討し、それを WG で最終決定するという運びとなった。

3-2 「常時介護を要する障害者等に対する支援」作業チーム、WG による論点整理

　WG では、2015 年 1 月 23 日から 2 月 4 日まで計 4 回、関係 38 団体へのヒアリングが行われた。そこでは、重度訪問介護については、対象者年齢の引き下げや行動関連項目 10 点未満の知的・精神障害者にも対象拡大をという意見や、重度訪問介護で通勤、通学や学内での介護、入院時の介護が行えるようにという意見が複数団体から出された。
　パーソナルアシスタンス制度については、「骨格提言の内容に沿って検討し、新たな制度として創設すべき」という旨の意見が、日本知的障害者福祉

協会、障害のある人と援助者でつくる日本グループホーム学会、きょうされんから出されていた。また、全国自立生活センター協議会からは、「地域での日常生活における意思決定支援と密接に関わる支援である、パーソナルアシスタンス制度を実現すること。その為に介助ニーズがあるにもかかわらず、場面、場所、行先等によって一律にその利用範囲を制限する仕組みをなくすこと」といった意見が出されていた（障害福祉サービスの在り方等に関する論点整理のためのワーキンググループ 2015a, 2015b）。

　常時介護作業チームは 2015 年 2 月 13 日に第 1 回を開催し、WG でのヒアリング内容や、常時介護を要する障害者の支援の現状等から、論点案の提示に向けた議論を行い、その後 WG での承認を得て表 1、2 のような論点整理にまとまった。

3-3　パーソナルアシスタンスについての議論の争点

　この論点整理に至るまでに様々な議論が交わされたのだが、WG や作業チームではパーソナルアシスタンス制度創設に慎重さをとる向きが多くあり、メンバー間での認識の相違もあった。ここでは、WG や常時介護作業チームの議事録や当日配布資料、そして山下（2016）による整理に沿って、WG や作業チームにおいて、どのような点がパーソナルアシスタンスについての議論の争点となったのかをまとめ示す。

　1 つは、パーソナルアシスタンスとダイレクトペイメントの関係についてである。パーソナルアシスタンスが制度化されている諸国ではダイレクトペイメント方式も制度化されているからか、この 2 つを不可分と捉える向きがあった。そこから、パーソナルアシスタンス制度創設によって、ダイレクトペイメントで必要となる事柄――介助料や介助者の雇用管理等――が重度知的障害者や精神障害者に可能かといった懸念が出されている。

　しかし、パーソナルアシスタンスの提供方式はダイレクトペイメントのみではない。総合福祉部会によるとりまとめでは、パーソナルアシスタンスの提供方法として「現行のような代理受領のしくみを前提とする」ことが示されている[3]（障がい者制度改革推進会議総合福祉部会 2011b: 3）。2015 年 3 月 27 日の常時介護作業チームに提示された事務局（厚生労働省）案では、「ダイレ

表 1: 常時介護を要する障害者等に対する支援について①

○ どのような人が「常時介護を要する障害者」であると考えられるか。
〈検討の視点（例）〉
・「常時介護を要する障害者」の心身（医療の必要度を含む）・生活の状況や支援の量等の違い
・現状の「常時介護を要する障害者」を対象とした障害福祉サービス事業における利用対象者像や支援内容の違い
○「常時介護を要する障害者」のニーズのうち、現行のサービスでは何が不足しており、どのように対応すべきか。
〈検討の視点（例）〉
・対象者の範囲、支援内容（通勤、通学支援等）、支援時間、提供方法等
・入院中の障害者に対する支援
・現行のサービスの見直しでの対応の可否
・ボランティア等地域のインフォーマルサービスの位置づけ
○ 同じ事業の利用者であっても、障害の状態等により支援内容に違いがあることについてどう考えるか。
〈検討の視点（例）〉
・支援の重点化
・見守りや待機の評価
○ 支援する人材の確保や資質向上の方策・評価についてどう考えるか。
〈検討の視点（例）〉
・従業者の資格要件の在り方
・研修等による支援者の養成
・資質の評価方法（OJT 中心の研修に対する評価等）

（障害福祉サービスの在り方等に関する論点整理のためのワーキンググループ 2015c）

表 2: 常時介護を要する障害者等に対する支援について②

○ パーソナルアシスタンス（※1）について、どう考えるか。
〈検討の視点（例）〉
・対象者、利用場面、利用時間等の具体的なイメージ及び必要な費用
・意思決定支援が必要な知的・精神障害者や障害児に対する支援手法
・パーソナルアシスタンスとダイレクトペイメント（※2）の関係、及びダイレクトペイメント方式を採用することによるメリット・デメリット
○ パーソナルアシスタンスと重度訪問介護との関係についてどう考えるか。
〈検討の視点（例）〉
・対象者像
・サービス内容、サービス提供方法
・利用場面・利用内容
・支援者の要件及び支援者に対する相談等のバックアップ体制
・利用者の権利擁護

※1 パーソナルアシスタンスは、一般的に①利用者の主導性、②個別の関係性、③包括性と継続性を満たす必要があるとされている。
※2 ダイレクト・ペイメントは、障害者自身が直接サービスを購入するための現金給付のことであり、この給付の範囲で障害者が直接介助者を雇用する場合がある。

（障害福祉サービスの在り方等に関する論点整理のためのワーキンググループ 2015c）

クトペイメントにより利用者が直接介助者を雇用する場合の問題点（介助者に対する労働法規の適用、介助者の突発的な休暇等緊急時の対応、事故発生時の責任の所在等）」が論点案に挙げられていた（障害福祉サービスの在り方等に関する論点整理のためのワーキンググループ「常時介護を要する障害者等に対する支援の在り方に関する論点整理のための作業チーム」2015）。ダイレクトペイメントという方式は、介助を要する障害者にとって、その生活や介助関係における主体性を尊重しうる仕組みであり、その意義を検討していくことは大切である。しかし、ダイレクトペイメントにより生じうる問題の可能性に引きずられてパーソナルアシスタンス制度創設にも不安の目が向けられることを避けるために、ダイレクトペイメントとパーソナルアシスタンスを切り離し、最終的に論点整理では「パーソナルアシスタンスとダイレクトペイメントの関係、及びダイレクトペイメント方式を採用することによるメリット・デメリット」という文でまとめることとなった。

　2つ目の議論の争点は、現行の重度訪問介護とパーソナルアシスタンス制度との関係についてである。骨格提言では、重度訪問介護と別建ての仕組としてパーソナルアシスタンス制度を提起しているわけではなく、重度訪問介護の発展的継承として提起している。しかし、議論では重度訪問介護とパーソナルアシスタンス制度との関係についてメンバー間の認識は様々だった。

　3つ目の議論の争点は、パーソナルアシスタンスにおける権利擁護についてである。重度の知的障害者や精神障害者への長時間介助における権利擁護のあり方が課題として挙がった。

　4つ目の議論の争点は、財源確保の困難である。制度の持続可能性が強く求められるなか、作業チームやWGにおいて財源確保の課題は強く認識されていた。WGが最終的にまとめた論点整理には、「常時介護」の必要な障害者とはどのような障害者のことを指すのかという点が挙がっている。24時間傍に付き添い介助を行う者がいないと生命が危ぶまれる障害者もいれば、そこまでではない障害者もいる。どこまでを「常時介護」として位置付けるのかという論点は、「真に支援を必要とする障害者に対し必要な支援を確実に行き届かせるとともに、サービス提供を効率的なものとすることにより、制度を持続可能なものとすることが重要」との財務省の認識に沿うものであ

った(財政制度等審議会 2015: 36)。「真に支援を必要とする者」を具体的に捉えサービス展開していくという発想からは、パーソナルアシスタンス制度のもつ「対象者の拡大」、さらには「本人の必要に応じて必要なだけの支援を」という方向性は、財源確保という点から不安視されることとなった。

以上、常時介護作業チーム、WGにおけるパーソナルアシスタンス制度に関する検討議論では、①パーソナルアシスタンスとダイレクトペイメントとの関係(ダイレクトペイメント導入への懸念)、②パーソナルアシスタンスと重度訪問介護の関係、③パーソナルアシスタンスにおける権利擁護、④財源確保の困難、といった4点が争点となっていた。WGとして、2015年4月に論点整理を取りまとめ、その後2015年4月からの社会保障審議会障害者部会での議論に移っていくこととなった。

4　障害者総合支援法施行3年後見直しの議論②
　　　　──社会保障審議会障害者部会において

4-1　関係団体ヒアリングでの意見

2015年4月から12月まで、WGでの論点整理を素材に、障害者総合支援法施行3年後見直し議論が始まった。まず、2015年5月29日から6月15日まで関係団体ヒアリングが行われた。重度訪問介護やパーソナルアシスタンスについての各団体の意見をまとめると次のようになる。

重度訪問介護の対象者拡大について。行動関連項目10点未満の障害者や、行動障害がなくても一人暮らしを目指す障害者への重度訪問介護対象拡大を求める意見が、障害のある人と援助者でつくる日本グループホーム学会や日本自閉症協会、DPI日本会議、全国自立生活センター協議会、全国「精神病」者集団から出されている(社会保障審議会障害者部会 2015a, 2015b, 2015c)。また、通勤・通学・入院中の介護について、2015年当時の重度訪問介護は、通勤・通学・入院中の介護は評価の対象外となっているが、支援のシームレス化をはかる必要を、複数の団体が指摘している。例えば、以下のような意見があった。「通勤通学を含め、社会参加の支援内容に制限を設けるべきではない」(日本ALS協会)(社会保障審議会障害者部会 2015a)、「『常時介護を要

する障害者』にとって、生活の全体を通じて、慣れたヘルパーによって介護が提供されなければ、学業や就労に集中することができないばかりか、生命に関わることもある。したがって、これらをサービス内容に含めて、重度訪問介護をシームレスなものとするべき」（全国脊髄損傷者連合会）（社会保障審議会障害者部会 2015a）、「重度障害者においては『場所と方法』が固定されてはならない。例えば入院中のヘルパー利用は二重給付となるため現行制度では利用できないため全ての負担が家族にのしかかる。個別性の高い支援は柔軟に利用できることが必要」（全国地域生活支援ネットワーク）（社会保障審議会障害者部会 2015a）。

　一方、パーソナルアシスタンスの必要性については、それが望ましいと言及した団体が複数あったが、以下のような消極的・反対意見もあった。「パーソナルアシスタンスは、知的障がい者には馴染まない制度と考えるが、骨格提言の趣旨を尊重し、新たな制度として検討することも考えられる。その際には、自分の意志でアシスタントとの直接契約やマネジメントを行うことが困難な方に配慮した制度設計を検討願いたい」（日本知的障害者福祉協会）（社会保障審議会障害者部会 2015a）、「マンツーマンでの長時間介護については真に支援が必要な重度障害者に限定するべきで、そのサービスは『重度訪問介護』と明確に位置付けるべき。スウェーデンでのパーソナルアシスタンスの支給決定状況は特に知的障害のある方については意思決定に基づいた仕組みが整っているとは言えない状況が見られ、膨大な税金が投入され、給付抑制の動きもある。我が国の財政状況を勘案すると相当に慎重に研究・議論をする必要があり、今回の改正で拙速に制度化するべきではない」（全国地域生活支援ネットワーク）（社会保障審議会障害者部会 2015a）。パーソナルアシスタンスとダイレクトペイメントを関連付け、障害者個人の管理能力が求められるのではないかとする見方や、知的障害者への意思決定支援、財政上の課題といった理由から、パーソナルアシスタンスの制度化を不安視する意見が出されていた。

4-2　障害者部会での議論

　複数ある障害者総合支援法見直し項目のうち、「常時介護を要する障害者

等に対する支援」については、2015年7月7日、10月15日で集中的に議論が行われた。7月の部会では、事務局である厚生労働省からの資料として、重度訪問介護、イギリス、スウェーデンでのパーソナルアシスタンスの比較と、重度訪問介護と札幌市パーソナルアシスタンスの相違点についての資料が提出された（社会保障審議会障害者部会 2015d）。

　イギリスにおいてもスウェーデンにおいても、サービス提供方法については、障害者によるアシスタントの直接雇用や雇用管理だけではなく、サービス事業者を通してのアシスタント派遣も可能である。後者は日本と同様であるし、パーソナルアシスタンス制度を提言した「骨格提言」においても、事業所からの代理受領による派遣を想定していたのは先に述べたとおりである。しかし、パーソナルアシスタンスについては障害者自身（の独力）によって、アシスタントの募集から賃金支払い、解雇まで一連の雇用管理を行うというイメージが勝るのか、そうした「力」を有さないとみなされる重度知的障害者にとって利用困難な制度であると考えられてきた。この点は、先に挙げたパーソナルアシスタンスについての議論の争点のうちの1つである「パーソナルアシスタンスとダイレクトペイメントの関係（ダイレクトペイメント導入への懸念）」と同様であった。

　なお、障害者部会での2回の議論をみれば、委員の全てがパーソナルアシスタンスを全否定していたわけではなかった。障害者本人の希望に沿うものとして、また入所施設やグループホームではなく地域での暮らしを選択するために、パーソナルアシスタンスを検討しようとする意見が出されていた。しかし、懸念や反対の意見が勝っていた。では、どのような意見や懸念が表明されたのか。障害者部会での議論も、先のパーソナルアシスタンス制度についての議論の争点と同様に4つに整理することができる（社会保障審議会障害者部会 2015e; 山下 2016）。

　1つ目は、ダイレクトペイメントへの懸念であった。重度知的障害者や精神障害者ではどのように介助者の雇用管理を行うのかという点が懸念されるとともに、「実地指導も含めて行政によるガバナンスが働いていない状況にある中で、個人による給付を可能とするようなサービスには大きな課題がある」との意見も出された（社会保障審議会障害者部会 2015e）。

2つ目は、パーソナルアシスタンスと重度訪問介護の関係に関わって、重度訪問介護や行動援護等を、より有効に活かし、障害のある人の実態に合わせて提供できれば、別建てでパーソナルアシスタンスを制度化する必要がないという意見である。

3つ目は、パーソナルアシスタンス利用の適性に関わって、重度の行動障害のある人の場合、介助者が「常に」傍にいる状態が障害者本人のストレスにつながることもありえ、その可能性を考えれば、パーソナルアシスタンスにも課題があるという意見である。

最後にパーソナルアシスタンス制度導入による財源確保の困難である。スウェーデンのような税負担の高い国で行われている制度と同様の制度設計は財政破たんを招きうるとの意見を示し、制度創設のためには税制の変更を行う必要など、現状では様々な財政上の課題があるという意見があった。

4-3 障害者総合支援法見直し議論の結果

2015年12月に、障害者総合支援法施行3年後見直しに係る障害者部会の報告書が公表された（社会保障審議会障害者部会 2015f）。報告書では、障害者部会での議論から、常時介護を要する障害者等の支援と、パーソナルアシスタンスについて、以下のようにとりまとめられた。

4-3-1 具体的な制度変更・検討の内容

1つ目は、重度障害者等包括支援を重症心身障害児者等のニーズに合わせて活用しやすくするとともに、入院中の重度訪問介護利用が示された。2つ目は、地域生活を支援する拠点の整備である。グループホームの重度障害者への対応強化、医療や短期入所による緊急時対応を総合的に進めることにより、グループホーム、障害者支援施設、基幹相談支援センター等を中心とする拠点機能の強化を図る必要を示す。3つ目は、グループホームや施設から一人暮らしへの移行支援策として、定期巡回・随時対応制度の新設である。最後は、人材の資質向上である。

1つ目の重度訪問介護の入院時利用は、障害者部会での関係団体ヒアリングでも要望が高く、骨格提言でも提言していたところであった。ただ、同じ

く要望が高かった通勤や通年かつ長期にわたる外出として通学、旅行など一日の範囲内で業務を終えることができない外出は評価対象外のままであり、今回の制度改正では実現しなかった。

また随時対応や定期巡回について、障害者部会の議論の中で、介助者が常時傍についていないと生命の危険がある場合や日常生活が営めない場合などはもちろん別として、それ以外で支援が必要な障害者には、整備された地域生活支援拠点を中心に「随時必要なときに必要な支援をするというサービス類型を立ち上げて、その中で丁寧に支援していく」という意見が出されていた（社会保障審議会障害者部会 2015e）。

4-3-2　パーソナルアシスタンスへの評価

パーソナルアシスタンスについて、報告書では次のようにまとめられている。

> 「パーソナルアシスタンス」について
> 　障害者の地域生活を支える仕組みとして、「パーソナルアシスタンス」の制度化を望む声もある一方、サービスの質の確保、ダイレクトペイメント、財政面等に関する課題も多いのではないかとの指摘がある。その目指すところは、利用者本人のニーズに応じた柔軟な支援を可能とすべきとの趣旨ではないかと考えられる。（社会保障審議会障害者部会 2015f: 7）

記載されている、サービスの質の確保、ダイレクトペイメント、財政面等が、パーソナルアシスタンスへの課題として挙げられてきたことは、既に述べた。

後段部分で、パーソナルアシスタンスは利用者本人のニーズに応じた柔軟な支援を目指すとまとめている。文面上だけみれば、たしかにそのとおりである。ただ、障害者部会での議論の結果からとりまとめられた報告書であることを考えれば、部会では、利用者のニーズに即して重度訪問介護や行動援護等を改正していけば、それとは別にパーソナルアシスタンスを制度化しなくてもよいのではないかという議論がなされていたことに注視すべきである。

重度訪問介護の対象者拡大や利用範囲のシームレス化から始まり、その延長線上に、障害者が介助など支援における主導権を持ち（支援を受けながらの主導も含む）・障害者と介助者との個別の関係性を支援のありようを考える際の基点とし・包括的で継続したサービスが展開されるよう、障害福祉サービスの制度を変革していく。骨格提言に沿えば、パーソナルアシスタンス制度創設には、そのような意図があった。重度訪問介護の発展的継承としてのパーソナルアシスタンスとは、そのような意味である。入院時の重度訪問介護利用が可能となるといった重度訪問介護の改正自体は、障害者の地域での自立生活に重要な意味を持つが、そこからさらに居宅介護や各種移動支援サービスの内容において、また、支給決定システムや従事者の資格要件等のサービス提供のシステムにおいて、上記3要件に照合しながら改正していくことが、「パーソナルアシスタンス制度創設」の含意なのである。

5　障害者総合支援法改正内容
――「常時介護を要する障害者等に対する支援」を中心に

　2015年12月の障害者部会報告書をふまえ、2016年3月に「障害者の日常生活及び社会生活を総合的に支援するための法律及び児童福祉法の一部を改正する法律案」として国会提出され、6月3日に改正法が公布された。
　改正内容は多岐にわたるため、常時介護を要する障害者等への支援に関わっての改正内容をみていく。

5-1　自立生活援助の創設
　障害者支援施設やグループホーム等から一人暮らしへの移行を希望する障害者を対象に、一定の期間、定期的な巡回訪問や随時対応を行い、障害者の理解力や生活力を補うサービスとして、「自立生活援助」が訓練等給付として新設される。支援内容として、「定期的に利用者の居宅を訪問し、食事、洗濯、掃除などに課題はないか、公共料金や家賃に滞納はないか、体調の変化はないか、通院しているか、地域住民との関係は良好か、などについて確認を行い、必要な助言や医療機関との連絡を行う」とともに、「定期的な訪

問だけではなく、利用者からの相談・要請があった際は、訪問、電話、メール等による随時の対応も行う」（厚生労働省社会・援護局障害保健福祉部 2016）。施行は 2018 年度からであり、制度の具体的内容は今後明らかになってくるが、この制度でどこまで具体的に支援が行えるかという点は注視する必要があるだろう。支援内容をみれば、自立生活援助事業所職員が利用者宅を訪問し、諸々の課題の有無を確認したうえで、必要に応じて本人への助言や他機関との連携を行う。もし食事に関して介助が必要な状況が確認できた場合、助言や連絡調整にとどまらず、具体的に介助を行うことが前提のサービスであるかどうか。

5-2　入院時の重度訪問介護

　施行は 2018 年度である。「最重度の障害者であって重度訪問介護を利用している者に対し、入院中の医療機関においても、利用者の状態などを熟知しているヘルパーを引き続き利用し、そのニーズを的確に医療従事者に伝達する等の支援」が可能となるよう改正される（厚生労働省社会・援護局障害保健福祉部 2016）。課題は、訪問先拡大の対象者を現時点では障害支援区分 6 の者を対象とする予定していることである。区分 4、5 の重度訪問介護利用者で、言語障害が重いために入院時の医療従事者とのコミュニケーションに困難を抱えている障害者等がいる。

6　「地域包括支援体制」を目指す、現在の施策展開

　ここからは、現在の障害福祉制度に関するもう一つの大きな流れを確認しておきたい。2015 年 9 月から厚生労働省内の各局長・部長を主な構成員として、「新たな福祉サービスのシステム等のあり方検討プロジェクトチーム」（以下「プロジェクトチーム」と略す）が始まっている。複雑化する支援ニーズへの対応と、高齢化・人口減少に向かう中での福祉人材の確保と質の高いサービスの効率的な提供に関する検討のために、大きく、①地域包括支援体制の確立、②生産性の向上と効率的なサービス提供体制の確立、③総合的な支援を行える福祉人材の確保・育成を行おうとするものだ。それぞれについ

て、プロジェクトチームが発表した「新たな時代に対応した福祉の提供ビジョン」の内容を確認する。

6-1　地域包括支援体制の確立

プロジェクトチームは、高齢者、児童、障害者、低所得者と対象ごとに支援を提供する仕組から、地域全体で包括的に支援を提供する仕組への変更を目的に、①分野を問わない包括的な相談支援の実施、②地域の実情に見合った総合的なサービス提供体制の確立を掲げる。

対象者を制度の枠に当てはめるのではなく、本人のニーズを起点とした相談支援体制の必要を示している。制度のはざまに取りこぼされる人が出ないよう、本人のニーズを起点に支援が提供される仕組は非常に重要である。では、そのような地域づくりや支援体制実施の主体についてはどうかというと、次のようにまとめられている。「これを進めるに当たっては、個々人の持つニーズのすべてを行政が満たすという発想に立つのではなく、住民を含む多様な主体の参加に基づく『支え合い』を醸成していくことが重要である。地域のことを自ら守るために行動し、助け合いを求めていく住民・関係者と、包括的なシステムの構築に想像的に取り組む行政とが協働することによって、だれもが支え、支えられるという共生型の地域社会を再生・想像していく」（厚生労働省・新たな福祉サービスのシステム等のあり方検討プロジェクトチーム 2015: 6）。公助だけではなく、地域住民同士の支え合いによって、包括的な支援提供を行う「共生型社会」を目指す方向にある。

「総合的なサービス提供体制」については、「人口減少下における効率的で柔軟な事業運営を確保するための一つの方策として、地域によっては、その実情に応じ、高齢、障害、児童、生活困窮等の福祉サービスを総合的に提供できる仕組みを構築できるようにするとともに、これを地域づくりの拠点としても機能させることが重要である」と示している（厚生労働省・新たな福祉サービスのシステム等のあり方検討プロジェクトチーム 2015: 10）。ここでいう「総合的なサービス」の範囲として、2015 年時点では、通いのサービスを中心に検討するものとしているが、その検討結果を踏まえ「その他の形態のサービスについても検討していくことが適当と考えられる」としている（厚生

労働省・新たな福祉サービスのシステム等のあり方検討プロジェクトチーム 2015: 11)。

　厚生労働省は、2016 年 3 月に「地域の実情に応じた総合的な福祉サービスの提供に向けたガイドライン（案）」をまとめた。それによれば、例えば、高齢者や障害者の通所先、保育機能を併せ持つような支援拠点を目指す場合、制度上は介護保険法・障害者総合支援法・児童福祉法と各法に基づく人員や設備の基準が定められているが、現行制度で兼務可能な人員・共用可能な設備基準を明確化し、また基準該当障害福祉サービス等が活用可能であることを示すことで、総合的な支援の提供が実現することを目指している。

6-2　生産性の向上と効率的なサービス提供体制の確立

　プロジェクトチームは、生産性の向上を目指すために、同質のサービスをより少ない人員で達成するにはどうすればよいかが検討され、具体的な取組としては、先進的な技術等を用いた効率化、業務の流れの見直し等を通じた効率化の 2 点を掲げる。

　前者については、ロボット技術の開発と実用化に向けた支援の強化や、ICT（情報通信技術）の導入と活用支援が示される。後者については、サービスの提供手順やプロセスを見直すことによって、スタッフの経験や能力による支援の質のばらつきを改善することや、異なる経営主体間でも職員研修など可能な範囲で共同実施すること等が提案されている。

6-3　総合的な支援を行える福祉人材の確保・育成

　地域包括支援体制を担う人材として、プロジェクトチームは、「複合的な課題に対する適切なアセスメントと、様々な支援のコーディネートや助言を行い、様々な社会資源を活用して総合的なプランを策定することができる人材」、「福祉サービスの提供の担い手として、特定の分野に関する専門性のみならず福祉サービス全般についての一定の基本的な知見・技能を有する人材」の二つを掲げる（厚生労働省・新たな福祉サービスのシステム等のあり方検討プロジェクトチーム 2015: 18）。各福祉分野を横断しての支援提供と、福祉分野間での従事者の移動を可能とするべく、「汎用性」の高い人材育成が目

指されることとなる。

6-4　ニッポン一億総活躍プラン、「我が事・丸ごと」地域共生社会実現本部

その後、こうした流れは、2016年6月2日に閣議決定されたニッポン一億総活躍プラン、同年7月15日に第1回目の会議が開催された「我が事・丸ごと」地域共生社会実現本部の議論に続いていく。前者では、「介護離職ゼロの実現」達成の方法の1つとして、「地域共生社会の実現」を掲げている。今後の対応の方向性として「子供・高齢者・障害者など全ての人々が地域、暮らし、生きがいを共に創り、高めることができる『地域共生社会』を実現する。このため、支え手側と受け手側に分かれるのではなく、地域のあらゆる住民が役割を持ち、(引用者による中略) 福祉などの公的サービスと協働して助け合いながら暮らすことのできる仕組みを構築する」としている（一億総活躍国民会議 2016: 16）。

後者の「我が事・丸ごと」地域共生社会実現本部は、厚生労働大臣のもとに、厚生労働省各局長・部長が本部構成員となる体制をとっている。2020年初頭には、先述の「新たな福祉サービスのシステム等のあり方検討プロジェクト」が示す方向性の実現に向けていく工程プランが出されており、その間には、2017年介護保険法改正、2018年度報酬改定と生活困窮者自立支援制度の見直し、2021年度報酬改定が決まっている。

7　パーソナルアシスタンス制度創設のための論点整理

本稿の目的は、日本の障害福祉政策においてパーソナルアシスタンスがどのように課題化され、議論されてきたのかを追いながら、その都度のパーソナルアシスタンスに関わる政策上の争点を整理し示すことと、現在の障害福祉施策の方向性について、障害者権利条約やパーソナルアシスタンスの考え方に照らし合わせ、今後の検討課題を明示することであった。これまで述べてきたことから、障害者権利条約批准後の現在において、今後何を検討課題とすべきか、その論点を挙げていきたい。

7-1　重度訪問介護の対象・利用範囲の拡大と、パーソナルアシスタンス制度創設に向けた4つの論点の検討

　障害者権利条約第19条では、全ての障害者が他の者と平等の選択の機会をもって地域社会で生活する平等の権利を有すると規定しており、締約国にはそのための何らかの措置をとる必要が明記されている。

　重度訪問介護は見守りを含む長時間利用が可能な介護サービスであり、障害者の地域生活には必要なサービスだ。今般の法改正によって、入院時の重度訪問介護の利用が認められたが、通勤・通学等では利用できず、また行動関連項目10点未満の知的・精神障害者は、希望があっても利用できない。今後、対象・利用範囲に関する包括性をもったサービスへと発展させていく必要がある。

　そして、パーソナルアシスタンス制度に係る社会保障審議会障害者部会の議論では、①パーソナルアシスタンスとダイレクトペイメントとの関係（ダイレクトペイメント導入への懸念）、②パーソナルアシスタンスと重度訪問介護の関係、③パーソナルアシスタンスにおける権利擁護、パーソナルアシスタンス利用の適性、④財源確保の困難、といった点が課題とされてきたことを述べてきた。この4点は、今後のパーソナルアシスタンス制度創設に向けて検討すべき論点となる。その際、①については、本稿でも述べてきたように、骨格提言に照らし、パーソナルアシスタンスの提供方法はダイレクトペイメントのみではないこと、またダイレクトペイメントを検討するにしても、すべての手続きを障害者の独力で行わねばならないと捉えるのではなく、支援を受けての主導のかたちがありえ、それがいかにして可能かを実態に即して検討することこそが必要であると指摘したい。また、②については、重度訪問介護の発展的継承としてのパーソナルアシスタンス制度創設であり、両者が全くの別体系にあるものではないことを確認する必要がある。

　③のパーソナルアシスタンスにおける権利擁護や、利用の適性への懸念について。障害者部会では、障害者に常時の介護がつくことによるストレス増の可能性が指摘されていた。しかし一方では、岡部が指摘するように、常時介護があることで、障害者本人の活動の幅が広がる可能性もある。個々の介助者たちは日常的な介助を通して障害者自身のことを知り、障害者との関係

を継続していくことにより、その意思を想像し汲み取ることが可能となりえ、そのことは、障害者にとっての安心にもなる（岡部 2015b: 315）。こうした主張から、常時介護のメリットを理解することができる。パーソナルアシスタンスによる地域生活について、様々な可能性をふまえた検討を進めていくべきである。

7-2 「包括化・総合化」の検討とともに「個別」に対応できる体制への検討

　住み慣れた地域の中で暮らし続けていくために、また、障害者とその家族の生活に生じうる複合的な課題を考えれば、対象者別の縦割ではなく、地域包括支援体制や総合的な支援の提供の必要性は存在する。それは障害者権利条約が示す「社会への完全かつ効果的な参加及び包容」の実現に寄与しうる。

　同時に、地域包括化・総合化のなかで、「個別」を重視する志向も求められる。

　人材育成については、福祉分野横断的で汎用性の高さを目指す政策方向にあるが、パーソナルアシスタンスでは汎用性ある知識・技術以上に、骨格提言に示すように障害者との個別の関係性の構築を土台とし、その人とその生活そのものへの理解の深化を重視する（渡邉 2011: 131-135）という違いがある。

　今後、福祉サービスの地域包括化・総合化への議論とあわせて、各福祉分野に関する制度や重視される理念の変遷と現状を踏まえ、分野固有の課題への検討が、引き続き必要になる。

7-3　財政課題への検討に向けて

　この間の制度変革の様相をみても、少子高齢化社会および今後の人口減少社会への進行から、社会保障にかかる財政上の課題が切実視されていることがわかる。7-1 で示したように、パーソナルアシスタンスの制度化も、財源確保の困難を1つの主要な理由に見送られることとなった。そして「新たな福祉サービスのシステム等のあり方検討プロジェクト」以降の、地域包括支援体制推進下の現在において、互助・自助と公助・共助との協働、特に自助・互助を重視する傾向にある[4]。財政課題について、障害者権利条約批准との兼ね合いを考えた時、責任主体をめぐる議論の展開が必要となると考え

る。

　高齢者を中心的な対象とした地域包括ケアの議論においては、自助・互助・共助・公助の役割について、「自助や互助の積極的な取組は、結果として介護保険制度の持続可能性を高める」とする見解がある（地域包括ケア研究会 2016: 12）。制度の持続可能性のためには、自助・互助を基本に、公助や共助を組み合わせる体制を必要とするという考えだ[5]。一方、骨格提言では、「障害者の支援を自己責任・家族責任として、これまで一貫して採用されてきた政策の基本スタンスを、社会的・公的な責任に切り替える」（障がい者制度改革推進会議総合福祉部会 2011a: 12）と提言している。

　障害者と家族の責任で障害に係る課題の解決を目指す個人モデル発想から、適切な支援を提供し得ていない社会の側の責任であると捉える社会モデル発想への転換は、障害者権利条約の支柱である。地域包括化・総合化を目指す政策動向の中で、どのように責任主体をめぐる異なる二つの考え方に整合性をつけ、障害者権利条約にかなう方向性をとることができるかが、今後の検討課題となる。

　そして最後に、財源問題を検討する際に重要視すべきこととして、佐藤久夫による以下の主張を提示したい。「政府においてもまず調査したらよい。『骨格提言』実現にはいくら要るのか、いくら足りないのか。（引用者による中略）その際、現状では障碍のない市民との生活の格差がどうなっており、その追加支援によってどれだけ縮まるのか、その推計もあわせて提供する」（佐藤 2015: 190）。

　パーソナルアシスタンス制度実現に向け、財政について検討することは極めて重要であるが、国は、まず一歩として、重度訪問介護の対象者拡大や利用範囲の拡大によって、どれだけの費用増となるのか、その具体的な試算作業を行い明示する必要があるだろう。そのうえで佐藤が指摘するように、「障害のない者との生活の格差」に着目した試算を行う必要があることを筆者も指摘したい。

　障害者権利条約は、障害者の生活の様々な面において、「他の者との平等」を達成するために必要な事柄について示すものである。今後、直近では、自立生活援助や入院時重度訪問介護の利用など、改正障害者総合支援法の施行

年であり、障害福祉サービスの報酬改定となる 2018 年が制度の大きな山場の年となり、そこに向けて様々に制度をめぐる議論が国を中心に展開されていく。改正・障害者総合支援法の附則第 2 条には、施行後 3 年を目処に「施行の状況等を勘案しつつ検討を加え、必要があると認めるときは、その結果に基づいて必要な措置を講ずる」とある。その際、上記の課題事項の検討とともに、それら検討結果は障害者権利条約が目指す「他の者との平等」につながっているかどうかを、私たちは注視しなければならない。

謝辞：本研究は科研費 25780348, 16K04158 の助成を受けたものである。

[注]
1 本稿は、『総合社会福祉研究』第 47 号掲載の拙論「パーソナルアシスタンスに関する議論の系譜と、その争点」（山下 2016）に大幅加筆修正を施したものである。
2 岡部は総合福祉部会での訪問系作業チームの副座長であった。
3 とはいえ、総合福祉部会では、利用者主導という側面から考えれば代理受領制度には課題があるとの認識を持っている。それゆえ、「サービス提供やコーディネートにおいて、『利用者主体のサービス提供組織』を積極的に位置付けていく必要」を検討していた（障害者制度改革推進会議総合福祉部会 2011b: 3）。
4 ここでいう「自助・互助・共助・公助」は、2010 年の地域包括ケア研究会での定義を元にしている。同研究会では、2008 年 5 月の社会保障の在り方に関する懇談会による「今後の社会保障の在り方について」等を参考に、以下のように定義している。「自助：自ら働いて、又は自らの年金収入等により、自らの生活を支え、自らの健康は自ら維持すること。互助：インフォーマルな相互扶助。例えば、近隣の助け合いやボランティア等。共助：社会保険のような制度化された相互扶助。公助：自助・互助・共助では対応できない困窮等の状況に対し、所得や生活水準・家庭状況等の受給要件を定めた上で必要な生活保障を行う社会福祉等」（地域包括ケア研究会 2010: 3）。
5 なお、自助・互助を重視する方向性は高齢者分野に限った話ではない。社会保障審議会障害者部会による障害者総合支援法 3 年後見直しについての報告書には、介護保険優先原則の妥当性を主張するにあたり、「日本の社会保障は、自助を基本としつつ、共助が自助を支え、自助・共助で対応できない場合に社会福祉等の公助が補完する仕組みを基本とする」との認識が示されている（社会保障審議会障害者部会 f 2015: 24）。

[参考文献]
Barnes,Colin. Mercer, Geoffrey. Shakespeare, Thomas. 1999 "Exploring Disability-A Sociological Introduction" Polity Press （= 2003 杉野昭博・松波めぐみ・山下幸子訳『ディスアビリティ・スタディーズ――イギリス障害学概論』明石書店）
地域包括ケア研究会 2010『地域包括ケア研究会報告書～今後の検討のための論点整理～』

（http://www.murc.jp/sp/1509/houkatsu/houkatsu_01_pdf01.pdf, 2016.9.25）．
　――――― 2016『地域包括ケアシステムと地域マネジメント』
　　　（http://www.murc.jp/uploads/2016/05/koukai_160509_c1.pdf, 2016.9.25）．
東俊裕 2014「差別の禁止」障害と人権全国弁護士ネット編『障がい者差別よ、さようなら！
　　　――ケーススタディ障がいと人権2』生活書院：10-19
一億総活躍国民会議 2016「ニッポン一億総活躍プラン」（http://www.kantei.go.jp/jp/singi/ichiokusoukatsuyaku/pdf/plan1.pdf, 2016.9.25）．
石川准 2004『見えないものと見えるもの――社交とアシストの障害学』医学書院
河東田博 1992『スウェーデンの知的しょうがい者とノーマライゼーション――当事者参加・参画の論理』現代書館
厚生労働省 2010「基本合意文書」
　　　（http://www.mhlw.go.jp/bunya/shougaihoken/jiritsushienhou/2010/01/dl/100107-1b.pdf, 2016.9.25）．
厚生労働省・新たな福祉サービスのシステム等のあり方検討プロジェクトチーム 2015「誰もが支え合う地域の構築に向けた福祉サービスの実現―新たな時代に対応した福祉の提供ビジョン―」（http://www.mhlw.go.jp/file/05-Shingikai-12201000-Shakaiengokyokushougaihokenfukushibu-Kikakuka/bijon.pdf, 2016.9.25）．
厚生労働省社会・援護局障害保健福祉部 2016「平成26年3月7日実施：主管課長会議資料」
　　　（http://www.mhlw.go.jp/file/06-Seisakujouhou-12200000-Shakaiengokyokushougaihokenfukushibu/0000115298.pdf, 2016.9.25）．
岡部耕典 2015a「『重度訪問介護の対象拡大』の経緯とこれからのために」寺本晃久・岡部耕典・末永弘、岩橋誠治『ズレてる支援！――知的障害／自閉の人たちの自立生活と重度訪問介護の対象拡大』生活書院：210-240
　――――― 2015b「パーソナルアシスタンスという〈良い支援〉」寺本晃久・岡部耕典・末永弘、岩橋誠治『ズレてる支援！――知的障害／自閉の人たちの自立生活と重度訪問介護の対象拡大』生活書院：304-330
社会保障審議会障害者部会 2015a「第63回」（http://www.mhlw.go.jp/stf/shingi2/0000087664.html, 2016.9.25）．
　――――― 2015b 「第64回」（http://www.mhlw.go.jp/stf/shingi2/0000088399.html, 2016.9.25）．
　――――― 2015c「第65回」（http://www.mhlw.go.jp/stf/shingi2/0000090438.html, 2016.9.25）．
　――――― 2015d「第66回」
　　　（http://www.mhlw.go.jp/file/05-Shingikai-12601000-Seisakutoukatsukan-Sanjikanshitsu_Shakaihoshoutantou/0000091250.pdf, 2016.9.25）．
　――――― 2015e「2015年7月7日社会保障審議会障害者部会（第66回）議事録」（http://www.mhlw.go.jp/stf/shingi2/0000095418.html, 2016.9.25）．
　――――― 2015f「障害者総合支援法施行3年後の見直しについて～社会保障審議会障害者部会報告書～」（http://www.mhlw.go.jp/file/05-Shingikai-12601000-Seisakutoukatsukan-Sanjikanshitsu_Shakaihoshoutantou/0000107988.pdf, 2016.9.25）．
障害福祉サービスの在り方等に関する論点整理のためのワーキンググループ 2015a「第3回」
　　　（http://www.mhlw.go.jp/stf/shingi2/0000072974.html, 2016.9.25）．
　――――― 2015b「第5回」（http://www.mhlw.go.jp/stf/shingi2/0000073330.html, 2016.9.25）．

―――― 2015c「障害福祉サービスの在り方等について（論点の整理（案））」（http://www.mhlw.go.jp/file/05-Shingikai-12201000-Shakaiengokyokushougaihokenfukushibu-Kikakuka/0000082966.pdf, 2016.9.25）。

障害福祉サービスの在り方等に関する論点整理のためのワーキンググループ「常時介護を要する障害者等に対する支援の在り方に関する論点整理のための作業チーム」2015「第3回」（http://www.mhlw.go.jp/file/05-Shingikai-12201000-Shakaiengokyokushougaihokenfukushibu-Kikakuka/0000079875.pdf, 2016.9.25）。

障がい者制度改革推進会議総合福祉部会 2011a「障害者総合支援法の骨格に関する総合福祉部会の提言―新法の制定を目指して」（http://www.mhlw.go.jp/bunya/shougaihoken/sougoufukusi/dl/0916-1a.pdf, 2016.9.25）。

―――― 2011b「第11回資料7」（http://www.mhlw.go.jp/bunya/shougaihoken/sougoufukusi/2011/01/dl/0125-1_14-1.pdf, 2016.9.25）。

ラツカ、アドルフ 1991「スウェーデンにおける自立生活運動――当事者による自己決定のみが個人的・政治的力をもたらす」ノーマライゼーションの現在シンポ実行委員会編『ノーマライゼーションの現在――当事者決定の論理』現代書館：95-119

佐藤久夫 2015『共生社会を切り開く――障碍者福祉改革の羅針盤』有斐閣

渡邉琢 2011『介助者たちは、どう生きていくのか――障害者の地域自立生活と介助という営み』生活書院

山下幸子（2016）「パーソナルアシスタンスに関する議論の系譜と、その争点」『総合社会福祉研究』第47号：105-113

財務制度等審議会 2015「財政健全化計画等に関する建議」（http://www.mof.go.jp/about_mof/councils/fiscal_system_council/sub-of_fiscal_system/report/zaiseia270601/02.pdf, 2016.9.25）。

第Ⅰ部
パーソナルアシスタンスの射程
―― 何を目指すのか

第1章 「通所施設中心生活」を超えて
―― 「ケアの社会的分有」とパーソナルアシスタンス

中根成寿

1 はじめに

　筆者は、これまで障害者家族の親へのインタビュー調査、障害者福祉制度（障害者自立支援法、障害者総合支援法）の利用実態調査などを通じて、障害者家族のいわゆる「親亡き後問題」とその回答としての地域での自立生活について考えてきた。主に知的障害者の家族を中心に、幼児期から成人後までの父親、母親の語りを聞き取り、親の語りの中から「社会」を捉えようとしている。

　障害者家族、特にその親子関係の研究の整理は中根（2006）で行ったが、それ以降の研究の蓄積も着実に行われている。障害者家族の親子関係への注目が集まったのは、自立生活運動における「脱家族」の宣言からである。「泣きながらでも親不孝を詫びながらでも、親の偏愛をけっ飛ばさねばならないのが我々の宿命である」と横塚（2007）が述べたように、自立生活運動における、障害者本人とその親との関係は常に緊張関係をはらむものであったし、自立生活が根付いた現在の状況においても、親の影響は未だに強いと言わざるをえない。

　社会学・社会福祉学を中心とした障害者家族の研究は、石川（1995）や要田（1999）によってその先鞭がつけられ、身体障害者家族の親子関係に着目した土屋（2002）、精神障害者家族のストレスに着目した南山（2006）などで、総合的に展開される。その後は、時代区分への焦点化（堀 2007, 2008）や、障害の種別ごとの整理（一瀬 2012）（渡邉 2014）が行われ、障害者家族研究の精緻化が進む。

中根（2006）では、知的障害をもつ当事者の母親、父親への調査を通じて「代替介護資源が存在するにもかかわらず、家族ケアを継続する親」の感情や身体感覚を考察した。そして親の感情や身体感覚に適合した「親なき後問題」への対応として「ケアの社会的分有」という概念を提唱した。「ケアの社会的分有」は、家族が提供する支援を「身体介護や見守りを中心とした介助」と「配慮や気遣い、権利擁護、意思決定支援を中心とした中心とした支援」に切り分け、前者を障害者総合支援法等による「制度による支援」、後者を親も参加する支援者の集団による「関係性の支援」（岡部 2014）によって障害当事者を支援するという構想である。
　これまでの障害者家族研究の蓄積からは、障害者家族の親なき後問題には社会の支援の充実を、という結論で一致を見ている。本人が成人後も親が主たる介護者であり続けることが将来的に親なき後問題を発生させているのだから、ここで問うべきなのは、社会の支援が充実した結果、障害者の生活がどのように変化したか、そして現状の障害者福祉制度がどのような親子関係を「構築」したか、であろう。
　本章では、障害者自立支援法以降の制度利用の状況と、その状況が障害者家族の親子関係にどのような影響を与えたかを論じる。その上で、現在の障害者福祉制度の利用状況とパーソナルアシスタンスをつなぐのが、本章の役割である。

2　制度利用状況を分析する意義

　本論に入る前に、現在の障害者総合支援法が成立した経緯を簡単に振り返っておく。2000年の介護保険導入後、障害者福祉制度は2003年の支援費制度、2006年の障害者自立支援法とそれに対する違憲訴訟、2009年の自公政権から民主党への政権交代、障害者制度改革推進本部による骨格提言とその「挫折」、2013年の障害者総合支援法への移行と2014年の国連障害者権利条約の批准と幾度も大きな「政治」と「制度」の変化の波にさらされてきた。
　身体障害者が中心となって展開してきた地域において介助者を活用した自立生活を、知的障害者、精神障害者にも利用可能にする道を開いた重度訪問

介護の対象拡大は、骨格提言において実現した成果の1つである。この重度訪問介護の対象拡大を目指した人々の中には、対象拡大からパーソナルアシスタンスへの接続が、知的障害者や精神障害者においても「支援付き自立生活」の実現と、それが親亡き後問題の解消に一定程度寄与するという目論見があった（岡部 2014）。

　しかし、骨格提言以後のパーソナルアシスタンスをめぐる展開をみると、障害者福祉の現状はパーソナルアシスタンスの実現へ舵を切ったとは言い難い。むしろ、パーソナルアシスタンスが目指す個別的で長時間の支援というフレーズに予算の膨張を危惧し、財政的な理由からパーソナルアシスタンスに疑問をむける声も一定程度目立つ。つまり優れた理念とそれがもたらす効果が明らかであっても「カネ」の心配がある政策に関してはなんらかの「疑問」が向けられるのが現在の状況である。障害者総合支援法の成立の過程でその推進力となった「障がい者制度改革推進本部総合福祉部会」の構成員として骨格提言の作成に関わった福島智は「総合福祉部会的」な手法の限界を以下のように述べている。

　　……当事者のニーズを背景に、それを満たすために行政や社会と闘うという手法だけでは、もはや限界に来ているのではないか。障害者福祉を巡る財政論から言えば、筆者を含めて、どうしても国の予算をあてにするという発想になりがちである。それももちろん重要なファクターではあるものの、それだけでは今後、財政面で行き詰まる可能性がある。GDPの10％程度の税収の「パイ取り合戦」だけでは、自ずと限界が生じる懸念がある。もちろん、高負担高福祉で北欧並みに消費税などを20％、30％くらいに上げてもいいと国民の合意形成ができるなら、それはそれで新しい社会像の選択の一つになるだろう。しかし、日本社会の現状や国民性を考えると、少なくとも近い将来にそうした選択は実現されないと筆者には思える。そうであれば、実現可能な路線で、どうしたら障害者やその他のマイノリティが生きやすい社会をつくり出せるか、知恵を絞ることが必要だ。従来型の当時者（ママ）のニーズを要求する運動だけでは十分ではない。かと言って、「アリバイ的」に国・行政の政策審議の土俵に乗って意見を出す

だけでも限界がある。これがここ十数年、とりわけこの三年余り、障害者制度改革の一端に関わってきた筆者の「経験知」である。(福島 2013)

　福島の言う「総合福祉部会的手法」の限界とは、当事者のニーズ表明を背景に分配の拡大を要求する手法の限界と読み替えていいだろう。この手法は政策形成プロセスにおいては限定的にしか作用しないことが総合福祉部会の結果から言える。となれば、まずは障害者福祉制度の現状を分析することで、予算がどのような推移を辿り、どのようなサービスが増加し、利用者たちにサービスがどのように利用され、事業者からどのように提供されているかを議論の基盤として、パーソナルアシスタンス、障害者家族の親子関係と障害者の地域生活をめぐる問いを考えていく必要があるだろう。

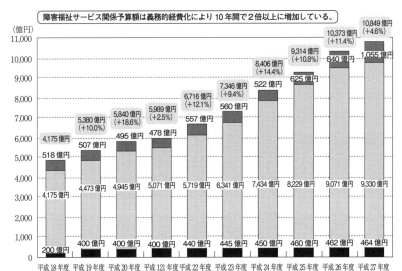

(注1) 平成18年度については、自立支援法施行前の支援費、自立支援法施行後の自立支援給付、地域生活支援事業等を積み上げた予算額である。(自立支援法は平成18年4月一部施行、同年10月完全施行)
(注2) 平成20年度の自立支援給付費予算額は補正後予算額である。
(注3) 平成21年度の障害児措置費・給付費予算額は補正後予算額である。

図1　障害福祉サービス等の予算推移
出典：厚生労働省社会保障審議会障害者部会第66回参考資料より

3 障害者自立支援法以降の制度変更と予算の推移

 2006年の障害者自立支援法施行から2015年現在まで、障害者福祉の予算はこの10年で2.5倍であることを厚生労働省は各種審議会で繰り返し強調している（図1）。この図を繰り返し提示する意図は、将来の財政状況の「厳しさ」を強調し、「持続可能な制度」という言葉とセットで、障害者予算支出への牽制として理解することが妥当である。
 介護保険法や障害者総合支援法に関連した予算が拡大するプロセスは、①利用者の増加、②利用者1人が活用するサービスメニューの複数化、③サービスを供給する事業者の増加が同時に進行する。官セクタ（行政機関）が主にサービス支給量の決定とサービス供給を同時に行う「措置体制」から、官セクタの役割をサービス支給量の決定と事業者の許認可・管理に限定し、サービス供給は協同セクタと民間セクタに任せる「契約制度」への転換の効果と言える。
 障害者自立支援法以前と比較して、障害者福祉予算が2.5倍になったことは、利用者やその家族の生活が2.5倍、望ましい方向に変化したか？　と考えると、この問に対する答えはそれほど簡単に出すことはできない。それには、増えた予算がどのようなサービス利用／供給に回され、利用者や家族の生活にどのような変化をもたらしたか／もたらさなかったのかを明らかにしていく必要がある。

4 どのようなアクター（主体）が関係しているか

 障害者福祉の予算規模が拡大していく局面には、主に4つのアクター（主体）が関係する。財政、供給、親、本人の4つである。
 財政アクターは、各自治体の障害福祉課支給決定担当部署である。財政アクターは、①利用者の生活の安定、②支給決定の効率化と公正性の確保、③会計担当部門に対して支給決定に合理的な説明が可能であること（実際に使用されるワーディングは「納税者の理解」）を行動原則とする。

供給アクターは、社会福祉法人やNPOなどの福祉サービスを運営する事業者によって担われる。供給アクターは、①利用者の生活の安定、②雇用者の生活の安定、③サービス供給量の拡大による事業体経営の安定、④支援中に利用者、雇用者に事故等がないことなどを行動原則としている。

　親アクターは、インペアメントをもつ当事者の親族を中心に構成される。親アクターは①当事者（多くは子）の生存と生活の安定、②当事者の望む生活の実現、③当事者以外の家族メンバーの健康と介護負担の軽減、④家族リアリティの保持、などを行動原則としている。

　本人アクターは、インペアメントをもつ本人で構成される。本人アクターは①自身の生活の安定、②自身の望む生活の実現、③介護者の安定的な雇用環境、④周囲との良好な人間関係の確保、などを行動原則としている。

　以上のアクターの行動原則の優先順位は、状況によって変化し一定ではない。同一アクター内でも対立する事項が存在し、またアクター間で協調できる項目と対立する項目が存在する。まずは障害者自立支援法以降の制度利用状況がどのように変遷してきたのか、というデータからわかることを述べる。

5　障害者総合支援法の利用実態調査から

5-1　障害者総合支援法サービス利用者人数の推移

　図2は現在の障害者総合支援法のサービス体系がほぼ現行制度と同じになる2008年（平成20年）から地域生活系サービス（居宅介護、重度訪問介護、行動援護、生活介護、就労継続支援B型、共同生活援助〔共同生活介護との合計〕）の利用者人数の推移である。数値は厚生労働省が公表している障害者総合支援法（障害者自立支援法）に関する「障害福祉サービス等の利用状況について」を整理したものである。このデータは、国民健康保険団体連合会（国保連）への請求データを根拠としているので、市町村による支給決定者の数値ではなく、実際にサービスが提供されたことを示すデータである。2008年の利用者人数を基準として、2015年までの伸び率（％）を提示した。

　2006年の障害者自立支援法施行から2012年3月までは旧体系から現体系への移行期間であった。よって2008年～2012年までは障害者自立支援法に

※1 共同生活援助＋介護の 2013-2014 の数値は推定
※2 2008 年-2012 年の生活介護、就労継続支援、共同生活援助は障害者自立支援法体系の実数＋旧体系利用人数の推計を示している。

図2　障害者総合支援法地域生活系サービス利用者人数の推移

おける利用者数と旧体系の利用者が混在しているため、生活介護と就労継続支援、共同生活援助（介護）については、厚生労働省が発表している「社会福祉施設等調査」の 2008 年〜2012 年の「施設の種類、年次別在所者数」の表から、更生施設系は生活介護、就労施設系は就労継続支援、グループホーム系は共同生活援助にまとめ、利用者人数を推計し、旧体系利用者数として

現体系利用者数と合算した。旧体系と現体系それぞれの人数はグラフの下の表に示す。

　生活介護は2015年現在、障害者総合支援法の中で最も利用者が多いサービスであり、2008年度の旧体系下からその傾向は変化していない。伸び率は162.5%となっている。障害者総合支援法の総費用に占める割合は38.2%（2014年）であり、一番利用者人数が多い「大口」のサービスとなっている。

　就労継続支援B型は生活介護についで多くの利用者が存在し、2008年からの伸び率は154%となっている。障害者総合支援法の総予算に占める割合は16.1%（2015年）である。

　居宅介護は訪問系サービス（居宅介護、重度訪問介護、行動援護）の中ではもっとも利用が多い。2008年から2015年までの伸び率は168%である。

　重度訪問介護は行動援護と並んでその利用人数が少ないサービスであるが、その伸び率は比較的緩やかな139%である。2013年度から重度訪問介護の身体障害者以外の利用も可能になったとはいえ、政令市にその利用が集中していることなどから、生活介護や居宅介護よりもその伸び率は緩やかである。

　行動援護も重度訪問介護同様に地域生活系サービスの中でも利用者人数が少ないサービスの1つであるが、2015年までの伸び率は235%であり、この8年間で利用者が他のサービスよりも高いペースで増えたサービスといえるだろう。

　共同生活援助（グループホーム）と共同生活介護（ケアホーム）は、2014年に一元化された。ここでは、2008年から2012年までは旧体系利用者の推測値の合計、2013年は両サービスの利用者人数を合算して扱う（2013年・2014年は数値が欠損しているため前後の数値からの予測値として示す）。共同生活援助の利用者も順調に伸びているが、その伸び率は198.9%であり、行動援護とともに、他のサービスよりも利用者が増えたサービスと言えるだろう。

　この調査からは、生活介護と就労継続支援という平日の日中に利用するサービスに多くの利用者が集中していると言える。訪問系のサービスはその利用者人数が訪問系サービスよりも相対的に少ない。

図3 障害者総合支援法における申請量と支給決定量と利用量の関係

5-2 障害者総合支援法サービス利用率調査の方法

　次に「障害者総合支援法における地域生活系サービスの支給決定量及び利用率調査」を紹介する。筆者はこれまで、京都府調査（中根 2012）、第1次利用率調査（中根 2014）、第2次利用率調査を実施してきた。今回は第1次利用率調査をつかって分析を進めていく。

　これらの調査の目的は、障害者総合支援法における地域系サービスの支給決定量と、各都道府県の国保連に実際に請求された請求実績と支給決定時間との比較を行うことで、障害者総合支援法の「サービスごとの利用率」の把握を行うことである。本調査における地域系サービスとは「居宅介護」「重度訪問介護」「行動援護」「生活介護」「就労継続支援」「共同生活介護」を指す。本調査で考慮する変数は3つある。まず利用者が相談支援事業所を通じて市町村に対してサービスの利用意向の聴取の段階で要求する申請時間（a）である。次に利用者の申請時間に対して、市町村が決定する個別サービスの月ごとの「支給決定量（β）」がある。さらに支給決定量のうち、実際に利用者が事業所を通じて支援を受けるサービス利用量（γ）」が存在する。申請量（a）、支給決定量（β）、利用量（γ）の関係は $a \geqq \beta \geqq \gamma$ になり、これらの関係が逆転することはない（図3）。

　第1次利用率の対象自治体は、2013年2月現在で重度訪問介護の国保連請求者が200人以上存在する都道府県の市・区とし、郡部は除いた。これは京都府調査において郡部の全てにおいて重度訪問介護の利用者が0人であったためである（この点から、重度訪問介護は都市部にしか利用者が存在しない特殊なサービスといえる）。上記の基準を満たし、調査対象となった都道府県は、北海道、埼玉県、東京都、神奈川県、愛知県、京都府、大阪府、兵庫県である。対象自治体となったのは363自治体である。調査票は2種類用意し、調

査票 A は支給量を問うもの、調査票 B は国保連への請求量を問うものとした。返却されたのは 134 自治体（政令市 4、政令市の区 33・特別区 13、中核市・特例市 16、一般市 68）であり、回収率は 36.9% であった。

5-3　障害者総合支援法利用率調査

　地域系サービスのうち、訪問系サービス（居宅介護、重度訪問介護、行動援護）を表 1 に示す。訪問系サービスの利用は重度訪問介護が約 70% で最も高く、居宅介護、行動援護の利用率は 50% を下回っている。つまり支給決定（β）がなされても、実際にサービスを利用している（r）のは支給決定の 40%～70% 程度であることが明らかになった。全体での支給決定時間の合計（β）と都市規模を比較すると、政令市・特別区でより多くの比率を占め、一般市では相対的にその比率が低くなる傾向にある。これは人口の影響も大きいと推計できるが、一般市を 1 とした場合の政令市比率は、重度訪問

表 1　訪問系サービスの利用率一覧

	全体	自治体規模		
		政令市特別区	中核市特例市	一般市
重度訪問介護平均支給時間（時間）	6766.8 n=123	14848.4 n=39	5955.1 n=16	2322.7 n=68
重度訪問介護平均支給人数（人）	43.0 n=124	106.8 n=40	25.0 n=16	9.7 n=68
重度訪問介護 1 人あたり月平均支給時間（時間）	227.7 n=109	229.9 n=39	240.7 n=15	222.5 n=55
重度訪問介護利用率（％）	70.5% n=109	69.0% n=39	79.3% n=15	69.1% n=55
居宅介護平均支給時間（時間）	12225.3 n=117	22959.4 n=39	17164.6 n=16	4198.6 n=62
居宅介護平均支給人数（人）	472.4 n=121	929.9 n=40	555.1 n=16	170.4 n=65
居宅介護 1 人あたり月平均支給時間（時間）	28.9 n=117	33.2 n=39	31.5 n=16	25.6 n=62
居宅介護利用率（％）	47.7% n=115	52.3% n=39	43.8% n=16	45.7% n=60
行動援護平均支給時間（時間）	841.2 n=119	1550.0 n=39	1151.4 n=16	331.8 n=64
行動援護平均支給人数（人）	20.1 n=121	28.6 n=40	38.4 n=16	10.4 n=65
行動援護 1 人あたり月平均支給時間（時間）	47.0 n=104	70.9 n=36	35.7 n=15	34.0 n=53
行動援護利用率（％）	41.6% n=101	50.6% n=35	36.7% n=15	36.9% n=51

介護は6.3、居宅介護は5.4、行動援護は4.6となっている。利用率の自治体規模による差は見られない。

次に通所系サービスの利用率を紹介する（表2）。生活介護、共同生活援助の利用は支給日数に対して80%以上で利用がなされている。就労継続支援は67%である。訪問系サービスと比較して、サービスの利用率は高い傾向にある。通所系サービスは、政令市と一般市の支給決定合計日数の差が訪問系サービスと比較して少ないことが特徴である。一般市を1とした場合の政令市比率は、生活介護2.6、就労継続支援2.2、共同生活援助2.4である。通所系サービスは支給決定量への自治体規模の影響が訪問系サービスよりも少ないといえる。

以上の結果から、訪問系サービスよりも通所系サービスの方が積極的に利用されていること、また訪問系サービスは都市部で中心的に支給決定がなされており、一般市では都市部より支給量が相対的に少ないことが明らかにな

表2　通所系サービスの利用率一覧

	全体	自治体規模		
		政令市特別区	中核市特例市	一般市
生活介護平均支給日数（日）	9223.7 n=111	13742.6 n=39	13152.4 n=14	5236.8 n=58
生活介護平均支給人数（人）	453.3 n=124	50.3 n=40	604.0 n=15	235.8 n=65
生活介護1人あたり月平均支給日数（日／月）	22.0 n=111	22.7 n=39	22.0 n=14	21.6 n=58
生活介護利用率（%）	81.2% n=104	78.4% n=37	77.9% n=14	84.0% n=53
就労継続支援平均支給日数（日）	7720.4 n=113	11062.4 n=39	10216.6 n=15	4876.7 n=59
就労継続支援平均支給人数（人）	373.5 n=121	570.4 n=40	506.1 n=16	219.7 n=65
就労継続支援1人あたり平均支給日数（日／月）	22.4 n=113	23.0 n=39	21.5 n=15	22.2 n=59
就労継続支援利用率（%）	67.5% n=110	65.6% n=39	70.0% n=15	68.2% n=56
共同生活介護平均支給日数	4424.5 n=115	6938.2 n=39	4171.7 n=15	2879.6 n=61
共同生活介護平均支給人数	148.7 n=121	251.7 n=40	140.5 n=16	87.4% n=65
共同生活介護1人あたり月平均支給日数	30.2 n=121	30.6 n=38	30.2 n=15	29.9 n=59
共同生活介護利用率	82.9% n=104	281.3% n=39	86.0% n=15	83.2% n=50

図5　通所系サービスの利用率一覧

った。居宅介護、重度訪問介護、行動援護などの訪問系サービスは、全体での支給決定時間の積算と都市規模を比較すると、政令市・特別区でより多くの比率を占め、一般市では相対的にその比率が低くなる傾向にある。

これに対して、生活介護、就労継続支援、共同生活介護などの通所系サービスは、訪問系サービスで見られた上記の傾向が弱くなり、一般市と都市部の差が縮小する傾向にある。今回の調査では重度訪問介護の利用者が多い自治体を対象としている点と、郡部を除いてある点を考えれば、全国的にこの調査を行った場合、今回の調査の対象とならなかった都道府県の郡部における通所系サービスと訪問系サービスの支給決定・利用率の差は更に広がる可能性がある。

6 考察

6-1 調査結果の概要

障害者総合支援法のサービスごとの利用者人数の推移と利用率調査から明らかになったことを整理する。生活介護と就労継続支援を中心とした通所系サービスは多くの利用者が存在しており、その数も伸びている。しかし、重度訪問介護や行動援護の訪問系サービスは利用者数も少なく、増加率も緩やかである。また通所系サービスの支給決定日数に対する利用率は訪問系サービスと比較して高い水準にある。

この状況を生んでいる制度的要因は、①財政アクターの支給決定方法と②供給アクターのサービス提供コストがその要因であると推測される。①の財政アクターによる支給決定方法は、通所系サービスと訪問系サービスでは異なっている。通所系サービスの支給決定方法は、たとえば生活介護なら「月の日数マイナス8日」という基準をもつ自治体が多い（就労継続支援も「月の日数マイナス8日」、共同生活援助は「月の日数」）。一方で、訪問系サービスの時間による支給決定方法は、本人の身体状況、生活上でのニーズ、家族による介護状況等の調査を元に支給時間を積み上げていく[1]。通所系サービスが支給の「利用可能最大枠」で支給されるのに対して、訪問系サービスは「必要最少枠」で支給される。

②の供給アクターのサービス提供コストとは、平日の日中、集団での支援を提供する通所系のサービスに対して、訪問系サービスは戸別訪問による1対1の個別支援が原則となり、支援コストが割高になることを指す。通所系サービスは利用時間が安定的に決まっており、また複数の利用者を複数の職員で支援する集団的支援である。施設の開所日数や時間を予め決定しておけることから、サービス利用量が予測しやすく、なおかつ利用者が集団で同じ場所に滞在することで、効率的な支援も行いやすい。対して、1対1の支援では、支援時間も不定期、相互の都合で突然のキャンセルなどが発生し、利用者の自宅や外出先に同行する支援は、通所と比較すれば供給アクターには通所系サービスと比較して相対的に「非効率」なサービスとなる。必然的に利益を確保しにくいサービスに対しては提供する機会が減少する。

居宅介護、行動援護の利用率が5割を下回っている点について、以下のような推測が可能である。訪問系サービスの場合、滞在の時間が短く、訪問回数が多いほど、事業所にとっては支援のコストが上がる。居宅介護、行動援護は比較的短時間で支援を行うことを想定した報酬単価が設定されているが、それでも移動や記録作成時間などが存在し、訪問回数が増えるにつれて事業所コストが上がっていく。重度訪問介護と比較して支援時間が短くなりがちで事業所のコストが高い居宅介護サービスは供給アクターが敬遠する可能性が推測できる。夜間や休日の等に対応できる可能性も日中支援と比較すれば減少する。

以上のような理由で高い利用率の通所系サービスと、低い利用率の訪問系サービスという利用状況が出現する。この傾向は都市部よりも事業所数の少ない一般市において強くなると推測できる。

6-2　家族のリアリティと「市場」の結合

前節で述べた、通所系サービスの利用者数の多さと高い利用率、訪問系サービスの低い利用率が生み出す地域での平均的な生活様式は、「平日昼間の通所系サービス利用」と「夜間と週末の家族による無償介護」の組み合わせである。親が加齢して家族介護能力がおとろえた場合には、平日夜間のサービスを共同生活援助（グループホーム）に切り替えることがありうる。その

場合でも週末はグループホームから親元への帰宅が想定される。この生活様式を「通所施設中心生活」と呼ぶことにする。

通所施設中心生活は財政アクターと供給アクターの行動原則が「市場」を通じて調整されることで浸透していくが、この通所施設中心生活は、親アクターにとっても「ちょうどよい」生活様式となっている可能性がある。すなわち「平日日中の介護負担の軽減」というメリットを享受しつつ、親と子の関係を大きく変更せずに生活を継続できる、つまり親にとっての「家族のリアリティ」を維持し、本人の生活を見守り、本人の生活への主体的関与権を保持したまま、生活を続けることが可能となるからである。生活介護の施設職員は保護者の意向を十分に尊重してくれる（岡田 2016）。財政アクターと供給アクターにとっては予算的な側面で、親アクターにとっては情緒的な側面で、「ちょうどよい」生活様式は釣り合っているのである（ただし、この釣り合いは親の身体的・精神的・金銭的な介護能力がある程度備わっている場合に限定される）。

6-3 通所施設中心生活とパーソナルアシスタンスの比較

ここで、パーソナルアシスタンスの「個別性」「継続性」「包括性」（岡部 2016）の三つの特性と通所施設中心生活を比較してみよう。

通所施設中心生活は「生活介護」や「就労継続支援」という特定の場所において、特定の時間に限定して、その場所に配置された支援者によって支援が行われる。送迎サービスは加算の対象になっているが、原則、利用者の住居の中での支援を行うことはできない。この点で空間的、時間的にも「断続的」な支援とならざるをえない。そして利用者－職員配置は「集団的」な支援となる。生活介護サービスにいる間は食事、排泄、入浴などの常時介護を受けることができるが、集団的支援であるがゆえに、自由な判断での外出などは難しい。また今回の調査では触れていないが、医療的ニーズを中心に支援する療養介護では生活支援などの福祉的ニーズを制限されたり、訓練的機能を優先するサービスでは日常生活上の支援を必要とする利用者はサービス利用できないなどの「限定的」な支援ならざるをえない。つまり通所施設中心生活、ひいては障害者総合支援法の仕組み自体が「個別性、継続性、包括

性」というパーソナルアシスタンスと正反対の特性を持っている[2]。

　通所施設中心生活の発展は、財政アクター、供給アクター、親アクターにとって「ちょうどよい」生活様式の確立であったが、重度訪問介護を活用した自立生活を望む人々にとっては、直近の生活が回ることとの引き換えに「脱家族」の理念の希薄化と親亡き後問題を先送りせざるを得ないという一面を持っていた。

　中根（2006）では、自立生活運動の「脱家族」の規範的理念を継承し、「親のリアリティ」との接続を目指して「ケアの社会的分有」を提唱した。しかし、筆者の想定とは異なる「制度による支援」の進展によって、日中の生活支援のみが先行して実現しつつある。しかし、「分有」することが困難な「関係性の分有」が積み残されたままである[3]。さらに「制度による支援」が安定的に進展したことで、「関係性による支援」は地域と介助者との間ではなく、親アクターに独占的に引き寄せられている可能性もありうる。

　「関係性による支援」とその分有を進めうるサービスとは具体的には重度訪問介護であり、その発展型であるパーソナルアシスタンスである。パーソナルアシスタンスをめぐる近年の展開は本書に収められている別の論稿に譲るが、重度訪問介護を含めた訪問系サービスの伸びの緩やかさと通所施設中心生活の安定的な拡大を見ても、パーソナルアシスタンスを活用したケアの社会的分有という展開は、道半ばという評価をせざるを得ない[4]。

　ここで当然、1つの疑問が提出できる。通所施設中心生活のどこが悪いのか？　である。家族のリアリティはそれぞれの家族によって多様でありえて、ある家族のリアリティを是とし、ある家族のリアリティを否とすることは、特定の規範的立場に立つことを意味する。自立生活運動における「脱家族」の視点から、親による支配やコントロールを批判することもまた1つの規範的立場にすぎない。

　通所施設中心生活は、「財政アクター」「供給アクター」「親アクター」の行動原則にそって、また市場の価格調整メカニズムを通じて進行した結果である。ここには表立って批判できる論点は存在していないように見える。たしかに通所施設中心生活には「親の介護力」が必要であり、その低下による「予測可能性の低下」「時間の限界性」、虐待などの「他者への侵入危険性」

（中根 2006）などを指摘することは可能だが、「いま」は通所施設中心生活でうまく回っている人々の生活を、本人からのクレイムなしに批判することを筆者はためらう。

　だが、通所施設中心生活が障害者の地域生活の様式として確立してしまうことには、やはり一定の留保が必要である。現在でも地域で医療を必要とする重度障害者・児は依然として病院や入所施設しか選択できない地域も存在するし、行動上の特性によって生活介護やグループホームでの集団生活になじまない人々もいる。彼等や家族にとって通所施設中心生活「のみ」が安定的な生活として定着することは、地域生活から取り残される思いであろう。

　だが、ここまで普及した通所施設中心生活が縮小する状況は想定しにくい。通所施設中心生活をひとまず「現状」として認識した上で、パーソナルアシスタンスの可能性があるとすれば、通所施設中心生活にとって代わるのではなく、支援の上乗せレイヤー（層）としてパーソナルアシスタンスを通所施設中心生活に乗せること、さらには通所施設中心生活のオルタナティブな生活の有り様として存在を示すことにパーソナルアシスタンスの可能性があると筆者は考える。

　具体的には、現状の日本の社会保障制度ではバラバラに提供される「医療」「福祉」「教育」「就労」が、「医療＋パーソナルアシスタンス」[5]、「福祉＋パーソナルアシスタンス」（生活介護の職員配置にパーソナルアシスタンスを上乗せする）、「教育＋パーソナルアシスタンス」（教育機関におけるパーソナルアシスタンスの利用）、「就労＋パーソナルアシスタンス」（雇用主が用意しなければならない支援をパーソナルアシスタンスによって得られれば、労働者の機会拡大につながる）などの支援の上乗せレイヤーとして生活に幅を提供する。パーソナルアシスタンスを支援に上乗せした生活は、施設という空間に配置された職員が本人を迎えるという障害者総合支援法／介護保険による通所施設中心生活とは異なる生活様式を生み出す可能性がある[6]。パーソナルアシスタンスは、地域において支援付き自立生活をする本人だけではなく、親元での同居者を含めた地域で生活するすべての人に、既存の施設（それが福祉的目的でないものを含めて）を利用しつつ、生活を拡げる（三井 2010）可能性を持っている。

そして、筆者の関心である障害者の親亡き後問題に関して、パーソナルアシスタンスは「家族のリアリティ」を時に維持し、時に相対化する効果もたらすと予測できる。現状、「家族のリアリティ」は通所施設中心生活と結びついて、維持・補強されている。自立生活運動の「脱家族」という理念を全面に出して「家族のリアリティ」と対決するのではなく、親の「ケアへ向かう力」を受けとめ、かわし、「関係性の分有」の一端を担うところに、筆者はパーソナルアシスタンスへの期待をしたい。その可能性と具体像の提示は、本書ですでに示されている。

7　おわりに

　だが、本章の冒頭に述べたように、成熟した福祉社会においては当事者の声や理念のみで政策を動かすことは困難である。既に一大産業となった介護保険や障害者福祉制度が制度開始当初に掲げていた、「高齢者や障害者の『生活ニーズ』に地域において対応する」という社会モデルに接続しようとする理念は、財政的な理由で、個人モデルに縮小されていく傾向（再医療化）であり、そこで制度が対象としなくなった生活ニーズはその実態が不安定な「地域」（春日 2016）と「介護の再家族化」（藤崎 2009）に差し戻されつつある[7]。

　パーソナルアシスタンスによる新たな生活様式の出現とその価値の創造は、障害者福祉制度の主流となった通所施設中心生活の「上」にレイヤーとしての支援、「横」にオルタナティブな生活様式を生み出す。だが同時に展開していく必要があるのは、社会ケアサービスの「再医療化」と「再家族化」が進む日本の社会保障体制において予算や人員をめぐる「予算」と「人員」を確保することが求められる。障害者運動が牽引にしてきた自立生活運動と日本の障害学の今後にとって、「予算」と「人員」のことを正面から論じることができる「政策の障害学」の仕事がより重要となっていくだろう[8]。

付記：本稿はJSPS科研費 JP16K04158（知的障害者の地域自立生活支援とパーソナルアシスタンスの制度化に向けての総合的研究：研究代表者中根成寿）の助成を受けたものである。

［注］
1　DPI 日本会議（2012）によれば、名古屋市の場合は「障害支援区分」「介護を行う者の状況」「サービスの利用意向」「介護給付費等各種サービスの受給状況」「障害者等の置かれている環境等」を基準とした上で、支給決定基準Ⅰを作成し、家族同居であるが介護が不足する場合には、Ⅰを超える支給決定基準Ⅱによって支給決定し、一人暮らしの場合には支給決定基準Ⅲを適用する。さらにこれでも対応できない場合は「非定型支給」を審査会等の意見を踏まえて決定する。この積み上げ方式により名古屋市は居宅介護、重度訪問介護の障害支援区分5以上の国基準よりも 40％程度高い基準での支給決定時間が決定されている。

　　大阪市の場合は、支援費時代の3＋1区分（ひとりぐらし、家族同居だが介護困難、同居家族による一定の介護の3区分に加えて、介護をより必要とする者に対する特別基準）と、障害支援区分の4, 5, 6（ア）、6（イ）のマトリクスのよる支給決定基準の作成、さらに「居宅内の移動の困難性」「自宅での入浴の困難性」「長期間の入院、入所経験」「単身生活に慣れていない」「コミュニケーションに時間がかかる場合」「夜間介護の必要性」「医療的介護の常時／一部必要性」「嚥下困難で食事時間の確保の必要性」「特別な調理が必要な場合」「二人介護が必要な場合」に点数が加算され、最大で基準に 30％の時間が加算される。

2　この傾向は、小規模で個別的な支援を謳っているグループホームも同じである。鈴木（2015）の調査は、日本におけるグループホーム生活者の特性は施設生活者と似通っていることを明らかにしている。

3　身体障害者の自立生活運動は、その「出て暮らす」当事者の声だけではなく、地域生活の伴走者である介助者研究も同時に蓄積してきた（前田 2009; 山下 2008; 渡邉 2011; 深田 2013）。自立生活を通じて「関係性の分有」を積極的に引き受けてきた介助者研究がこの 10 年間で発展してきたことは決して偶然ではない。介助者研究は、障害者家族の研究と同じように、自立生活を支える物質的側面（賃金や労働時間）だけではなく、介助者の感情や身体感覚、アイデンティティをめぐる葛藤を射程に捉えている（田中 2009）。

4　重度訪問介護の対象拡大の効果は、未だ限定的ではあるが、グループホームなどでの重度訪問介護の利用を始めるという事例の報告がある。またグループホームの安全基準管理コスト（具体的に言えばスプリンクラーの設置義務化）が高くなっており、グループホームをシェアハウスに切り替えて、重度訪問介護や居宅介護による支援を利用する事例もある。

5　一部の自治体では地域支援事業のコミュニケーション支援として入院中のヘルパー利用が可能となっている。全国共通の制度としての入院中の重度訪問介護の利用は 2018 年 4 月から利用可能となる予定である。また地域生活支援事業の移動支援を大学の構内で利用し、大学内で支援を受けられるなどの自治体の柔軟な判断により、生活の幅が広がったという報告もある。

6　パーソナルアシスタンスによる変化ではないが、イギリスにおける個人予算（Personal budget）の導入が、本人の生活をどのように変えるかについて Glasby and Littlechild（2009: 93）に報告があり、この調査によると、家でのサポートを受ける人、パーソナルアシスタンスを雇う人、地域でのサポートを使う人数が増加し、デイセンターを使う人やデイセンターで過ごす時間が減少するという結果となっている。

7 森川（2015）は介護保険における訪問介護（ホームヘルプ）の利用実態の調査から、訪問介護という介護保険サービスの中でも最も個人支援化されたサービスにおいても、保険適用できる行為とできない行為を厳密に切り分けることによって、利用者の生活を「分節化」し「限定化」していくことを明らかにしている。制度のよる生活の分節化は、もちろん財政への圧縮要求がその要因であることは間違いなく、それゆえ、自立生活運動的な規範の主張だけではこの流れに逆らうことは困難であると言わざるをえない。
8 「政策の障害学」の重要性は、第7回障害学会大会（東京大学）のシンポジウム（堀・コリン＝バーンズ・東・立岩 2011）においてコリン＝バーンズ氏から主張された。

［文献一覧］
石川准 1995「障害児の親と新しい『親性』の誕生」井上眞理子・大村英昭編『ファミリズムの再発見』世界思想社：25-59
一瀬早百合 2012『障害のある乳幼児と母親たち その変容プロセス』生活書院
岡田祥子 2016「利用者と保護者双方へのケアの論理―知的障害者通所施設職員の語りから―」『保健医療社会学論集』26（2）：54-63
岡部耕典 2014「「重度訪問介護の対象拡大」の経緯と「パーソナルアシスタンス制度創設」の課題」『賃金と社会保障』1620: 4-30
――― 2016「「重度訪問介護の対象拡大」の経緯とこれからのために」寺本晃久・岡部耕典・末永弘・岩橋誠治編『ズレてる支援！――知的障害／自閉の人たちの自立生活と重度訪問介護の対象拡大』生活書院: 210-241
春日キスヨ 2016「改正介護保険――地域は高齢者を支えきれるか」『支援』6: 111-122
Glasby J.・Littlechild R., 2009, "Direct Payments an Personal Budgets: Putting Personalisation into Practice", The Policy Press.
新藤こずえ 2013『知的障害者と自立――青年期・成人期におけるライフコースのために』生活書院
鈴木良 2015「知的障害者の入所施設とグループホーム／ケアホームにおける客観的生活の質の量的比較」『社会福祉学』56（2）：49-62
髙木千栄子 2015「知的障害者の地域移行の促進・阻害要因：知的障害者の高齢期親への質的調査から」『福祉社会研究』（16）：113-126
土屋葉 2002『障害者家族を生きる』勁草書房
DPI日本会議 2012『障害者エンパワメントと本人中心支援のあり方研究事業報告書』2012年度公益財団法人キリン福祉財団障がい福祉支援事業
中根成寿 2012「重度訪問介護支給決定時間から見る障害者の地域生活支援制度の検討：京都府における重度訪問介護支給決定時間に関する調査から」『福祉社会研究』13: 101-109
――― 2006『知的障害者家族の臨床社会学――社会と家族でケアを分有するために』明石書店
――― 2014「障害者総合支援法における地域系サービスの支給時間・利用率調査」障害学会第11回大会
福島智 2013「日本の障害者施策の質的・構造的変換を目指して - 障がい者制度改革推進会議、障がい者政策委員会の審議を中心に」『季刊福祉労働』141: 67-77
藤崎宏子 2009「介護保険制度と家族の「社会化」「再家族化」」『福祉社会学研究』6: 41-60

堀智久 2007「障害の原因究明から親・子どもの日常生活に立脚した運動へ：先天性四肢障害児父母の会の1970/80年代」『社会学評論』58（1）：57-75
―――― 2008「障害をもつ子どもを迎え入れる親の実践と優生思想――先天性四肢障害児父母の会の1970/80」『ソシオロゴス』(32)：148-163
堀正嗣・コリン＝バーンズ（堀・河口尚子訳）・東俊裕・立岩真也 2011「障害学と障害者政策――イギリスと日本の対話」『障害学研究』(7)：90-97
前田拓也 2009『介助現場の社会学――身体障害者の自立生活と介助者のリアリティ』生活書院
南山浩二 2006『精神障害者――家族の相互関係とストレス』ミネルヴァ書房
三井さよ 2010「生活をまわす／生活を拡げる――知的障害当事者の自立生活への支援から」『福祉社会学研究』7：118-39
森川美絵 2015『介護はいかにして「労働」となったのか――制度としての承認と評価のメカニズム』ミネルヴァ書房
渡邊充佳 2014「わが子が「自閉症」と診断されるまでの母親の経験の構造と過程：自閉症児の母親の葛藤のストーリー」『社会福祉学』55（3）：29-40
渡邉琢 2011『介助者たちは、どう生きていくのか――障害者の地域自立生活と介助という営み』生活書院
山下幸子 2008『「健常」であることをみつめる――1970年代障害当事者／健全者運動から』生活書院
要田洋江 1999『障害者差別の社会学――ジェンダー・家族・国家』岩波書店
横塚晃一 2007『母よ！殺すな！』生活書院

第2章　地域生活支援拠点の整備に向けて

圓山里子

1　はじめに

　本章では、「第4期障害福祉計画に係る国の基本指針」（平成26[2014]年5月15日）において新規事項として整備することが提示された地域生活支援拠点を取り上げ、その整備のあり方について検討する。
　そして、今後、地域生活支援拠点が障害者の地域生活を支える仕組みとして実質的に「使える」ものにするための手がかりを提供するために、論理的に相談援助と個別生活支援を区別することを提案したい。もちろん、この2つは実際には明確に分けられるものではないが、地域生活支援拠点の説明がわかりにくくなっていることの要因は、この2つの機能が混然一体となっているためであると考えるからである。

2　地域生活支援拠点が取り上げられた経過

　まず、地域生活支援拠点が提示された経過を公開されている審議会報告書等から整理する。次に、試行的に検討実施された研究事業とモデル事業を紹介する。そして、なぜ地域生活支援拠点が施策課題となったのかを考察する。

2-1　「障害者の地域生活の推進に関する検討会」とその後の施策への反映

　平成20（2008）年12月16日付けの「社会保障審議会障害者部会報告～障害者自立支援法施行後3年の見直しについて～」では、緊急時のサポートの充実やショートステイの充実等にふれ、「地域生活を支えるための複合的なニーズへの対応」として、「複合的なニーズに対応できる拠点的な場につい

て検討すべきとの意見があり、今後、既存事業との関係も含め検討していくべきである」(社会保障審議会障害者部会 2008: 13)との記載がある。この段階では、「拠点的な場」についての記述はあるものの、いわば一般的な指摘ともいえ、より具体的な言及とはなっていない。

　次に、自立支援法廃案をマニフェストに掲げた民主党政権時代に開催された障がい者制度改革推進会議総合福祉部会がまとめた「障害者総合福祉法の骨格に関する総合福祉部会の提言」(平成23[2011]年8月30日、以下、「骨格提言」とする)を確認すると、「Ⅰ-4支援(サービス)体系」の中の「個別生活支援」で、パーソナルアシスタントの提案がある。ここでのパーソナルアシスタントは、「1) 利用者の主導(支援を受けての主導を含む)による、2) 個別の関係性の下での、3) 包括性と継続性を備えた生活支援」として構想していることもあってか(障がい者制度改革推進会議総合福祉部会 2011: 35-36, 強調点, 引用者)、これとは別に地域生活支援拠点は提案されていない。

　周知のように、「骨格提言」はほとんど無視される形で、実質的には障害者自立支援法を改正する内容で障害者総合支援法が成立し、2013年に施行されたが、法改正にあたって、「障害者の高齢化・重度化や『親亡き後』も見据えつつ、障害児・者の地域生活支援をさらに推進する観点から、ケアホームと統合した後のグループホーム、小規模入所施設等を含め、地域における居住支援等の在り方について、早急に検討を行うこと」という附帯決議がつけられた(強調点, 引用者)。この附帯決議を受けて開催されたのが、「障害者の地域生活の推進に関する検討会」である(以下、検討会とする)。検討会は、第1回が2013年7月26日に開催され、同年10月4日まで計7回開催された。

　この検討会の検討事項は、開催要項によれば、その他を除いて次の3点である。一つ目はケアホームとグループホームの一元化のあり方、二つ目が重度訪問介護の対象拡大の在り方、そして三つ目が地域における居住支援等の在り方である。

　三点目の地域における居住支援等の在り方に関して、第1回検討会において厚生労働省から示されている図の中に、「障害者の地域移行・地域生活を支える体制整備の着実な推進」があり、総合支援法の各施策が地域生活にお

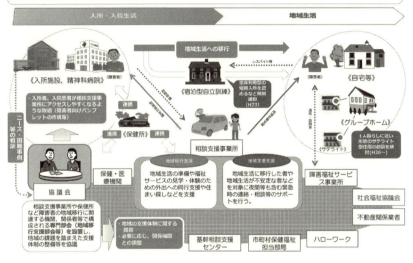

図1
「障害者の地域生活の推進に関する検討会(第1回)
資料7　地域における居住支援の現状等について」(平成25[2013]年7月26日)、8ページ
http://www.mhlw.go.jp/file.jsp?id=147262&name=0000013346.pdf(2016年9月25日確認)

いてどのように配置されるのかイメージ図が示されている(図1)。この図に
おいては、「地域相談支援の提供体制を整備するとともに、地域の社会資源
の開発・改善を担う『協議会』を積極的に活用すること等により、地域の実
情に応じた円滑な地域移行や地域生活を支える体制整備を進める」との説明
がある(下線は原資料による)。これは、様々な施策を相談支援とそのバック
アップとしての協議会を中心に地域生活支援を進めていこうという自立支援
法以降の流れを踏襲しており、障害者が地域生活を送るにあたって、総合支
援法の各施策のどのような機能を活用しうるかというイメージを示したもの
である。この段階では、地域生活支援拠点は図の中に示されておらず、第4
回の検討会(2013年8月29日)――ヒアリングの最終回にあたる関係団体ヒ
アリング3――で厚生労働省資料として示された「地域における障害福祉サ

ービス等による支援」においても同様である。

　検討会では、第2回から第4回までは関係団体のヒアリングが実施され、第5回から第7回で検討内容をまとめている。第5回の検討会で（2013年9月11日）、「地域のおける居住支援のための・機・能・強・化・の・進・め・方・について」の案が示され（強調点、引用者）、地域レベルでの居住支援に関する様々な課題に応じた機能を・具・体・的・に・どのような形で地域に整備していくかについての例示として次の2つを挙げている。すなわち、一定の規模のグループホーム等に居住支援の機能を付加的に集約して整備する「多機能拠点整備型」と、地域において機能を分担して担う「面的整備型」である。これらの整備型の例示の前提として、関係団体ヒアリングで挙げられたニーズを整理し、地域における居住支援に求められる機能を次の5つに分類している。すなわち、①相談（地域移行、親元からの自立）、②体験の機会・場（一人暮らし、グループホーム等）、③緊急時の受け入れ・対応（ショートステイの利便性・対応力向上等）、④専門性（人材の確保・養成、連携）、⑤地域の体制づくり（サービス拠点、連携等）である。また、第6回検討会（2013年9月17日）に示された「地域における居住支援の在り方について（主な論点）」では、これらの強化すべき機能に対する制度面での取り組み方針として、「相談機能や緊急時の対応に係る受け入れ機能の整備に向けた支援」等が例示されている。

　そして、第7回検討会（2013年10月4日）を経て、最終的に、2013年10月11日付けで「障害者の地域生活の推進に関する議論の整理」（以下、「議論の整理」とする）、「障害者の地域生活の推進に関する議論の整理（概要）」（以下、「概要」とする）、「障害者の地域生活の推進に関する議論の整理参考資料」（以下、「参考資料」とする）の3点が示された。

　「議論の整理」は第5回と第6回の資料を踏襲した内容だが、「多機能拠点型」整備がグループホーム等に併設する型も想定されていることから、このような機能を付加的に集約するために「一定程度の規模が必要なケースも考えられる」として、「一の建物における共同生活住居の設置数に関する特例」というグループホームに関する記載が、「Ⅱ　ケアホームとグループホームの一元化」ではなく、「Ⅲ　地域における居住支援の在り方について」の節でなされている。そして、取組みの進め方として、「地域における居住支援

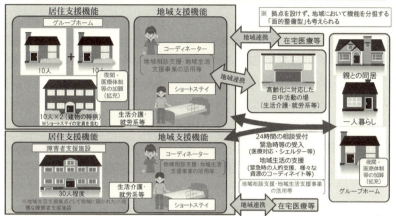

図2

「社会保障審議会障害者部会(第56回)資料3-3 第4期障害福祉計画に係る国の基本指針の見直しについて(参考資料)」(平成26[2014]年5月16日)、7ページ。同部会第54回・第55回にも同様の図を示した資料があるが、同基本指針の告示が2014年5月15日であることから、第56回の資料を示した。
http://www.mhlw.go.jp/file/05-Shingikai-12601000-Seisakutoukatsukan-Sanjikanshitsu_Shakaihoshoutantou/0000045985.pdf(2016年9月25日確認)

のための機能強化」の図を「参考資料」として示している。また、「概要」における「機能強化の進め方(案)」として地域レベルでの取り組みの中に、ここまでで例示された2つの方法(型)に加え、3つ目として障害者支援施設の活用が挙げられている。

以上のように、検討会では「地域における居住支援等の在り方」を、「地域における居住支援のための機能強化」として整理したが、この段階ではまだ「居住支援」であり、地域生活支援拠点という語は示されていない。しかし、この後に引き続く実施枠組みとして、多機能拠点型(GH併設型と単独型)と面的整備型の2つの整備手法の例示と、前述の5つの機能を示すことになった。

そして、この検討会での議論の整理は、社会保障審議会障害者部会にも報

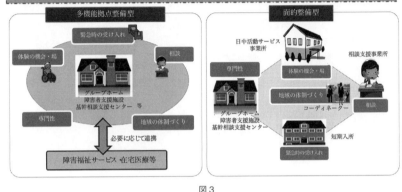

図3
「障害保健福祉関係主管課長会議資料」（平成 27［2015］年 3 月 6 日）、68 ページ。
http://www.mhlw.go.jp/file/06-Seisakujouhou-12200000-Shakaiengokyokushougaihokenfukushibu/0000116596.pdf（2016 年 9 月 25 日確認）

告され、その後、「第 4 期障害福祉計画に係る国の基本指針」（平成 26[2014] 年 5 月 15 日）において、新規事項として「地域生活支援拠点等の整備」が提示され、ここに地域生活支援拠点の用語が明記されるに至った（図 2）。

このような流れの中で、平成 26（2014）年度は、厚生労働科学研究費補助金（厚生労働科学特別研究事業）で「障害児・者の地域生活支援推進のための機能強化の在り方に係る研究」がなされ、平成 27（2015）年度は厚生労働省の事業として地域生活支援拠点等整備推進モデル事業が全国 9 ヶ所で実施された。平成 27（2015）年度のモデル事業に先立ち、「障害保健福祉関係主管課長会議資料」（平成 27［2015］年 3 月 6 日）で示されたのが、図 3「地域生活支援拠点等の整備について」である。

以上の検討会やモデル事業等は、当然のことながら、総合支援法施行 3 年後の見直しを見据えての動きである。そこで、この項の最後に、「障害者総合支援法施行 3 年後の見直しについて～社会保障審議会障害者部会報告書

〜」（平成27［2015］年12月14日）（以下、「2015年報告書」とする）において地域生活支援拠点がどのように言及されており、いかなる法改正が行われたのかを確認する。

「2015年報告書」では、地域生活支援拠点に関して、「Ⅱ　基本的な考え方」の冒頭の項目をはじめとして3ヶ所で言及されている。その内容は、「地域で生活する障害者に対し、地域生活を支援する拠点の整備を推進すべきである。その際、グループホームにおける重度者への対応の強化、地域生活を支援するための新しいサービスとの連携、医療との連携、短期入所による緊急時対応等を総合的に進めることにより、グループホーム、障害者支援施設、基幹相談支援センターなどを中心とする拠点の機能の強化を図る必要がある」となっている（社会保障審議会障害者部会 2015: 7-8, 21, 26）。

このように地域生活支援拠点が重視されたものの、2016年改正総合支援法で新規に創設されたのは、訓練等給付として位置づけられた、つまり個別給付としての自立生活援助である。自立生活援助とは、「施設入所支援又は共同生活援助を受けていた障害者その他の厚生労働省令で定める障害者が居宅における自立した日常生活を営む上での各般の問題につき、厚生労働省令で定める期間にわたり、定期的な巡回訪問により、又は随時通報を受け、当該障害者からの相談に応じ、必要な情報の提供及び助言その他の厚生労働省令で定める援助を行うことをいう」と規定されている（2016年改正障害者総合支援法、第5条16項）。

したがって、地域生活支援拠点は、2016年改正総合支援法というより、上述のように第4期障害福祉計画での新規事業の柱として位置づけられたといえよう。協議会（自立支援協議会）や基幹相談支援センターの例があるので、地域生活支援拠点も将来的には法定化される可能性もあるが、総合支援法の基本的性格は給付法なのだから、個別レベルの給付である自立生活援助がまず法定化されたことは、制度の組み立てとしては妥当な判断であろう。ただし、このように地域生活支援拠点が検討されてきた背景を抜きにして、自立生活援助だけをみてその活用を考えると、かなり矮小化された制度運用になる危険性があるだろう。

2-2 平成26（2014）年度研究事業

　地域生活支援拠点に関して、検討会等と平行して、2つの試行的事業が実施されている。一つは、平成26（2014）年度実施の厚生労働省科学特別研究事業「障害児・者の地域生活支援推進のための機能強化のあり方に係る研究（平成26［2014］年度　厚生労働科学研究費補助金・厚生労働科学特別研究事業、研究代表者肥後祥治）（以下、2014年度研究事業とする）である。もう一つは、平成27（2015）年度に厚生労働省が実施した「地域生活支援拠点等整備推進モデル事業」で、9つの自治体が同モデル事業を実施している（以下、モデル事業とする）。

　2014年度研究事業では、地域生活支援が機能強化されている地域の具体的な支援状況の把握とそれぞれ地域状況および社会資源等に関する調査研究と、機能強化された地域生活支援のユーザー側からみた実態及び評価に関する面接調査の2つの調査を通して、地域生活を安心できるものする上で必要なポイントとして、次の5つを提言している。すなわち、第一にエリアに充実した相談支援・サービス調整機能があること、第二にサービスを機能的に運用するための財源を検討すること、第三に地域に短期入所を主とした危機介入サービスがあること、第四に緊急時の受け皿として短期入所以外のサービスが地域にあること、そして第五に地域に存在する緊急時の支援機能（セイフティーネット機能）について周知がなされていること、である。

　この5つの提言の前提となっているのは、前述のとおり2つの調査である。一つ目の調査は、前項で流れを追った障害者の地域生活の推進に関する検討会を経て出された「議論の整理」にそって、実際に運用されている既存のサービス提供組織等を「多機能拠点型（GH併設型）」「多機能拠点型（単独型）」「面的整備型」の3種類に整理し、活動を実施している現地への訪問調査及び関係者への面接等から、具体的な支援状況やそれらを可能とする地域の体制及び資源等を検討している。調査対象となっているのは、「多機能拠点整備型（GH併設型）」が、社会福祉法人はるにれの里（北海道札幌市）、社会福祉法人高水福祉会（長野県飯山市）、社会福祉法人ゆうかり（鹿児島県鹿児島市）の3ヶ所、「多機能拠点整備型（単独型）」が、社会福祉法人みんなでいきる（新潟県上越市）、そして「面的整備型」が社会福祉法人グロー（滋賀

県近江八幡市）の計5ヶ所である。また、この調査の補完的な意味合いから、精神障害者の地域生活支援の事業所として、社会福祉法人ふあっと（島根県出雲市）でも調査を行っている。この調査では、各地・事業所のそれぞれの状況を、項目をそろえた「モデル事業所概況フォーマット」（圏域の概況、モデル事業を行う事業形態、支援体制、財源等、現状の支援体制の評価、圏域の課題、その他・モデル事業の枠組み）で示している他、緊急対応ケースにそれぞれの事業所がどのような流れで対応したのかを示している。

　このような事業所側への調査とあわせ、もう一つの調査は、ユーザー側に対して実施されている。ここでのユーザーとは、「地域生活を継続するために必要な緊急的な支援を受けた利用者の保護者」（強調点、引用者）のことを指している。事業所調査を行った5つの事業所（精神障害者の事業所を除く）において、これまでに地域生活を継続するために必要な緊急的な支援を受けた利用者の保護者に対して、各事業所が質問紙に基づいた面接調査を実施し、90名からの回答を得ており、81名（90.0％）が「急を要する支援」の経験があると答えている。

2-3　平成27（2015）年度モデル事業

　厚生労働省の事業としては、地域生活支援拠点等整備推進モデル事業が平成27（2015）年度に実施された（以下、「モデル事業」とする）。このモデル事業を実施した自治体は、栃木県栃木市、栃木県佐野市、千葉県野田市、東京都大田区、東京都八王子市、新潟県上越市、京都府京都市、山口県宇部市、大分県大分市の全国9ヶ所である。

　モデル事業を概観すると、次のとおりである。9ヶ所のうち、市町村の実施が5ヶ所、他の4ヶ所は社会福祉法人等に委託による実施となっている。9ヶ所すべてがモデル事業単独で実施しているのではなく、今後の各自治体での具体的な整備を視野にいれて、整備のありかたを検討している。例えば、各自治体における障害福祉計画で掲げた地域生活支援拠点の整備と関連させていたり（千葉県野田市、東京都大田区、東京都八王子市、新潟県上越市、山口県宇部市、大分市）、平成28年度以降に関連した何らかの事業を実施することを想定していたり（栃木市、東京都八王子市、京都市）、社会福祉法人が地

域生活支援拠点等の機能を組み入れた施設の整備を計画している（栃木県佐野市）。

　それぞれのモデル事業がどのような型を検討しているかをみると、多機能拠点型を中心に検討しているのは千葉県野田市、栃木県佐野市、新潟県上越市であり、面的整備型を検討しているのは栃木市、東京都大田区、東京都八王子市、京都市、大分市である。山口県宇部市は面的整備型といえるが、報告書では「既存の機関の機能を生かしつつ、そこから漏れるニーズに特化した『拠点』を新たにつくり、その拠点もひとつの機関として、面的なネットワークを形成する」という折衷モデルを提案している。宇部市のように、整備型としては「面的整備」を模索しているものの、その面的な支援を展開するための拠点（相談窓口や対応人員の集約など）を検討しているモデル事業は他にもある（東京都大田区、京都市、大分市）。また、当面は多機能拠点型または面的整備型のどちらかを中心に検討するとしても、両方の型が必要との指摘もみられた（栃木県佐野市、千葉県野田市、東京都大田区、新潟県上越市）。

　各モデル事業の特徴をあげると、次のとおりである。入所施設の延長として多機能拠点型を検討しているのが、栃木県佐野市と千葉県野田市である。栃木市は緊急時対応に関する調査や体験短期入所事業の実施を行っており、京都市は緊急時においてあらかじめ関係機関の役割分担等を記載した「緊急対応プラン」の作成を試みている。新潟県上越市は2014年度研究事業の対象でもあるが、緊急時における速やかな相談支援体制の整備と「重度かつ高齢」になった障害者に対する支援のあり方を検討している。東京都大田区と大分市は、面的整備型の拠点整備の検討を行っている。とくに大分市は、面的整備型の拠点の運営を市と複数法人による協働運営を可能とする具体的な要件を検討しており、24時間365日対応の相談体制を複数法人で実施するにあたっては、連絡受付の警備会社への委託や、対応職員の宿直勤務では運営が難しく、夜勤勤務の体制になると結論づけている。

　モデル事業を踏まえつつ提案型の報告となっているのが、東京都八王子市と山口県宇部市である。

　山口県宇部市は、モデル事業で提示された5つの機能を並列的に議論できないと指摘し、取り組むべき課題として「体験の機会・場」と「緊急時の受

け入れ・対応」があり、それを解決するために必要な機能として「相談」を位置づけることを提案している。この3つの機能を1つの「拠点」として併せもつことが効率的な運営になるとしたうえで、その運営のための職員配置のイメージを描いている。

東京都八王子市では、当事者団体を含む、市が委託する5ヶ所の相談支援事業所が連携してモデル事業を実施している。各相談支援事業所に配置された「地域生活支援準備サポート要員」が、縦割りとなっている福祉サービスや支援機関の業務でかかわりにくいケースについて、既存の制度や相談内容の垣根を超えた支援を行った実践を踏まえ、地域生活支援拠点の担い手として、「地域生活支援員」を提案している。

2-4 なぜ地域生活支援拠点が施策課題となったのか

さて、以上、みてきたような地域生活支援拠点の整備に向けた動きは、自立支援法以降の施策動向の中でどのように理解することができるだろうか。

自立支援法においては、それまでの障害種別の法律によって分かれていた施策を一元化した上で機能を整理し、また、日中活動の場と生活の場の分離をすることで、利用者の選択の可能性を増やし、地域移行を進めることが目指された。例えば、従来は知的障害者更生施設で完結していた利用者の生活が、夜間は障害者支援施設で生活し（施設入所支援の利用）、昼間は別の生活介護事業所で過ごす（生活介護の利用）といったことが、制度上は可能になった。

このような様々な障害福祉サービスをつなぐものとして重視されてきたのが相談支援（ケアマネジメント）である。しかし、相談支援（ケアマネジメント）による複数の障害福祉サービスの組み合わせ、つまり、個別レベルでのケアマネジメントだけでは、良かれ悪しかれ入所施設が有していた包括性と継続性、あるいは、親元での生活において家族に押しつけられていた包括性と継続性をカバーするには限界があったということになろう。

別のいいかたをすれば、地域生活では突発的な出来事が避けられないにも関わらず、現在の地域における多くの相談支援事業所や障害福祉サービス事業所は、サービス等利用計画と各事業所での個別支援計画による機能分化し

たサービス提供の枠組み、つまり、相談支援事業所が包括性を、障害福祉サービス事業所が継続性を、それぞれ分断して担うことになりかねず、突発的な緊急時に即応できない状況に陥っている。2014年度研究事業においても、モデル事業においても、緊急時にいかに対応するかが重点的に検討されていることがその証左である。

　自立支援法以降、形式的には、障害者のサービス利用の選択肢を増やしたものの、相談支援だけでは対応しきれない地域生活の包括性と継続性を支えるために要請されてきた仕組み、それが地域生活支援拠点といえるだろう。

3　相談援助と個別生活支援

3-1　障害者の地域生活支援に必要な機能──相談援助と個別生活支援

　地域生活支援拠点は、多機能拠点型と面的整備型の2つのタイプが提示されており、モデル事業においても、実に様々なやり方が提示されている。地域の実情にあわせて多様になるといってしまえばそれまでであるが、それにしても、このモデル事業の報告書を参照して、さて、自らの自治体ではいかなる地域生活支援拠点を整備しようかと検討するには、いささか、頭を抱え込んでしまうのではないだろうか。

　また、地域生活支援拠点においても相談の機能は必須とされているが、それでは、基幹相談支援センターや「障害者虐待の防止、障害者の養護者に対する支援等に関する法律」に基づく市障害者虐待防止センターとはどのような関係になるのだろうか。さらに、地域生活支援拠点には、地域の体制づくりもあげられているが、協議会との関連はいかなる形になるのだろうか。各自治体において、近年、打ち出されてきたこれらの従来施策とも連動する形で地域生活支援拠点を整備しなければ、「総合的に」「地域全体で」支える体制がまた一つ追加され、縦割りの組織・機関が増える結果、それぞれが有効に機能しなくなる危険性があるのではないだろうか。

　そこで、地域生活支援拠点の整備を検討するにあたって、相談援助と個別生活支援の用語を整理することを提案したい。シンプルにこの2つを立てることで、各地域においてどのように2つの機能を組み合わせた実施形態とし

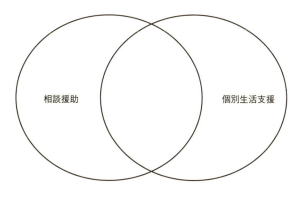

図4　相談援助と個別生活支援

て地域生活支援拠点を構想するのかを検討しやすくなると考える。

　まず、相談援助はケアマネジメントではなく、ソーシャルワークと同義とする。相談支援をケアマネジメントとするのではなく、ソーシャルワークを意味する相談援助を位置づける意義については、次項で述べる。そして、個別生活支援とは、障害者の日常生活を様々な方法や手段で支えることとし、その手段や方法は、障害者総合支援法における介護給付をはじめとした法定制度のみならず、様々な社会資源を含むものとする。個別生活支援は、「骨格提言」で示されたパーソナルアシスタントの内容、すなわち、「1）利用者の主導（支援を受けての主導を含む）による、2）個別の関係性の下での、3）包括性と継続性を備えた生活支援」とする。相談援助と個別生活支援との関連を示すと図4になるが、その重なり具合は、個々の利用者の、その時々の状況によって異なる。

　筆者は、かつて、自立生活センターの提供するサービスについて、「ピア・カウンセリングや自立生活プログラムおよび情報提供といった障害者をエンパワーするための支援と、介助サービス等の地域での自立生活を支えるサービスがある」と整理した（圓山 1997: 130、秋元他編 2003：250）。いうまでもなく、自立生活センターは障害当事者が運営する組織であり、とりわけ、ピア・カウンセリングと自立生活プログラムの実施は、障害当事者でなければならず、非障害者の専門職が実施するなど論外であるが、障害者をエンパワ

第2章　地域生活支援拠点の整備に向けて　77

ーするための支援という機能に着目すれば、ソーシャルワークに共通する側面がある。いずれにせよ、地域での自立生活を実現するためには、障害者をエンパワーするための支援と、地域での自立生活を支えるサービスの両方が必要なのである。

　また、三井は、多摩地域における知的障害当事者の自立生活への支援活動へ参与観察に基づいた検討から、知的障害の当事者による自立生活を支援しようとするとき、支援者にとって、「生活をまわす」「生活を拡げる」という二つの課題が浮かび上がってくると指摘している（三井 2010）。「生活をまわす」とは、家庭のマネジメントと当事者の毎日の生活をトータルに見ることの二つの文脈があるとする（三井 2010: 123）。また、「生活を拡げる」ことが課題になる理由として、第一に知的障害当事者にとって拡げるために他者の支援が必要となることがあり、実質的な支援の内実が「拡がり」を決めてしまうことも多いこと、第二に知的障害当事者がこれまでに具体的に望みイメージする経験を奪われてきたために可能性がごく限られていることをあげている（三井 2010: 126）。そして、「生活」を拡げることには、日常生活の幅の広がりが重視され、また将来のあり方が広がるという意味もあると指摘している（三井 2010: 127）。そして、「生活をまわす」「生活を拡げる」という課題が目前で対立していると思えたとしても、将来的には両者がつながりうることも指摘している（三井 2010: 128）。すなわち、「生活を拡げて」いけば「生活がまわっていく」ようになることもあり、また逆に、「生活がまわって」いきさえすれば、それ自体が「生活を拡げる」ことにつながることもあるという（三井 2010:129）。

　以上の議論をふまえると、本章で提示した相談援助は障害者をエンパワーするための支援や生活を拡げる支援にあたり、個別生活支援は地域での自立生活を支えるサービスや生活をまわす支援にあたる。地域生活あるいは自立生活は、相談援助と個別生活支援の両面が必要なのである。日常生活に何らかの支援が必要な障害者にとっては、状況によっては相談援助が不要になる場合はありえても、個別生活支援は継続して実施される。

　このように相談援助と個別生活支援との用語を整理することの意義は、援助の焦点を明確にすることができる点にある。個別生活支援は、当然のこと

ながら本人中心に組み立てられるものである。これに対し、相談援助は、ときには家族に焦点をあてたり、また、個別の本人以外も含む当事者活動の支援も視野に入れることができる。

　障害者福祉の歴史の中で、障害者の親達の意向によって入所施設が作られてきた経緯もあり、また、障害者本人の希望や願いよりも親や専門家等の本人を取り巻く人たちの判断が優先されて本人の生活が規定されてきた反省もあって、「本人中心」が強調されるようになってきた。「本人中心」に異論を挟む意図は毛頭ないが、他方、障害者の家族もまた、予期せぬ状況におかれた援助を必要としている人びとなのである。窪田は、援助を求めてきた人と、そこで想定されている「援助の必要な人」の双方をクライエントとする立場のソーシャルワーカーは、家族を含む関係者たちを最初から無条件に「協力者」と決めてかからずに、通報者や紹介者もクライエントとして除外してはならないと述べている（窪田 2013: 56-59）。誰をクライエントとしてとらえ、どこに援助の焦点をあてるのかが、ソーシャルワーカーにとって大事な判断となるのである。

　このように整理してみると、本人を中心とした個別生活支援、本人を中心とした相談援助、そして、本人を取り巻く人びと等にも焦点をあてた相談援助を明確にすることができる。

3-2　相談援助＝ソーシャルワーク

　個別生活支援と対比して、ソーシャルワークとしての相談援助を位置づけることについて述べる。

　ソーシャルワークとは、2014年に採択されたソーシャルワークのグローバル定義によれば、「生活課題に取り組みウェルビーイングを高めるよう、人々やさまざまな構造に働きかける」活動である。また、日本学術会議社会学委員会社会福祉分野の参照基準検討分科会が示した「大学教育の分野別質保証のための教育課程編成上の参照基準　社会福祉分野」によれば、社会福祉学は「社会福祉政策」と「社会福祉実践」によって構成されている総体であり、「社会福祉実践」とは、「問題を抱えた個人や家族への個別具体的な働きかけと、地域や社会への開発的働きかけを行う」ことである。

現在、障害者福祉の分野では、ソーシャルワークに該当する内容については相談支援の語を使っており、それはケアマネジメントの手法のことを指している。この場合のケアマネジメントは、サービス調整のみならず社会資源の開発等も視野に入れた幅広い援助活動を目指している（障害者相談従事者初任者研修テキスト編集委員編 2013; 東・大久保・島村 2015; 朝比奈・北野・玉木編著 2013）。例えば、『三訂　障害者相談支援従事者初任者研修テキスト』では、「本書は、障害のある人の相談支援（ケアマネジメント）を実施するうえで、重要な業務を担う相談支援専門員となるための相談支援従事者初任者研修テキストとして作成されたものです」と説明されている（障害者相談従事者初任者研修テキスト編集委員会 2013: ⅱ , 強調点引用者）。

　筆者自身、平成11（1999）年度及び平成12（2000）年度実施の東京都障害者ケアマネージャー養成研修で活用したテキスト[1]作成準備に関わった際、これから広めていこうとされていたケアマネジメントを深めるために、当事者主体で実施されてきたピア・カウンセリングや自立生活プログラム及び自立生活体験室をケアマネジメントのプロセスの中でいかに位置づけるかに苦心し[2]、エンパワメントを理念とするケアマネジメントを展開するためには、アセスメント場面でのエンパワメントが重要であると指摘した（圓山 2001）。また、社会資源の創設も強調した。その意味では、ケアマネジメントをソーシャルワークの文脈で厳密に検討することなく、当時の流れに乗る形で、ケアマネジメントにあれやこれやを盛り込んだ一人である。

　もっとも、このように、厳密にいえば完全には内容が一致しないものの、多くの利用者に対するより良い実践を広めるために、よく知られた用語に別の何かを盛り込むことは、ある時代状況の中ではありうることであろう。例えば、ラップとゴスチャは、ケースマネジメントという語が抱える問題を認識しつつも、精神保健分野でもっとも広く認められており、そのサービスを提供している人々にぜひ読んでもらいたいという目的で、ストレングスモデルを提示した書籍を最初は「精神障害者のためのケースマネジメント」というタイトルで出版したが、同書の第3版ではタイトルを「ストレングスモデル」と変更し、単なる特定のサービス提供ではないリカバリー志向のアプローチをより明確にした（Rapp&Goscha 2012=2014: xii-xiii）。

2016年現在から1990年代半ばを振り返ってみれば、障害者福祉の分野でソーシャルワークではなく、ケアマネジメントの用語が取り入れられたことは無理からぬことであったと思える。介護保険制度の創設に伴い、高齢者福祉の分野で先行してケアマネジメントが広く導入されたことも背景として大きかった。また、障害者の場合、日常生活の援助が長期間にわたり、相談についてもその生活実態の把握なくしては成り立たないという特性もあろう。地域生活を支えるためには、入所施設と違って、複数のサービスや社会資源の調整が不可欠であり、「ケア」を「マネジメント」する手法は語感からもわかりやすい。ソーシャルワークもケアマネジメントも、その援助プロセスはほぼ共通しているが、ケアマネジメントの方がサービス調整という手法の性質上、より手続きが明瞭であり、施策を組み合わせるための制度設計にもなじみやすい。このような背景から、日本の障害者福祉の状況ではあまり一般的ではなかったソーシャルワークではなく、ケアマネジメントが相談支援として取り入れられてきたといえるだろう。

　障害者のケアマネジメントに関しては、自立支援法以前のケアマネジメント従事者や自立支援法以降の相談支援専門員を対象として各都道府県で実施される研修を想定したテキストの他、「いちばんやさしい障がい者ケアマネジメントの入門書」と帯がつけられた書籍が出版されている（東・大久保・島村 2015）。この東・大久保・島村による「入門書」は、「差がつく相談支援専門員の仕事33のルール」とサブタイトルがつけられており、例えば、ルール1には「まずは、受け止める」があげられている（東・大久保・島村 2015: 2-5）。これらのルールは、ソーシャルワークの基本あるいは専門技術として社会福祉士養成課程の中で教育されているものである。ケアマネジメントがソーシャルワークの方法の一つであるとすれば、基本ルールが共通していることは当然であり、サービス等利用計画を作成する役割を担っている相談支援専門員を読者対象とした書籍としてケアマネジメントを書名に入れることもまた当然ではある。しかし、このようなソーシャルワークの基本を説く入門書が出版されるほどに、相談支援専門員が広まってきたのだとすれば、その現状をふまえ、ケアマネジメントはサービス等利用計画の作成のことを意味することとし――もちろん単なるサービスの当てはめではなくソーシャ

ルワークの視点からのケアマネジメントが望ましい——、障害分野のソーシャルワークはそれにとどまらず、さらに幅広い実践が求められていると位置づけなおす時期にきているのではないだろうか[3]。

地域生活支援拠点で求められている「相談」とは、モデル事業の要綱によれば、「地域移行支援や地域定着支援による常時の連絡体制や緊急の事態等の相談支援、親元からの自立等に当たっての相談や地域での暮らしの相談等、障害児者やその家族からの相談に応じる機能」とされており、自立支援法以降に強化されてきた相談支援（ケアマネジメント）にとどまらず、まさに相談援助＝ソーシャルワークが求められているといえよう。

4 地域生活支援拠点の方向性

相談援助と個別生活支援を区別したことで、地域生活支援拠点の整備として考えられるのは、次の2通りの方向性である。

第一に、個別生活支援を中心に組み立て、相談支援専門員や本章でいう相談援助の機能と連携しつつ、基本的には個々の個別生活支援の現場で、相談援助と個別生活支援が重なる部分に対応する方向性である。このような支援のあり方のイメージとしては、「障害者の地域生活の推進に関する検討会」（2013年10月4日）の尾上浩二委員提出資料に示され、『ズレてる支援！』に再掲されている図「長時間の介護を利用し自立生活をしている知的障害者の生活はどのように成り立っているのか」である（寺本・岡部・末永・岩橋 2015: 319）。この図では、利用者の日常生活支援を円の中心におき、①毎日のヘルパーが行うこと、②サービス提供責任者とヘルパーが行うこと、③サービス提供責任者が行うことが示されている。

このような日々の個別場面での日常生活を支援する延長線上で、本人の生活の包括性と継続性を知り、個別の関係性の下で既に信頼関係が築かれている者が、緊急時やちょっとしたことだが時折必要になることに対応する事業所が地域に多く存在すれば、それはすなわち、地域生活支援拠点の面的整備型となるだろう。これは、地域生活支援に必要とされる機能を分割して地域の各組織・団体が担うという型ではない。そして、個別生活支援を担う各組

織・団体が地域生活支援を十全に実施することを可能とするような行政のバックアップが求められる。

　第二には、相談援助を中心に組み立て、そこに緊急時に即応できる機能あるいは場を併設する方向性である。多機能拠点整備型に加え、拠点施設をもった面的整備型もここに含まれる。相談支援（ケアマネジメント）の強化だけでは、地域生活支援の包括性と継続性が成り立たず、地域生活支援拠点が要請されてきた経過を踏まえれば、緊急時の受け入れ・対応が実質的に可能であることが不可欠である。多機能拠点整備型と面的整備型は、そのような緊急時対応の場の設置方法の違いともいえるだろう。

　ただし、緊急時対応は、あくまでも「緊急時」なのであって、そこで表面化した地域生活あるいは自立生活を支える上での課題は、その後の相談援助や個別生活支援を通して、地域の中で解決を図るべきものである。モデル事業の中には、「親亡き後」を見据えた最終的な終の棲家が必要であるとし、障がい者にも対応した特別養護老人ホームとグループホームを地域生活支援拠点の基幹施設として位置づけている自治体があるが（千葉県野田市）、地域生活支援の観点からは、この方向性にはかなり疑問を持たざるを得ない。

　このような相談援助を中心に地域生活支援拠点を組み立てる場合に期待したいものが、東京都八王子市のモデル事業で提案されている地域生活支援専門員であり、2016年改正総合支援法で新設された自立生活援助である[4]。相談援助と個別生活支援の重なりの部分を、相談援助を主に担う者が担当するのか、それとも個別生活支援を知る者が担当するのかは、ケースバイケースであろうが、相談援助や個別生活支援がその業務の範囲を超えて、いわば事業所の持ち出しで対応するのではなく、対応するための施策の裏づけを手に入れることは、地域支援により取り組みやすく、また継続性のある支援が展開しやすくなることが期待できる。自立生活援助の詳細は2016年時点では不明であるが、職業として障害福祉サービス事業に携わっている者以外、例えば、利用者本人の知人なども自立生活援助の担い手となることが可能になれば、本人の地域生活あるいは自立生活の幅が広がることも期待できる。

　ただし、自立生活援助は諸刃の剣でもあって、地域生活支援拠点との連動等の明確な位置づけがなく導入されれば、本来ならば重度訪問介護等の他の

個別給付で対応すべきところを、安上がりの施策として活用される危険性もあり、その運用については注視が必要である。

5　まとめ

　地域生活支援拠点は、協議会以上に地域格差が生じる可能性がある。というのも、協議会は「形骸化」していたとしても、開催することは可能といえば可能である。しかし、地域生活支援拠点の場合、緊急対応等を実質的に動かすためには、人事を含む組織マネジメントが不可欠となる。そしてその組織マネジメントは、まさしく地域の状況によるとしかいいようがないが、まず設置までは、自治体かあるいは中心となる法人等の責任あるリーダーシップが求められるのではないだろうか。

　そこで、地域の実情にあわせ、どのような地域生活支援拠点を設置するのかを検討するための視点として、本章では、相談援助と個別生活支援とに整理することを提案した。

[注]
1　東京都障害者ケアマネージャー養成研修テキストは、平成11年度版がヒューマンケア協会（2000）の第2部に収められている。また、この前後の経緯については、中西（2014: 67-72, 235-236）。
2　ケアマネジメントのプロセスの説明の中に、「自立生活センター用語」ではない用語を使うことを東京都の担当部局から要請され、中西正司らと協議してひねりだした用語が心理的エンパワメント支援と体験的エンパワメント支援の2つからなるエンパワメント支援である。エンパワメント支援の説明は、中西（2014:31-36）が再掲している。
3　平成28（2016）年7月19日付けで公表された「『相談支援の質の向上に向けた検討会』における議論のとりまとめ」では、相談支援員の資質の向上について、「ソーシャルワークの担い手としてそのスキル・知識を高め」ることを求める記述がある。
4　自立生活支援のモデルは、横浜市障害者自立生活アシスタント事業であると思われる。

[参考文献]
秋元美世ほか編　2003『現代社会福祉辞典』有斐閣
東美奈子・大久保薫・島村聡　2015『障がい者ケアマネジメントの基本　差がつく相談支援専門員の仕事33のルール』中央法規出版
肥後祥治他　2015「障害児・者の地域生活支援推進のための機能強化の在り方に係る研究」

http://www.mhlw.go.jp/file/06-Seisakujouhou-12200000-Shakaiengokyokushougaihokenf
　　ukushibu/0000088299.pdf
ヒューマンケア協会 2000『セルフマネジメントケアハンドブック』
厚生労働省障害保健福祉部障害福祉課 2016「平成 27 年度　地域生活支援拠点等整備推進モ
　　デル事業　報告書」http://www.mhlw.go.jp/file/06-Seisakujouhou-12200000-Shakaiengok
　　yokushougaihokenfukushibu/0000135918.pdf
窪田暁子 2013『福祉援助の臨床──共感する他者として』誠信書房
三井さよ 2010「生活をまわす / 生活を拡げる -- 知的障害当事者の自立生活への支援から」『福
　　祉社会学研究』(7)：118-139
圓山里子 1997「障害者の自立生活を支える介護形態の検討」『社会福祉学』38（1）：130-144
　　─── 2001「ケアマネジメントにおけるニード概念についての一考察」『現代福祉研究』
　　創刊号：113-125
日本学術会議社会学委員会社会福祉分野の参照基準検討分科会 2015「大学教育の分野別質
　　保証のための教育課程編成上の参照基準　社会福祉分野」http://www.scj.go.jp/ja/info/
　　kohyo/pdf/kohyo-23-h150619.pdf
中西正司 2014『自立生活運動史　社会変革の戦略と戦術』現代書館
チャールズ・A. ラップ／リチャード・J. ゴスチャ（田中英樹監訳）2012=2014『ストレングス
　　モデル──精神障害者のためのケースマネジメント [第 3 版]』金剛出版
社会保障審議会障害者部会 2008「社会保障審議会 障害者部会 報告 ～障害者自立支援法施
　　行後 3 年の見直しについて～」http://www.mhlw.go.jp/shingi/2008/12/dl/s1216-5a.pdf
社会・援護局障害保健福祉部障害福祉課地域生活支援推進室 2016『『相談支援の質の向上に
　　向けた検討会』における議論のとりまとめ」http://www.mhlw.go.jp/file/05-Shingikai-
　　12201000-Shakaiengokyokushougaihokenfukushibu-Kikakuka/0000130647_1.pdf
障がい者制度改革推進会議総合福祉部会 2011「障害者総合福祉法の骨格に関する総合福祉
　　部会の提言─新法の制定を目指して─」http://www.mhlw.go.jp/bunya/shougaihoken/
　　sougoufukusi/dl/0916-1a.pdf
障害者相談従事者初任者研修テキスト編集委員編 2013『三訂　障害者相談支援従事者初任者
　　研修テキスト』中央法規出版
ソーシャルワーク専門職のグローバル定義　https://www.jacsw.or.jp/06_kokusai/IFSW/
　　files/SW_teigi_japanese.pdf
寺本晃久・岡部耕典・末永弘・岩橋誠治 2015『ズレてる支援！』生活書院

第3章 「その人らしさ」を支援するとはどのようなことか？
──発話困難者の介助コミュニケーションから考える パーソナルアシスタンス

深田耕一郎

1 「その人らしさ」を支援するとはどのようなことか

1-1 その人らしさの支援？

　夫婦は何年すればわかりあえるのだろう。金婚式を迎えるような夫婦は言葉をかわさずとも互いの心の奥までわかるものなのだろうか。もちろん、そういう夫婦もいるに違いない。けれども、熟年の夫婦であっても「わたし、あなたって人がいまだにわからない」とこぼすのを聞くことがある。ケンカをしているわけではないのだろうが率直にそう感じるらしい。長年、つれそっても「その人」のことがよくわからないのだ。思うに、このどちらもが「ほんとう」なのではないか。

　つまり他人の「その人らしさ」とは、わかるようでわからない。まして、「その人らしさ」を支援するとはもっとわからない。いったいどのようなことをいうのだろうか。本章では、こうした関心に引き寄せられつつ、発話困難な障害を持つ人とその介助者たちのコミュニケーションを事例にして「その人らしさ」の支援とはどのようなことかを考える。

　ここでいう「発話困難」とは口で言葉を発することが難しい身体的特徴のことをいっている。そのため意思の伝達に制約を受けることが多い。とはいえ、発話が困難であっても、多くの人は何らかの手段を用いてコミュニケーションを取っている。身振りや手振り、ちょっとした表情やしぐさもその手段のひとつだ。なかには指文字や足文字、「あかさたな」の読み上げで意思の伝達を行う人もいる。

こうした方法は独特の様相を持つ。指文字や足文字であれば独自の文法があり、読み取る者はその文法を学習する。また、言語を基盤としつつもその人の表情、身体の動き、日常の習慣といったサインからメッセージを読みとることもある。

ところで、発話困難者のコミュニケーションにおいては、介助者が声に出してサインを読みあげることが介助・通訳の基本形となる。だから、たえず発話しているのは介助者である（相手はしゃべれないのだから）。ということは、それだけ介助者は発話困難な人の「意思」の表出に関与する。

では、そうしたとき発話困難なその人の「その人らしさ」とは何だろうか。というのも、ずっとしゃべっているのは介助者のほうだから、その人の「その人らしさ」が一見したところ、よく見えてこないのだ。介助者との共同で紡ぎだされるように見えるそれは「その人らしさ」といえるのだろうか。そもそもどのように構成されているのだろうか。この問いは「パーソナル」であるとはどういうことか、あるいは「パーソナル」であることの支援とはどのような事態をいうのかを問うことにつながっている。このような問題意識から、本章は「その人らしさ」の支援とは「パーソナルアシスタンス」であると仮定し、パーソナルアシスタンスの具体的なあり方とその積極的な意義を考える。

1-2　かかわりのなかにある「その人らしさ」

介助のコミュニケーションにおいて「その人らしさ」はどこにあるのだろうか。このことについてはすでにいくつかの見解が示されている。それを先取りしていえば、その人らしさは「かかわりのなかにある」というものだ。たとえば、社会学者の三井さよは知的な障害をもつ当事者への支援に携わった経験から、「個別ニーズ」をその人のなかから掘り起こすことよりも、かかわりの過程に生じる変化に目を向けることの重要性を提起している。

> 個別ニーズ視点とは、当事者について個別にニーズを特定し、それに応えることを前提にして支援を考える視点である。それに対して、本稿が示してきたのは、かかわりの視点である。それは、当事者のふるまいや思い

を、自らの関与や多様な人たちとのかかわりのなかから探り、そのつどいま何が起きているのか、誰が何をどのように必要としているのかを問いなおそうとする支援のあり方である。個別ニーズの判断に対してかかわりが先行している。そしてそのかかわりの内実は、支援者以外の人たちにも開かれた、多様な人たちが個別に当事者との間で育んでいくようなものである（三井 2011: 37）。

　三井が述べるように、支援者は当事者のニーズを特定するために「この人、ほんとうのところはどう思っているのだろう？」と当事者の「内部」を探ろうとしがちである。しかし、ニーズとはそのようにあらかじめその人の内部に存在したり自覚されたりするものではない。「いまここ」にあるかかわりのなかから「育んでいく」ものなのだ。また、社会学者の出口泰靖も「その人らしさはどこにある？」という問いを投げかけて、次のように述べている。

　　「その人らしさ」というのは、「どこ」かに「ある」というものではないのだろうと思う。「その人らしさ」は、その人個人のなかにあるのではなく、「その人」が〈所有〉できるものでもなければ、「その人」が〈貯蔵〉してきたものでもない。あくまで、他の人たち、周囲の人たちとのかかわり合いのなかから生まれ出るものなのだろう（出口 2011: 80）。

　出口がはっきりと書いているように、「その人らしさ」はかかわりのなかから生まれる。本章もこうした視点を共有している。従来の「支援モデル」にあるような支援者が困窮者のニーズを引き出しそれを支援者がエンパワーするというモデルではなく、いくつものかかわりのなかで多元的に構成される「その人らしさ」に目を向け、あるのかないのかよくわからないそれを、人びとがどのようなものとして認識し、支援をしているのかを問う視点である。本章は、発話困難者と介助者の「かかわり」に焦点をあて、「その人らしさ」を支援するとはどのようなことなのかを具体的に考える。次節からは、その「かかわり」の当事者である天畠大輔さんと介助者の人たちに登場してもらおう。

2　調査の概要——参与観察とインタビュー

2-1　天畠大輔と「あかさたな話法」

　筆者はこれまで全身性障害者と呼ばれる重度の身体障害者の介助にかかわってきた。2005年から2013年までは脳性麻痺者の新田勲さんの介助を続けた（その間、筋ジストロフィーの当事者の介助にもかかわった）。2014年からは天畠大輔という全身性ジストニアの当事者の介助に入っている。本章は、この介助現場への参与観察と天畠および介助者へのインタビューによって構成されるエスノグラフィである。なお介助時間は週に1日、22時から翌9時までである。夜間のため睡眠時の見守り・体位交換、後にふれる論文執筆のサポートなどがおもな介助内容である。

　天畠大輔は1981年生まれの男性である[1]。14歳のとき若年性糖尿病のため救急搬送された病院の医療過誤がもとで障害をおう。身体には四肢麻痺、視覚障害、言語障害があり24時間の介助を欠かすことができない。また、口から言葉を発することが難しいため、「あかさたな話法」という方法を用いてコミュニケーションをとる。これは介助者が「あかさたな」と50音を発声していき、天畠の身体の動きを読み取って文字を確定する。その反復によってメッセージを紡ぎだすコミュニケーション方法である。現在、天畠は大学院の博士後期課程に在籍しており博士論文の執筆に取り組んでいる。論文の執筆も「あかさたな話法」によって介助者とともになされる。だから、彼の介助は論文執筆の占める割合が小さくない。

2-2　5人の介助者

　2016年8月に天畠本人と介助者5名にインタビューを行った[2]。5名は天畠が自ら立ち上げた派遣事業所の登録介助者であり有償のホームヘルパーである。全体で10名の介助者が交代で彼の介助に入っているが、今回はそのうちの5名にご協力いただいた。インタビューでは介助場面における「その人らしさ」をおもなテーマとして、「あかさたな話法」やコミュニケーションのあり方について質問をした。以下ではそれぞれの介助者を紹介するとと

もに彼らが天畠との関係性をどのように定義しているかを確認しよう。

(1) 新井博樹さん

新井博樹さんは1991年生まれの男性である。大学1年次の12月に学内の掲示板に天畠が出した「研究助手募集」の貼り紙を見る。このころ天畠は翌春から大学院進学を志望しており、自分の研究をサポートしてくれる介助者を探していたのだ。フランス文学を専攻し将来的には大学院に進学したいと考えていた新井さんは、同じ大学院志望の天畠に興味を持ち連絡を取った。それまで障害福祉に接したことはなかったが、すぐに介助に入ることが決まり、2010年1月から少しずつ介助をはじめた。4月からは天畠が大学院に進学したこともあり、より本格的に介助のローテーションに入るようになる。それからは大学を卒業する2013年3月まで定期的に介助に入り、卒業後、就職してからも日曜日や夜間の泊まりの介助に入った。

新井さんは天畠の身体介助から論文の執筆まで生活のコアな部分にかかわっており、彼との関係も親密である。天畠との関係性を問うと、9歳離れていることから「お兄ちゃん的な存在」だと感じているという。「友人」としての意識も強いが、「職業的な介助者」という意識もあり、「友人」か「職業介助者」かは簡単には分けられないと話していた。

(2) 山本理恵さん

山本理恵さんは1987年生まれの女性である。大学在学時に体調を崩し一度目の大学は中退している。アルバイトで知的障害児の放課後クラブに勤めるなど、福祉に関心を持ち、福祉系の大学の通信課程に通った。2012年に天畠の事業所が出していた情報誌の記事を読み、彼の介助をはじめる。2014年には通信課程の大学を卒業し、同じ年に長女を出産している。

天畠との関係性について聴くと、「友だちというか友だちのお兄さん」と表現していた。印象深い介助経験は頻繁に駅前のスターバックスに通ったことであり「その頃すごい私とスタバに行くのがなんかお気に入りというかヤマちゃん来たからスタバ」という感じで行っていた。そこでは「ほんとに私が精神的につらかったことを話して、聞いてもらったり」したことがあり

表1 介助者一覧

名前	生年	年齢	性別	介助の開始年	介助の年数	介助の回数／週	天畠との関係性の自己定義
新井博樹さん	1991年	25	男性	2009年	7年	週2回	友人と職業介助者
山本理恵さん	1987年	29	女性	2012年	4年	週1回	友人
吉田寛さん	1990年	26	男性	2010年	6年	週2回	友人と職業介助者
川田哲平さん	1978年	38	男性	2011年	5年	週1回	職業介助者
鈴木聡志さん	1983年	33	男性	2012年	4年	週2回	職業介助者

「そこでの時間が大きかったですね」と振り返る。また、自分の悩みや葛藤を話すだけでなく、互いの恋愛経験を話すようになり、「あぁ楽しいなと思った」という。そう語る山本さんはいまでも介助は「楽しいし大さんのこと好きですよ」と語っていた。

(3) 吉田　寛さん

吉田寛さんは1990年生まれの男性である。2010年8月、同じ大学のサークル仲間だった新井さんに誘われて、天畠の介助を知る。それまでこの分野に関心もなく自分が介助をするとは思っていなかったが、「逆にマイナスのイメージもなく、無のイメージだったので。じゃあ行ってみるかみたいな」感じではじめた。すると「全然経験したことない仕事だったからちょっとなんかこう新鮮だった」。その後、定期的に介助に入るようになり、大学卒業後、大学院に進学したあとも介助を続け、就職した現在もかかわりを持っている。

天畠との関係性については、長いあいだアルバイト感覚が強く、介助を労働としてとらえていた。「『大輔さんのために』みたいな感じがあんまない。『金がほしい』みたいな感じがずっとあった」と振り返っている。しかし、いまでは「それ以上に友人だったりとか『人間対人間』の部分」が大きくなっており、関係性は労働者というだけでなく友人の感覚が強くなっている。また、吉田さんは過去、泊まり介助中に天畠が呼吸困難になっている状態に気づかず、救急車で搬送される事態になったことがある。集中治療室での入院が続いたが、退院後も天畠からは変わらずに介助に入ってほしいとい

われた。そのため「負い目じゃないけど、ここまでさせてしまって『入ってほしい』っていうんだったら『入れるかぎり入んなきゃな』」という意識があると語っていた。

(4) 川田哲平さん
　川田哲平さんは1978年生まれの男性である。20歳のときに福祉の仕事を志し都内にある専門学校に通った。その後、病院の介護職に就職する。のちにこの病院を経営する法人が特別養護老人ホームを設置してからはその特養で働く。5年ほど務めたころ社会福祉士資格の取得を考え、仕事と両立させながら大学の二部に通う。資格取得後、仕事の幅を広げようと情報誌を見ていたところ、天畠の事業所の介助者募集の記事を目にする。2011年、開設して間もない事業所の最初の介助者として天畠の介助に入った。その後、天畠とは震災後の大船渡や上海、台湾に同行するなど、プロの介助者として彼の生活を支えている。
　天畠との関係性は「僕はやっぱり仕事で入ってる」と語る。他の介助者たちのように友人という感覚はなく、「人間やから人が人を支援するなら絶対、人間的な感情は持つに決まってるけど」、それでも仕事の感覚が強い。現在も特養の施設ケアマネージャーを週に5日間続けながら、週1日を天畠の介助に入る生活を続けている。

(5) 鈴木聡志さん
　鈴木聡志さんは1983年生まれの男性であり、現在も大学院の博士後期課程に通う大学院生である。刑務所の刑務官として働いた経験を持ち、研究テーマもアメリカにおける刑務所の社会史である。後期課程に進学した2012年、かねてから累犯障害者の問題に関心を抱いており、理解を深めるために知的障害を持つ人のガイドヘルプをはじめた。継続するうちに身体障害の世界にも見聞を広げたいと考え、情報誌を見ていたところ、天畠の事業所の介助者募集の記事を見つける。ちょうど天畠も博士課程に進学した直後であり、重度の障害をかかえた大学院生のサポートということで、研究と仕事の両面でかかわることができると考え応募した。その後は身体介助や研究のサポー

トなど天畠の生活を多面的に支える。

　天畠との関係性は、大学院生同士ということもあり、研究面での結びつきが強い。特に鈴木さんは「根本的な知識とかボキャブラリーとかをもう少し強化するような支援」を心がけているという。そのため天畠との関係性は「先生と生徒じゃないけど、疑似先生」ともいえる性格を帯びることがあると話していた。

3　コミュニケーションの方法——意思疎通は可能である

3-1　習得の過程——「あかさたな話法」は必要なくなる

　では、はじめに天畠の「あかさたな話法」にかんする介助者の語りを聞こう。吉田寛さんは最初「あかさたな難しかったですよね」と振り返る。天畠の動きを読み取るために彼の腕を握る必要があるが、「力強く引いたほうがいいのかな」と思ったり、「力強いと痛い」こともわかり、そのいい具合は「だんだんできるようになっていった」。とはいえ、介助経験は6年になるものの、いまでもあかさたな話法が「うまいかっていったら、そんなうまくはないと思う」と話し、それでも次のことは気をつけていると述べた。

> 吉田：まあ大輔さんがあきらめるまではこちらは読み取りをあきらめないっていうことですね。大輔さんが「もういいや」ってなったら「わかりました」ですけど、それまでは自分が「もういいですか？」みたいにいわないようにはしてます。へたでも。それはまあ介助者としては最低限のところかなぁ。

　「あかさたな話法」を習得するには時間がかかる。介助者へのインタビューでは、早い人で1か月、平均的には3か月から半年といったところだった。しかし「あかさたな話法」それ自体に困難を感じている介助者はいなかった。それは吉田さんがいうように「うまい／へた」よりは、読み取りを「あきらめない」態度を基本にすえているからだろう。

　山本理恵さんは「私の感覚では1、2か月です」と語り「あかさたな話法」

の習得は比較的スムーズにいったという。だから、早いうちに「あかさたな」でコミュニケーションを取ることの楽しさを知ったという。

 山本：うまくコミュニケーションが、すごく体が動くときっていうのは、こうなんだろうな、すごく自分が言いたいことと、私に乗り移ったように言葉が。
 ＊＊：確かにね。クックッてね。リズミカルに動くときがあるんですよね。
 山本：そうそうそうそう。そういうのってけっこう気持ちの問題が大きくて。「これいま自分の言葉をうまく代弁できているよ」っていうサインかなぁみたいに思ってますね。あの本当にポンポンポンポン行くときってあるじゃないですか。

　天畠と介助者の身体が連動するように「あかさたな」がピタリと合うときがある。このことは、読み取っている状態それ自体が、うまく読み取れていることのサインであり、言葉が「私に乗り移ったように」なるという。これは「気持ちの問題」が大きく、互いの感情が共鳴するからこそ身体が共振するように反応するのである。

 山本：なんか大さんも楽しそうですね、そういうときは。大さんの気持ちもサインで、自分がいま楽しかった話をできてるよっていう心を読み取れますね。
 ＊＊：そっか、心を読み取るか。
 山本：そうですね。大さんも楽しいときはけっこう、うまくいくときが多いかなと思いますね。ニコニコして。

　「あかさたな話法」からは、メッセージの「意味」を読み取るだけでなく、「気持ち」や「心」を読み取ることもできる。この状態のとき天畠自身も「楽しそう」であるし、それを読み取っている介助者も楽しい気持ちになっていると山本さんは語っていた。
　新井博樹さんも「あかさたな話法」を学習しはじめたころと現在の状態を比

較すると、最初は読み取りに難しさを感じたが、いまでは仲のよい友だちのような状態でいられるという。仲のよい友だちとは「あんまりしゃべらなくてもそんなに気まずくない」ものだが、「大輔さんも似たような感じ」だと話す。

> 新井：最初あかさたなで聴くので精一杯だったんですけど、別にそんなに無理して聴き取らなくても大輔さんがいいたいことがあったら、もちろん（聴くことが）あたり前なんですけど、そんなにこう「あかさたな」がなくてもそんなに困らないというか。こう気まずさがまったくないっていう状態だと思いますね。

　新井さんは「あかさたな話法」の読み取りに困るどころか、「あかさたな話法」がなくても特に困らない状態があるというのだ。もちろん、天畠が明確にメッセージを発するときは聴き取るが、それ以外に介助者のほうから「聴き取ろう聴き取ろう」と働きかけることはない。気の置けない友人といるときのように「気まずさがない」関係を形成していれば、「あかさたな話法」の聴き取りはそれほど大きな問題にはならないという。
　「あかさたな話法」にかんする3名の介助者の語りを見たが、これだけでも次のことがわかる。第1に介助者はこの話法の読み取りを「あきらめない」態度を身体化している。習得に時間を要するにしても読み取りをあきらめなければ会話は可能だと考えられているのである。第2にこの話法は身体に依拠するだけでなく感情に依拠したコミュニケーションでもある。感情が共鳴しているときに身体の動作もなめらかになることが語られていた。第3にこの話法を習得していくうちに「あかさたな話法」に制約されないコミュニケーションの位相が現れる。一般にその人との意思疎通が困難であるから何らかの方法を用いると考えられがちだが、そうではなく、むしろ特別な方法を使用しなくてもコミュニケーションは可能になるというのである。このように、経験を重ねた介助者にとって、発話困難さは大きな問題ではなく、その人との意思疎通は可能であると考えられている。では、発話困難さが問題でないとすれば、「あかさたな話法」以外の何によってコミュニケーションは可能になっているのだろうか。

3-2　声・視線・表情──先読みのサイン

　新井さんは「あかさたな話法」だけでなく、天畠の声、視線、表情もコミュニケーションの重要な要素であると述べた。天畠は「あー」や「おー」と発することがあるが、そうした声の調子でそのときの彼の機嫌がわかるという。また、視線とは、飲み物が飲みたいときに飲み物の入ったグラスを彼がじっと見るといったことである。

> 新井：表情はかなり豊かで。あとまぁ鼻ほじって欲しかったら鼻のした伸ばしたりとか。ゴミが落ちてたらゴミを見るとか。「あかさたな」じゃなくてもわかるようなことはなるべく読まなくても「こうですか」って先読み、こっちから聞くようにはしてますね。そういうのってたぶん日常的なことなんでメールとかじゃないから、わかってくれるんだったらなるべく早くやってほしいと思うので。その辺はもうダイレクトに「あかさたな」せずに聞くようにはしてます。

　こう語る新井さんと同じように吉田さんも「目線、表情、声の高低とか、体の動き方」を天畠の表現の要素だと話していた。特に生活場面では、そうした身体の動きをサインとして読み取って介助に移ることが多い。「あかさたな」は一文字ずつ確定していく話法であるため、長い文章を書いたり会話をしたりするのに時間がかかる。そのぶん天畠・介助者双方が気力・体力を要する。そのため、ある程度、天畠のいわんとすることがわかれば、介助者が推量して介助や通訳を実行するのである。これが「先読み」である。

　「先読み」は天畠自身が推奨している。本人へのインタビューでも、「責任の所在がワシにありさえすれば」といって、自分の主体性を前提とした「先読み」であればむしろ積極的に行ってほしいと話していた。また、「主目的が成功すれば、手段は選ばない」とも述べて、主目的ができればよく、そのプロセスは問題にしないと語っていた。

　川田徹平さんも、「その場面で『そうだろうな』って思ったら、『あー』っていわはった時点で『トイレ？』って聞きます」と語っていた。介助者は生活場面を共有する機会が増えることで、たとえばトイレに行きたい、モノを

飲みたいといったルーティン化した生活動作と、声・視線・表情などのサインとが一致していることがわかってくる。その場合には「あかさたな話法」を用いずとも、彼のサインから「トイレですか？」と確認して動作に移る。このことが習慣化することによって「あかさたな話法」に依拠しないコミュニケーションが可能になるのである。

　また、山本さんも表情について語った。介助をはじめたころ天畠が「嫌な顔」をすることがあり、そうした表情を見るたびに「私のことを憎く思ってるのかな」と感じ「つらかった」。しかし彼のことがわかるにつれて表情は「顔に出すことで自分が伝えられない部分を直接的に知ってもらう方法」であると理解するようになった。つまり、表情はメッセージがダイレクトに伝わりやすいので互いの負担を軽くするためのサインだと考えている。だから、「いまはそういう顔されてもぜんぜん何とも思わない」ようになったという。このように、介助者は声、視線、表情によってメッセージを読み取っている。川田さんは次のように語る。

　　川田：基本、意思はね、発話困難やけど、意思の表出は普通にできると思ってるんですよ。まぁ困難ですよ、多少困難。だから困難っていうのは「めんどくさい」っていうことだけですよね。スムーズにこうやってしゃべるわけじゃないけれども。

　川田さんの考えでは、意思の表出は多少困難ではあるけれども、基本的にはできる。伝えたいことは伝えられている。もちろん、「急いでいわなくちゃいけないときに我慢しなきゃとか、ほんとはちょっと違うんやけどっていう細かいニュアンスはあきらめたりとか」はあるだろうが、「でもそんなのぼくらでもありますよね」と語り、多少困難ではあるが基本的に意思を表出するコミュニケーションはできると考えている。

　つまり、一見、発話困難に見える人であっても、コミュニケーションの方法が見出されれば意思疎通は十分可能なのである。それは多少困難ではあっても程度の問題であり不可能であることは決してない。受け手の側が経験を共有したり固有のサインをキャッチしようとする態度を持ち続ければ「その

人」のことはかならずわかる。介助者の語りはこのことを証明している。

4　ぎこちないふたり——近づき・遠ざかるコミュニケーション

4-1　非介入的な態度——話し合い・距離化・危険の尊重

　ルーティン化した生活動作の介助は天畠の意思を先読みして進められていた。ただし、これは習慣化されたサインが天畠と介助者のあいだで共有されている場合である。では、ルーティンではない場面はどうだろうか。たとえば、天畠と介助者の意思が相反することや介助者から見て「こうしたほうがいいのに」と思われることはないのだろうか。新井さんはこう話す。

> 新井：基本的には自分の意見もあるけど大輔さんの意に沿うような提案をなるべく普段はしていて、たまに「明らかにおかしいな」って思うときは自分の意見を一応いいますね。でもたぶん意見をいうときも自分の声とか態度でそんな強くいわない。いおうと思ってもいえないので。やさしくのつもりはないんですけど、そのゆるい感じで自分の意見をいって。でもまぁなるべくこうわかりやすくちゃんと理由をつけて話してるんで、だいたいは「あぁそうだね」ってなります。

　「あぁそうだね」とは新井さんの言葉に天畠が答えているわけだが、その理由をきちんと説明して納得してもらうようにしている。それは互いに心がけていることであり、天畠が自分の考えを述べる場合もある。だから、「たぶん納得しないまま進んだことはないと思いますね。話し合いですかね、提案っていうより話し合いみたいな感じ」と語っていた。介助者は意見を提案するというよりは、より適切な判断ができるように「話し合い」をしている。
　山本さんも、天畠の意思の確認や彼が見えていない部分の情報提供をすることはあっても、自分の意見を述べることはないと語り、「私がいっても大さんがちょっと違うなって思ったら、自分の意見は引っ込めるようにしてるし、自分が大さんの前には出ないようにしてます」と説明していた。それは山本さんが自分は「大さんの影」であり「後ろに隠れてるくらいな感じ」を

基本態度にしているからであり、そう考える理由は「『大さんと私で天畠大輔』なのではなくて、『天畠大輔』は『天畠大輔』だと思っているから」と話していた。つまり、山崎さんは天畠との関係性が親密になっても、介助者である自己の役割を自覚し、他者から距離化することを重視している。

では、天畠の意向について介助者が強い違和感を持つ場合はどうだろうか。あるいは明らかに本人が不利益を被る可能性が高い場合はどうか。山本さんはそういうときも、あくまで天畠の判断を尊重すると語り、「ある意味では冷たい対応かもしれない」といっていた。

川田さんも、介助者から見て「間違っている」と感じることであっても反対したり断ったりすることはせず、天畠の意思を尊重するという。それは「間違ってても、本人がしたいようにして痛い目にあえばいいんだっていう。支援っていう視点で考えて、そこまで介入するのはおかしい」と考えているからだ。たとえば、「何千円とか何万円くらいやったら損してもかまわない」と思っているし、「ドアの閉まりそうな電車に乗ること」や「ひとり暮らし」も危険なものだが、本人が望めば支援をする。ただし、目に見えて危険がある場面は中断を提案することはある。たとえば、食事の飲み込みが難しく、何度もむせて吐き出してしまうときは「これはやめとこう」と食事介助を止めることはある。つまり、生命の危険である。それが明確にわかるとき介助者は天畠の意向とは異なり、介助者の判断で別の行為を選択することがある。しかしそれ以外の場合は、経済的・社会的に危険があるように見えても、基本的に介助者は口を挟むことはせず非介入的な態度をとっている。

前節で見たように、介助者は発話困難者の意思を固有のコミュニケーション方法や身体的なサインによって聴き取り、理解を深めていく。その一方で、決して介助者の枠組みで理解を急いだり、理解を押し付けたりすることはしていない。つまり、その人のことがよくわかるようになっても、わかりきってはいけない領域の存在を確保しているといえる。

4-2　通訳のコミュニケーション──会話している「感じ」

では、次に第三者と天畠がコミュニケーションを取るさいの介助はどのようなものだろうか。つまり、介助者や家族以外の人びとと天畠との会話場面

である。このとき介助者は「通訳者」としての役割に重心を移し、天畠の意思を正確に伝達することに努める。たとえば、電子メールを作成する場面などでは「あかさたな話法」を聞き取って文章を作成し、細かなニュアンスや記号の使用などについても確認する。山本さんはメールを書くさいには送り先の人物がどのような関係性の相手なのかに注意しながら、「大さんの人柄と大さんがどういうニュアンスでその人に伝えたいのか」を大切にしているという。

　これはメールの作成場面以外にも見られる。たとえば、外出先で知人・友人に会ったさいのその場での立ち話などである。吉田さんは、第三者と天畠との会話を通訳するさいは、第三者のほうを見ずに天畠の腕の動きを注視して「ぼくは半歩後ろで、ただこう腕を見て読み取りをしているみたいな感じ」を心がけている。それはあくまで会話をしているのは天畠とその第三者であるという「感じ」を出すためだ。

　ただし、第三者との会話がメールと立ち話とで異なるのは、メールの作成は十分に時間を取って天畠の意向を確認しながら作成することができるが、対面的な会話場面ではそう十分に時間を取ることができない。相手が急いでいる場合もあり、天畠の「あかさたな」を読み取っているうちに時間がなくなってしまうことがある。そうしたとき、天畠は介助者にある程度の会話をゆだねて、「その場で相槌をとりながら、『まあそうですよね、わかりますわかります』みたいなことをうまくいって」と伝えている。だから、介助者は天畠の「あかさたな」を読み取らなくても、彼の揺れる身体に触れながら「こんにちは、お元気ですか〜」とまるで腹話術のように天畠の言葉を代弁する。それはその場面の文脈に応じて介助者が天畠のいおうとしていることを類推して言語化しているのである。そのため、会話のスピードは口で会話している状態と同じになり遅れもなくなる。

　しかし、果たしてこれが天畠の意思を適切に言語化しているのかというと疑問が残る。言葉を発しているのは介助者なので介助者が勝手に自分の考えを述べているのではないか。こうした疑念が拭えない。そのジレンマに吉田さんは次のような方法を編み出した。

吉田：ぼくがしゃべってるみたいな感じだけになるのもどうかと思うんで、なんかうまくできないかなぁと思って、いろいろ考えた結果、「『おはようございます、お元気ですか？』みたいなこと言いたいんですよね？大さん？」とか、「みたいな感じですか？」「うん、そう。」みたいな。
＊＊：「感じですか」って付ける。
吉田：そうなんです、「感じですか」。「『ああ、お疲れさまです』って感じですよね？」「大輔さんもそういってるみたいです。」
＊＊：「みたいです」。
吉田：「みたいです」。「大輔さんもそうみたいです」みたいな。なんかちょっとあやしいんですけどね。

　つまり、天畠の考えていることをそのままダイレクトに言語化することはできないが、文脈から類推してこうであろうという言葉を「『お疲れさまです』みたいな感じですよね？」と述べる。「みたいな」や「感じ」を付けることで、天畠の意思に近いメッセージを介助者が読み取って代わりに発言している構図を作り出すことができるという。
　また、山本さんもこうした第三者との会話場面で、ある程度、介助者が言葉を代弁しなければならないときは、「さようなら」や「ありがとうございました」といった「差しさわりのない」言葉だけを発するようにしている。また、介助者が天畠の意思を類推して伝えるのではなく、彼の身振りそれ自体を伝えて、解釈を第三者にゆだねる方法がある。それを山本さんは「相手にゆだねちゃう論法」と呼び、「『本人笑ってます』とかいって相手にゆだねちゃうっていうのもよく私がやる手です」と話していた。こうする理由は「自分の言葉ひとつで大さんの人柄とか印象が相手に植えつけられるっていうのはすごい怖い」からだ。
　また、吉田さんによれば、天畠と介助者の発話にかんする打ち合わせも第三者に見せることでメッセージを通訳している姿を示すことがある。いわば発話の「舞台裏」まで開示するのだ。そうすることで天畠の指示による代弁であることを表現するわけだ。というのも、介助者が代弁している時間が増えると、天畠は「自分がないように感じる」という。だから、介助者が代弁

するにしても、天畠の指示のもとにそうしていることをパフォーマンスのように示す。たとえば、講演などでは発言を介助者に「まかせる」という彼の指示も介助者がマイクに拾って読み上げ、「それはこないだぼくと話したあのことについてこの場で話せばいいですね」と介助者に意図的にいわせて観客に伝える。すると介助者の代弁であっても、天畠の指示による代弁であることが第三者によくわかるのである。

このように介助者たちは天畠のいわんとするメッセージを伝えるために、一方ではその場の状況に応じて遅滞なく通訳しようと努めている。しかし他方で急ぐあまり介助者がひとりでしゃべる形にならないように注意している。つまり、あくまで発言の主体は天畠であり、介助者は天畠の意思を通訳しているに過ぎないという構図を作らなければならない。そのための工夫が「感じです」論法や「ゆだねる」論法、舞台裏の開示であった。つまり、介助者は一方でなめらかな通訳が求められ、他方でなめらかでない通訳が求められる。この最適な「塩梅（あんばい）」を実践することは難しく、吉田さんは「いい塩梅を目指せっていわれたら、それが一番難しいなあと思うんで。まあいい塩梅、考えますけどねぇっていう感じ」と語っていた。

天畠と介助者は介助・通訳のコミュニケーションを通して身体的・精神的に距離が近づく。しかし、介助者は「陰に隠れる」といったり「みたいな感じ」といったりして距離を遠ざけている。近づいたり遠ざかったりしてどことなく「ぎこちない」関係である。もっとも、この「ぎこちなさ」は経験的に考えだされた態度であり、意図的に実践されている「ぎこちなさ」である。この介助態度はぎこちないようでいて正当で自然なものと思われる。

5　人生が交錯する──介助と生き方

5-1　「その人らしさ」の相互作用──関係性の生成

天畠のコミュニケーションは「あかさたな話法」を中心に声や視線、表情などによって構成されていた。つまり、言葉がないのではなく、受け取り方しだいでメッセージはいくらでもわかるのだ。では、「その人らしさ」についてはどうだろうか。介助者はどのようなときに「その人らしさ」を感じる

のだろう。あるいはどのようにそれを引き出しているのだろう。また、介助者の抱く「天畠大輔らしさ」とはどのようなものだろうか。そのことを見て行こう。

　まず、山本さんの場合、それは「微妙なギャグで笑いあえたとき」だという。

　　山本：私が「これいっても通じないだろう」みたいなちょっときわどいこ
　　ととか、私もたまにいうんですよ。そうすると、それに「ふふ」とかって
　　笑ってたりして、そうすると、「ああもうこれは大さんだな」って。
　　＊＊：「ふふ」って笑いですか？爆笑じゃなくて？
　　山本：それもあるけど、「ふふ」って。それがほんとに心が直に、「ああも
　　う大さんだな」って感じで、わかる。やっぱり心が通い合ったときにわか
　　る感じなのかなって思いますね、私は。

　このようにふたりにしかわからない事柄を共有したときに「その人らしさ」を感じる。「やっぱり言葉が使えない人って、本当にこの人の言葉なのかな」とわからないことがあるが、こうして「心が通い合ったとき」に「一緒なんだな」と実感でき「ああなんか生きてるじゃん！」と感動すると語っていた。そして、山本さんにとって「その積み重ねが信頼関係につながったような気がします」と振り返る。自分がたいへんだったときなど天畠が「こっちのことを気にかけてくれるっていうのをよく感じてきましたね」という。こう語る山本さんは天畠を「優しい人だなって思ってます」と話していた。

　介助者はこうしたふとしたときに「その人らしさ」を実感している。つまり、その人のなかからその人らしさを引き出すのではなく、経験の積み重ねのなかからふっと現れる何かに「その人らしさ」を見ている。他の介助者はどうだろうか。新井さんは次のように語る。

　　新井：「これが大輔さんらしさだからそれをこう引き出してこう」みたい
　　な感じはないですね。ただこうまぁ大輔さんがリラックスしていて、あん
　　まストレスがない状態でいるときが自分的にもなんかこう自然な感じ。ぼ
　　く、「その人らしさ」を引き出そうって考えたことがなかったですね。そ

もそも。一応その人の意に沿って大輔さんが居心地がいいようにやろうと思ってはいるんですけど。

新井さんは「その人らしさ」を引き出すことより、リラックスした状態が大事だと考えている。そのことが結果的に「自然な感じ」で居心地よくいられることになる。新井さんにとっても、「その人らしさ」はかかわりのなかから現れるという認識があることがわかる。

このことは違う角度から見れば、介助者の「その人らしさ」も天畠の「その人らしさ」に作用しているということである。山本さんの「微妙なギャグ」や新井さんの「自然な感じ」はそれぞれの「その人らしさ」である。ということは、介助者の「その人らしさ」も関係性を形づくる重要な要素になる。介助者がどういう人かによって天畠の「その人らしさ」も決まるからだ。

たとえば、新井さんは、自分はケンカの介助には不向きだと自己分析している。というのも、彼自身は「チキンハート」で「激弱」だからだそうだ。天畠の「家族ゲンカのときに、ぼくが自分が強くいって嫌われたくないから、強くいえない」のだという。もちろん発話の主体は天畠だから新井さんが嫌われる心配をする必要もないのだが、とはいえ相手（天畠の父母）には自分がいっているように聞こえてしまうし、新井さんと父母との関係性もあるので強くいえない。するとケンカなのに控えめなケンカになってしまう。

新井：汚い言葉を使っているときに、それを伝えなければならないのに、ちょっと遠まわしにいっちゃったりとか。なるべくあんまりこう、言葉としては伝えるようにしつつもちょっと弱めに…。
＊＊：ハハハハ。弱めに。それはさっきおっしゃったけど、自分が嫌われたくないからということが理由ですか？
新井：というのが、そう基本、自分勝手なので、そういう気持ちが出ちゃいますね。

だから、このケンカは「新井さんらしさ」の出た柔らかなケンカになる。そのため「大輔さんがほんとにストレートに怒りを伝えたいときには自分は

向かない」といっていた。もっとも、こうした柔らかな物腰の新井さんだからこそ可能になるコミュニケーションもあり、まさに介助者の「その人らしさ」が天畠の行為内容を規定していることがわかる[3]。

　天畠と介助者の「その人らしさ」の相互作用を見たが、「関係性の生成」とはこのような事態をいうだろう。他者の特徴と自己の特徴を互いに解釈しあうことで相手が私にとってどのような存在であるかを意味づける。その自己と他者のかかわりの意味づけを「関係性」というだろう。このように介助とは、身体の接触、言葉の交流、感情の発露、生活の共有等を通して、ふたりの関係性を育むコミュニケーションである。

　介助はふたりの関係性を深める。関係性が深まれば深まるほど相手のことを知る。たとえば、その人が何を大切にして生きているかを知ることにもなる。するとその人を知れば知るほど介助者はその人の最善の利益を願う意識が強まる。それゆえに、深まるよろこびと葛藤とがある。では、その人が大切にしている活動（＝重要な意味を付与している活動）に介助者はどのようにかかわることができるだろうか。

5-2　介助者は生き方を問うことができるか──「人として」出会うとき

　天畠にとって重要な意味を持つ活動とは「研究」である。大学院生である彼にとって研究は自身の「仕事」ともいえるものだ。具体的には資料の収集、文献の精読、論文の執筆である。なかでも論文の執筆とその発表は重要な社会参加活動であり、彼が多大なエネルギーを注ぐ活動のひとつである。

　もちろん、この論文執筆を介助するのも介助者である。ここではこの論文介助に焦点をあてよう。論文介助は複雑である。天畠は言語障害と四肢麻痺のため、言葉を発することもパソコンを操作することもできない。だから「論文を書く」とは実際には介助者がパソコンで代筆する過程である。とはいえ、聞き書きのようにはいかない。ここでも介助者が「あかさたな話法」で一文字ずつ語を読み取るのだ。読み取った文字を単語のまとまりに変換し、単語と単語を結びつけて文章にする。もちろん、ただ文章にすればよいというのではなく、論文としての論理構成、適切な語彙の選択といったことに注意しなければならない。もっともこの作業を介助者が完全に代行してしまっ

ては天畠の論文にはならない。だから彼の言葉や考えをそのつど確認しながら、天畠が作成した文章として介助者が代筆する。また、天畠は視覚障害があるためパソコン画面の文字を読むことができない。いちど入力した文章を読み上げ天畠に伝達する役割も介助者にはある。このように論文介助は、発話困難者から言葉を引き出し、論文という論理的に秩序だった文章を構成する複雑な作業である。

　鈴木聡志さんは論文執筆の介助者として天畠にかかわりはじめた。鈴木さん自身が大学院生ということもあって、論文を読んだり書いたりすることは得意な分野だった。また、当初は身体介助に慣れていないこともあり、論文執筆の介助を専門に任されていた。

　論文執筆にかかわるうちに論文介助の「いい塩梅」を図ることが難しいことがわかった。天畠は「あかさたな」で一語ずつ指定する。その一語を介助者が単語にまとめ、単語と単語のつながりを「ここはこういうことですね」と文章にしていく。その膨らみを持たせる部分は介助者の裁量になる。この裁量のいい塩梅が難しく、つい書き過ぎてしまうことがある。しかしそれでは天畠の言葉にならない。そのため、彼の言葉を引き出すことに努めることになる。かといって一語ずつ確認すると相当な時間と労力を要する。それに加えて天畠は自分で書いた部分を読み直すことができないため、文章の連続性や論理構成を把握することが容易ではない。だからどうしても介助者が単語と単語のつながりを書き足して文章に膨らませる部分が増える。このプロセスはある程度、方法化されている。つまり、天畠の指示による介助者の代筆がある。単語を「あかさたな話法」で聴きとり、それをもとに文章を書きあげる方法である。介助者が書いた文章を天畠に読みあげて「これでどうですか？」と確認し、「オッケー」だったらそれが清書になる。修正が必要であれば再度「あかさたな話法」で微調整していく。そのような論文介助の方法があった。しかし、それでも、この方法ではどうしても大部分を介助者が代筆し介助者主体の文章になる。それでは天畠の主体性が消えてしまう。これが論文とはいえない。そのことがわかった。

　また、このこと以上に鈴木さんが疑問を持ったことがある。それは、そもそも天畠に論文を書くための意欲や素地が十分に備わっているのかという問

いだ。そう感じられる出来事が増えた。たとえば、学術書や論文を読んでいるときに（もちろん介助者である鈴木さんが代読する）、天畠が寝てしまうことがある。鈴木さんははじめのころはそれでも律儀に読み上げていたが、「なんであなたが寝てるのにぼくは読み続けなきゃいけないんですか」と思うようになった。だからあるときから「寝てるときぼくはもう読まない」ことにした。論文の執筆についてもそうだ。

 鈴木：夜中の3時くらいになんか「ぶー」って寝るわけですよ。ずーっとね。1時間くらい。で、「やっといて」みたいな感じで投げられて。なんかこう「自分のやりたいことなのにこんな投げちゃっていいの？」ってだんだん思いはじめてくるわけで。自分でも「これおれがずっと書いてるけど、これでいいんかいな」と思いはじめて。で、結局書いて「こういうのができあがりました、いいですか？」、「OK」、「はいじゃ次いきます」みたいな。なので、「あれこれわかってんのかな？」とか「本当にこれでいいのかな？」とか、「大輔さんらしさ」がこれじゃ反映されないよなと。文章においては。ぜんぜん一緒につくってる感じがなくって、でそのなかで疑念の芽みたいなのがちょっと沸々と出てきたんですね。

 論文執筆における天畠の不在である。いくら障害があるとはいえ、これで論文を書いたことになるのか。そもそも天畠に論文を作成する知識や語彙があるのだろうか。書くことのできる介助者を利用して自分が書いたことにしているのではないか。そう疑問を持った鈴木さんは、あるときから代筆を優先するよりも、知識や語彙を強化する支援、「寄り添い型というよりは、支援のなかに含まれる教育的なあり方」を実践するようになった。具体的には「大輔さんのコミュニケーション能力の幅そのものを広げようと、最近はボキャブラリー増やそう週間」みたいなものをつくり、現代文の単語帳を一緒に読む時間をつくっている。同時にこれは現在の天畠の語彙力がどの程度の水準にあるのかを見定めるためでもあった。語彙力がわかればその水準にそったかたちで表現の補助ができ、支援のバリエーションも広がると考えたためだ。
 また、鈴木さんは「大輔さんの論文にかんしてとか表現にかんしては、ぼ

くはもうちょっと文句がいっぱいあって」、論文の内容についても意見を述べるようになった。積極的に「それはどういう意味？とか、それはなんで？」と「けっこうガーガーいうように」なった。

　このことは鈴木さんが一方的にはじめたわけではなく、天畠自身が求めたことでもあった。天畠は鈴木さんのかかわりを「コーチング」と呼び、鈴木さんの立場を「ヘルパーと指導者のあいだ」と述べているという。

　しかし、論文の内容や研究のあり方に疑問を投げかけるようになると、今度は天畠が委縮してしまうようになった。「あかさたな話法」で言葉を引き出そうにも天畠が黙ってしまう。鈴木さんが「それ論理的におかしいよね」と指摘すると、天畠は「しゅんとなっちゃって」貝のように黙り込んでしまうのだ。天畠にその理由を聴くと、鈴木さんが「あかさたな」を読み取っているだけで「恐い」と感じるのだという。「自分の表現を使うことで、なんか査定されてると感じる」のだ。「常に一文字一文字が評価の対象だと。恐くなって出せない」と述べたという。そうした関係性が続いた結果、『もう鈴木とは論文書けないんじゃないのかな』と、ご自身で判断されたんだと思うんですけど」という通り、次第に鈴木さんは論文介助にかかわることが減っていった。それは天畠の判断でもあったし、鈴木さん自身がやみくもに代筆していくだけの支援はできないと伝えたからでもあった。

　鈴木さんはここ数年の天畠の変化をこう考えている。つまり、大学院でのゼミや学会、さらには講演会などの社会参加とともに彼のコミュニケーションは拡大したかもしれないが、コミュニケーションの能力それ自体は大きくは変わっていないのではないか。というのも、天畠は「いかにコミュニケーションの高い介助者が入るかどうかが大輔さんのコミュニケーション能力を規定してしまう」。すると天畠なる人物は、どうしても周囲の介助者がつくりあげた人物像になりがちである。しかも、鈴木さんによれば、天畠は「介助者がつくってくれた『天畠大輔』に乗っかる」ところがある。だから、「天畠大輔」という人物の内実が感じられない。大事な何かを「すっ飛ばして」周囲に承認される人物像をつくりあげている。「そのすっ飛ばし感が大輔さんの大輔さんらしさ」といえるところがあり、「カッコつきの虚像の天畠大輔」を構成しているという。その天畠像を周囲がよしとしてきたし、

「批判してくれる人が本当にいないんですよ」という通り、誰もそれを指摘しない。だから、鈴木さんは「このままなんか、おだてあげられた何かに乗っかっていくことの恐さみたいなのを、少しこう、冷や水浴びせるのもひとつの支援のあり方なのかなとは、介助者としては思ってて」という。「ちょっと落ち着けと。もうちょっと足元、見つめなおそうよ」と感じていると話していた。

　このことは論文にかぎらない。日常の生活場面でも介助者まかせのところがある。たとえば、対外的な場で先方に謝罪するさいの表現も、もちろん言葉を発することのできない天畠の代弁を介助者がするわけだが、介助者が一生懸命「ありがとうございます」、「すみませんでした」、「申し訳ございません」をいうことになる。それが介助者まかせになるときがある。「せめて終わったあと『悪かったね』ぐらい」あってもいいと思うがそれもない。「ありがとう」や「ごめんなさい」がない。「当たり前なのこれ？」と疑問を持つことが多い。

　このことを鈴木さんは「障害を持ってる・持ってないじゃなくて『人としてどうなの』って思っちゃう」と語っていた。つまり、介助者としてかかわればかかわるほど、その人の生き方までを考える機会が増える。その位相にいたったときに、「障害」があることや「障害者」であることは何でもなくなる。「障害がどうのこうのってあんまり関係ない」というように「人として」の「その人」が見えてくるという。

　　鈴木：だからその人らしさは、たぶん個々人で変わるんだと思うんです、大輔さんらしさって。ぼくといると、なんか『ちょっときついお兄さんと大輔さん』、寛くんだと『弟とわし』みたいな。なんかそういうらしさが関係性のなかで変化する。それはだから、一本の軸がないといわれればそうなんだろうけど……。おそらく、「あなたらしさってほんと何なのよ」と問われて、「大輔さんってどんな存在ですか」っていわれて、たぶんご自身でもうまく表現できないんだと思うんですよね。そのつど来る介助者との関係性のなかで、おちゃめな自分を出したり、真面目な自分を出したり、そういうのでたぶん「大輔さんらしさ」っていうのはあるんだけど、

第3章　「その人らしさ」を支援するとはどのようなことか？　　109

すごく変化していく。だから、ぼくはそのぼくと大輔さんのなかでつくられた「大輔さんらしさ」のなかで支援するしかないのかなとは思ってる。

　そのため、鈴木さんから見る天畠は「モザイクっぽい」という。「変に大人びてるところは、鮮明」だが、本質的な部分を他人任せにしたり、議論を避けようとするところがあり、「『ここ必要だよね』ってとこは濁ってる」という。鈴木さんは「そのモザイク化した何かを『ある部分を鮮明化して一枚の絵にちゃんとしていこうよ』みたいな支援を目指してはいるんですよ」と語っていた。つまり、日々の生活場面だけでなく、どのように生きようとしているのか、その生き方を問いかけるかかわりをしたいと考えている。

　では、こうした「生き方を見すえたかかわり」について天畠はどう考えているのかと本人に聴くと、「うちの介助者はワシに社会性を植え付けてくれるありがたくも迷惑な存在だよ」と述べていた。つまり、自分でも介助者のサービスの上に乗っかり続けることには注意したいと考えており、「裸の王様になるよね。サービスのうえにい続けると」と話した。では、「意見をいってくれる介助者の存在をありがたいと思っているということですか？」と問うと「おー」とうなずいていた。

　とはいえ、このように「人として、その人」に出会い、生き方を問いかけるとき、どのようなかかわりが最適かを判断することは難しい。もちろん、正解はないため介助者は葛藤を抱えていく。では、このことについて他の介助者はどのように考えているのだろうか。

　川田さんは「そういう大事なところ、本質的なことでなんかもっといってあげてもいいだろうなって思うけど。そういうことにかんして、どういうことをいやぁいいのかぜんぜんわかんない」と話していた。というのも、自分は「仕事で入っている」意識が強く、「その場の行為決定にかんする提案くらいはするけど、ほんとの大きいビジョンみたいなのに対しての提案はしないですね。自分がそもそもそういうのあんまりないんよね」と語っていた。

　また、吉田寛さんは、天畠の生き方について思うこともないではないし、鈴木さんの考えも知っているので「鋭いし、そうだなと思う」。天畠自身も「悶々としてるとこだと思う」と推測する。しかし、「つくられた虚像に乗っ

かっていること」は天畠に限ったことではないし、人がそれぞれの場面、状況、関係性によってその人らしさを変えていくことは誰にでもあることだ。「人間、健常者だって同じなわけだし、まあ度合いの違いみたいなのが大きいだけで、別にそこ気にしなくていいんじゃないか」と考えている。むしろ「いろんな揺れ幅、いろんな価値観のなかで揺れてて、どっちに振り切れるってわけではない」ことに天畠の障害の特徴があり、彼の人生は「影響を受けやすいとか、自分の意見をあきらめやすいみたいなものとか、なんかそういうものの積み重ねのなかであるから」と思う。だから、吉田さんは天畠がこれからどう生きるかについては「まあ失敗しながらでも、やっていくんじゃないのかなとぼくは楽観的に思ってるんですけど」と述べ、こう語っていた。

　　吉田：大輔さんがどうなっていくか自体は、まあ大さん次第だからと思って、そこはちょっと離れて見てる感じはあるけど。まあそれでも介助に入るだけだっていう。
　　＊＊：介助に入るだけだと。
　　吉田：うん。
　　＊＊：いわれたことをやると？
　　吉田：うん、まあ基本はそういうことかな。お金がもらえるかぎりはっていう。

　ここには吉田さん自身の価値観が反映されている。というのも、自分の介助態度自体が「基本、テキトー」で、「仕事がすごい丁寧かっていわれたらそんな丁寧じゃないしテキトーだし雑」だからだ。そんな「ぼくが別になんかそういうことをガンガンいうそもそも人間じゃない」と思っている。もっとも、生き方に踏み込んで意見をいうかどうかは「ぼくも決めてないし。いいたくなったらいうかもしれないですね」というくらいのことだ。こう語る吉田さんに、率直に「天畠大輔らしさ」とは何かを聞いた。

　　吉田：テキトーですかね。
　　＊＊：テキトー？

吉田：テキトー。もっと、テキトーに生きたいんじゃないかなあ。
　　＊＊：え、もっとテキトーに生きたい？
　　吉田：ノリで生きていったらいいんじゃないかなあと思うんですけどね。
　　＊＊：あ、ほんと。
　　吉田：テキトーなんですよね。
　　＊＊：そうなんだ。
　　吉田：うん。なんかどうしてもジョークをいいたくなるときがある、大さんね。けっこうシビアな状況で、とか。「ああ、この人まあテキトー気味なんだ」みたいな。根はそうなのかなとか。たぶん「自分がこう生きねばならない」みたいなものとか、ないんじゃないかなぁ。でも、まあこういう人がいてもいいんじゃないかなって思いますけどね。社会に余裕があるという意味で。

　吉田さんが介助者として近くで感じることは、ひとつの「その人らしさ」を形づくるよりよりも、状況にあわせて自分を変え、自分を乗りこなしていく天畠像だ。だから、「カッコつきの虚像の天畠大輔」であってもよいではないかと考えている[4]。吉田さんから見て、天畠には「自分がこれをしなければ死ぬに死ねない」といったものがあるようにも思えない。しかしそのような人でも普通に生きていける、死に物狂いで闘わなくとも生きていける、ということは「社会に余裕がある」ことの裏返しだ。吉田さんは天畠についてこう続けた。

　　吉田：ごく普通の人なんじゃないかな。ごく普通の人がね、ごく普通に生きられる社会であるっていうだけで、大さんの障害っていうのは激烈な障害なわけだから、そうやって生きれば、おれはもうそれだけでたぶん社会を変えられるんじゃないかなって思っていますんで。

　以上が天畠の「その人らしさ」をめぐる介助者の語りである。それぞれの介助者によって見えている天畠像あるいは形成している関係性は「こうも違うか」というくらいに異なっていただろう。一定一律の天畠像ではなく、個

別の関係性のなかで介助者はそれぞれに異なる現実を形づくっていた。

また、多くの介助者にとって障害の有無、発話困難な状態ということはほとんど問題になっていないことがわかるだろう。むしろ、「障害者」というカテゴリーは早々に消え、「人間・天畠大輔その人」に出会うことになる。そこで、介助者は自分のその人らしさを表現し、天畠と固有の関係性を形づくる。そこで積極的に彼の生き方まで踏み込んでかかわろうとする者もいれば、そのような意識を持ちながらも自制する者、楽観的に見守ろうとする者といった違いが現われる。そのいずれのかかわりが最適かは誰にもわからず、介助者は葛藤を抱える。人間・その人に出会うとき、人はわかったこととわからないことのあいだで揺れ、葛藤を抱えるのである。

こうしたかかわりの差異は介助者がそれまでどのように生きてきたかを投映しており、生き方と生き方の相互作用がここで生まれている。このことは、介助が、人の人生と人生が「いま・ここ」でまじわる交差点であることを示している。他者の「その人らしさ」を支える営みは、自己の生き方を振り返り自分を知る延長線上にあるのだ。

6　パーソナルアシスタンス——生き方を見すえたかかわり

6-1　コミュニケーションは可能である

では、最後に本章で見てきたことをまとめよう。第1に「発話困難」とされる人の意思疎通は十分に可能である[5]。発話の困難さを補う固有のコミュニケーション方法を用いることでやりとりは成立する。たとえば、本章で見た「あかさたな話法」や声・視線・表情にもとづいたコミュニケーション方法である。そのための条件として、介助者は聴き取りを「あきらめない」ことが重要である。また、言語や動作に依拠するだけでなく感情と感情の交流をうながすことも、コミュニケーションをなめらかなものにする。そうした条件がそろったときには、発話困難さを補う伝達手段はむしろ不要になることがあり、リラックスして自然な状態でいられる空間が現われる。発話困難さとは程度の問題であり、聴く側にその姿勢と方法さえあれば、コミュニケーションは成り立つのである。

第2に発話困難者との意思疎通は可能であり理解のコミュニケーションは成り立つが、理解しきれない領域の存在を自覚することもまた重要である。介助を通して生活場面を共有することでルーティンを身体化することはできる。また、通訳においてもその人が何をいおうとしているのか、ある程度の類推が可能になる。しかしそれでも想定外の出来事は常に生じるし、介助者の一方的な理解でわかりあえることは限られている。だから、話し合ったり、役割を設定して関係を距離化したりすることは大切である。そのため、この介助関係は、理解しつつ・理解しきってはいけないという「ぎこちない」関係になる。それは正当な態度であり意識的に実践されることが望まれる。

第3に介助のコミュニケーションにおいては、発話困難者と介助者の「その人らしさ」が相互作用を起こし両者の「関係性」が生まれる。すると、発話困難者の「その人らしさ」なるものも介助者との関係性のなかで規定されていく。このことは「その人らしさ」が固有かつ多元的に構成されていることを意味している。また、介助者は関係性が深まるにつれて相手を知ることになり、重要な意味を付与している活動に触れる機会も増える。そうしたときに「発話困難さ」や「障害」は後景に退き、「人としてどうか」という位相が現われる。「人として」のかかわりが生起するなかで、その人の生き方にまで踏み込んで意見をするか・そうしないかという正解のない問いに葛藤を抱えることになる。それは介助者自身の生き方を問う主題でもあり、介助は「人生の交差点」としての性格を見せる。「その人らしさ」の支援とは葛藤のなかでなされる自他の生き方を問いかける営みであるといえる。

6-2　その人とパーソナルに出会う地平

本章で見たことはパーソナルアシスタンスという支援のかたちにどのような示唆を与えるだろうか。本章で何度も確認したことだが、発話困難さや障害というものは受け手の姿勢しだいでいくらでも別の回路に組み替え可能であり、コミュニケーションはかならず成り立つ。すると「障害者」というカテゴリーは重みを失う。そして、誰もがそうであるように「人としてどうか」というごく普通のかかわりとしてその人と出会う地平が現われる。もちろん、介助場面では様々な生活支援が実践され続けるが、そうした地平でそ

の人とパーソナルに出会ってしまったということは、基本的には役割や属性を脱ぎ去り、相手も私も丸裸になったということである。そこでは結局のところ自分に何ができるわけでもなくただ葛藤しかないだろうが、その人のこれからの生き方を見すえて、私の私らしさを投げかけていくかかわりしかできないのではないか。私たちはそのことをパーソナルアシスタンスと呼ぶのではないか。互いの生き方を見すえたかかわりとしてのパーソナルアシスタンスは私たちの生にとって重要な意味を持ち続ける営みとなるだろう。

[注]
1 天畠のライフヒストリーについては彼の自叙伝があるので詳細はそちらを参照されたい（天畠 2012）。
2 本文中に記す介助者5名の名前はすべて仮名である。介助者との会話を記録したトランスクリプト内の「＊＊」は筆者を示す。また、介助者の語りのなかに出てくる「大さん」とは天畠を指している。インタビューにご協力いただいた天畠さんと5人の介助者のみなさんに厚くお礼申し上げます。
3 これはあたり前のことだが、介助者にも得意・不得意の分野があり、料理や食事の介助が得意な人もいれば、入浴やトイレの介助が得意な人もいる。だから、介助は介助者の特性に応じて役割が分担されることになる。そうした意味では、介助者の「その人らしさ」は避けがたく介助の内容に反映される。このことにかんする天畠自身の記述として天畠（2015）がある。
4 吉田さんはこうも語っていた。「大さんは『違う』っていってるけど、ぼくは『佐村河内を肯定するくらいのつもりでいけばいいじゃないですか』って、『新垣なにが悪いんだよ』」と。
5 本章では発話困難な身体障害者の事例を取り上げているが、身体・知的といった区分にかかわりなく、どのような発話困難さを持つ人であっても結局は「程度問題」であり、聴く側の姿勢しだいで意思疎通はかならず可能であると私は考えている。

[参考文献]
出口泰靖 2011「『その人らしさ』はどこにある？」『支援』1: 74-85
三井さよ 2011「かかわりのなかにある支援——『個別ニーズ』という視点を超えて」『支援』1: 6-43
天畠大輔 2012『声に出せないあ・か・さ・た・な——世界にたった一つのコミュニケーション』生活書院
——— 2015「ダレと行く？からはじまる私の外出」『リハビリテーション』575: 29-32

Column

難病当事者と
パーソナルアシスタンス

白井誠一朗

1　難病者の現在地

　現在、障害者手帳を持っていない難病者でも総合支援法のサービスを利用できることを知っている人はいったいどれほどいるだろう。そして、そうはいってもその難病者は疾病単位で対象が決められていて、国が定めている332疾病のいずれかに該当していなければ、依然としてサービス利用ができないという事実を知っている人はどれほどいるだろう。

　2009年に当時の民主党政権下で国連障害者権利条約を批准するための国内法整備として、障がい者制度改革が進められ、障害者基本法や障害者総合支援法、障害者差別解消法と3つの大きな法改正や法制定が行われた。

　難病者の視点から見ると、まず障害者基本法では障害者の定義が改正されたことで、これまで附則で記載されるにとどまっていた難病や高次脳機能障害が「その他」の心身の機能障害に含まれることになった。その後、制定された難病法の国会審議[1]の中では、その他に含まれる障害として難病が含まれることはもちろんのこと、診断基準などがなく、難病とは認められないけれども、痛みや倦怠感による機能障害も基本法における障害者に含まれるという答弁がなされた。理念法とはいえ、難病にとどまらず、病名未確定かつ身体障害者福祉法の別表にも該当しないといった制度の谷間に置かれている人までも、障害者の定義に含まれうることになったのは大きな前進だといえる。これは、のちに成立した障害者差別解消法の定義も基本法と同じであることから、実際に差別を受けたり、合理的配慮を求めたりする際に病名にかかわらず多くの難病者が、少なくとも対話のテーブルに着くことができるという点でも大きな改正だったと考えられる。

そして、サービス給付法の障害者総合支援法では、「治療方法が確立していない疾病その他の特殊の疾病であって政令で定めるもの」として、これまでの3障害に加えて難病者が新たに対象となった。しかし、「政令で定める」とあるとおり、病名による制限列挙方式によるもので、列挙されていない病名や病名未確定の人たちは相変わらず障害支援区分認定すら受けられない仕組みとなっている。これは、総合福祉部会がまとめた骨格提言で目指されていた、障害者手帳を取得できない難病者にも、特定の障害名や病名にかかわらず支援の必要性に基づいて、支援を受けられるようにするという社会モデルによる新法制定からはかけ離れたものであって、障害者自立支援法と比べれば前進しているのかもしれないが、前に進む方向としては医学モデルの発想による漸進的改正にとどまったものだったといえる。

　さて、その斬新的改正によって少なくても現在、332疾病のいずれかに該当する難病者は、障害者手帳をもたずとも障害者総合支援法の障害福祉サービスの利用申請ができるようになった。それでは、いったいどれほどの難病者が実際に障害福祉サービスを利用しているのだろうか。厚生労働省のデータによれば、2016年4月時点での実利用者数は1730人とされている。これは、各障害種別の割合でみるとわずか0.2%であるという。これは果たして多いのか、少ないのか。難病者といっても症状が重い人は身体障害者手帳をもつことができるケースもあるし、軽症ゆえに手帳が取れない人の中には、そもそも福祉サービスに対するニーズがない、もしくは必要性を感じていないといった人たちもいるだろう。とはいえ、全国で1780人にとどまっているのは、冒頭で投げかけたような周知徹底の問題など、様々な要因があるものと推察できる。ちなみに、最近のデータは公表されていないが、少し古い2014年3月時点のデータ[2]によると、サービスの実利用者数が776人で、サービス類型別で見ると居宅介護が480人、就労系サービスが全部で200人ほどとなっている。ちなみに重度訪問介護を利用している人も18人いる。障害者手帳を取れない難病の人で重度訪問介護の対象となる人とははたしてどんな人なのだろうか。1つには、発症からきわめて早い段階で症状が進行し重度化する疾病ゆえに、障害者手帳が取れるまでの間、難病の枠で支給決定を受けているといったケースが考えられるが、その実際については把握できていない。また、そもそも現行何らかの障害福祉サービスを利用している人の生活実態すら把握できて

いないのが現状である。それゆえ、厚労省が公表している統計データ以上の実態的なデータがなく、例えば実際に居宅介護を使えるようになったことで、その難病者の暮らしがどう変化したのか、といった具体的なデータが何もないのである。筆者は度々、自立生活センターの関係者に障害者手帳をもっていない難病者が制度利用しているケースがあったら情報を寄せてほしいと呼びかけているが、いまだそうした情報は集まっていない。自治体も利用者が数名いるというところまでは教えてくれるが、当然どんなサービスをどのように使っているのか、という詳細まで知らせるのは難しく、実態把握が大きな課題となっている。

2　難病者と介助サービスについて考える

　今回、本コラムの執筆にあたって筆者に与えられたテーマは「難病当事者とパーソナルアシスタンス」である。が、これまでに書いてきたように、このテーマを書けるほどの十分な材料を持ち合わせていない、というのが正直なところである。とはいえ、障害者総合支援法が施行され3年目の見直しも行われた現在においても、利用者数が圧倒的に少ない現状は、いったいどこからきているのか、といった視点や難病当事者としての筆者自身の視点などを中心に、まずは、介助サービスという切り口から考えてみたいと思う。

　筆者は生まれつきの難病で、いわゆる先天性の難病当事者である。しかし、障害者になったのは15歳になってからで、いわゆる中途障害ということになる。それ以前は、少し体の弱い子、といったくらいで、運動は苦手ではあったが普通校でいわゆる健常者として過ごしていた。ところが、中学生になり、成長期になって背は伸びる一方で筋肉はまったく成長せず、同級生との体格差が大きくなった頃から、自分が難病者であることを自覚させられるようになった。両親からは少なくても小学校低学年の頃から、筋肉の病気をもっていることを教えられていたが、楽天的な筆者は「運動が苦手なタイプなのか」くらいにしか受け止めていなかった。筆者の病気の特徴の1つとして、思春期に大きく進行する場合があるようで、筆者の場合は心臓機能と呼吸機能の低下により、一時は自発呼吸が全くできない状態にまで至った。幸い、治療の甲斐あって現在は24時間ではなく、夜間就寝時のみの人工呼吸器利用で済んでいる。また、大きく症状が進行す

る以前のようにはいかないまでも、短い距離であれば歩行も難なくでき、家の中などの屋内では車椅子を使わずに過ごすことができている。とはいえ、一歩外に出れば車椅子を使わないとすぐに息が上がってしまうため、これは障害者手帳をとれるだろうと、高校2年生当時、たいして福祉制度のことも知らないまま主治医に相談したところ、障害者手帳を取得することができたので、難病当事者であると同時にれっきとした障害者でもある。
　このように、制度上は障害者手帳をもっているので、純粋な難病当事者とは言えないかもしれないが、自分自身が何に困っているのかということを考えたときに、「疲れやすい」、「体力がない」、「すぐバテる」、といった難病に特徴的な課題が真っ先に出てくる。「できる・できない」という2択では切り分けられない、「できるけど、できない」といった中途半端さの中で、自分はやはり難病の当事者なのだと考えている。
　そんな難病当事者であり、障害者でもある筆者であるが、実は日常生活用具の給付くらいしか障害者総合支援法のサービスを使ったことがない。居宅介護など、いわゆるホームヘルプ系のサービスも使っておらず、支援区分の認定調査すら受けたことがない。基本的に身の回りのことはたいていできるし、家族と暮らしていて家事については特段困っていないためである。こうした環境下で、あえてヘルパーを使うという選択肢は、そもそも手続きが面倒であるし、それをする体力を割くこと自体もハードルの1つとなって選べずにいる。そして、生活の主体者としてヘルパーに指示を出したり、介助の時間を考えたり、ヘルパーを使うことがそれなりに大変らしいことくらいは知っているので、おそらく必要に迫られなければあえて使おうとは当面思わないだろうと思う。
　これは、筆者だけでなく周りの難病の知人たちとも意見が大体一致することで、ヘルパーを利用するための手続きや、実際にヘルパーに来てもらって指示をするといったことにかかる体力的な負担と、多少頑張って自分1人でやってしまうことでかかる体力的な負担を比較衡量すると、結局は自分でやってしまった方が楽だという判断をする難病者は少なくないのではないか、と考えている。
　そんな自分でもヘルパーを使いたい！　と心底思う場面もある。それは、泊りがけの外出時で、とりわけ海外に行こうとする場合である。というのも、日帰りであれば電動車椅子でたいていの場所に1人で自由に行くことができるが、泊りがけの場合は人工呼吸器が必要となるからだ。国内であ

れば呼吸器メーカーがあらかじめ宿泊先に人工呼吸器を送ってくれるといった対応をしてくれていて、自分で持って移動しなくて済む分、1人旅もある程度できる。しかし、海外の場合はおそらく自分で人工呼吸器や本体以外の回路などももっていかねばならず、その荷物を持っての移動は極めて難しい。「夜だけ呼吸器ユーザー」なりの大変さがあって、移動中、1人では持ちきれない荷物をもってくれるヘルパーがいてくれない限り、海外旅行や出張は難しいのだが、現行のヘルパー制度上、こうした利用はなかなか難しいだろう。

　このように筆者にとっては、使えるようで使えないなんとももどかしいヘルパー制度だが、この感覚は周りの難病者たちと話したり、過ごしたりしている中でも感じることがある。以前、筆者がかかわっていたある難病の集まりの際、終了予定時刻を少し過ぎて少し時間延長しようか、という雰囲気になったあたりで参加者の1人が「これからヘルパーの時間だから先に帰ります」といって残念そうな申し訳なさそうな感じで帰っていく場面に度々出くわすことがあった。もちろん、制度のルール上そうしないといけないことはわかっているが、自分の生活をヘルパーの時間に合わせているように感じたことがある。

　また、難病でよく聞く話として、体調が良い時は何の支援もいらないけれど、体調が悪い時に駆けつけてくれる人がいたら助かる、という緊急時に発生するニーズへの対応である。これも、基本的には週何時間、何曜日の何時といったように、あらかじめ決まった日時に介助者を派遣するという、現行のヘルパー制度の仕組みではなかなか対応が難しいケースだと考えられるが、実は難病者にとってはこうした体調の急変時に対するニーズは潜在的に多いように思われる。

3　難病者の視点からパーソナルアシスタンスを考える

　ここまで述べてきたような難病者の視点から見た現行の介助サービスの使いにくさから、難病者にとってのパーソナルアシスタンスについて考えていきたい。

　そもそも、パーソナルアシスタンスとは何なのか。障害者総合支援法の3年目の見直しの際の障害者部会の中では「常時介護」に関する論点の中で、パーソナルアシスタンスについて検討がされていたが、あたかも長時

間介護を必要とする人のためのサービスであるかのようなイメージが先行していた印象はぬぐえない。また、その中身についても様々な考えが示されていたように思う。

　ここでの考え方がベースとなってしまうと、難病者にとってはあまり親和性のないものとなってしまうが、一方で、本来的には1人1人にあったパーソナルな支援を提供するのがパーソナルアシスタンスであるとするならば、難病者のニーズに合わせたパーソナルアシスタンスとは何か、ということを考えることは、現行の介助サービスが難病者のニーズに合ったものとはいえないという現実を変える手段として、きわめて重要になってくるだろう。

　筆者が難病関係の活動などを通じて最近感じているのは、難病者の多くは一般就労をしている人が多いということだ。難病者の就労では、採用面接時などで病気であることをカミングアウトするかどうか、就職後に必要な合理的配慮を求められるか、など、主に見た目にわからないことに起因する様々な課題があるが、そうした課題を抱えながら働いている難病者がいる。そうした難病者にとっては、仕事を終え、家に着くころには体力がほとんど残っていない状態になる人も少なくない。「倒れるようにソファーに横になる」といった話を聞くこともよくある。毎日仕事に行くだけで精一杯で家事にまで手が回らない、休日は1日中寝ているなど、体力のない難病者の大変な話は枚挙にいとまがない。中には、無理をして働き続けたことで症状が悪化し、仕事を辞めざるを得なくなる人もいる。さらに十分に体調が回復せず生活保護を利用せざるをない状況に追い込まれるものもいる。

　こうした実態の一部を見聞きしている立場からは、単純にできないことをサポートするというよりは、できることでも無理をしないで済むような予防的なサポートといった視点も重要視していってほしいという思いがある。例えば、一般就労できる人でも1日1時間の家事援助を使って、家事に係る負担を減らし、その間に休むことができれば、体調悪化のリスクを減らすことができ、働き続けることができるかもしれない。こうした使い方は、おそらく今の制度上でも可能だと思われるし、障害支援区分認定のマニュアルでも一定配慮されているが、現場レベルでそうした理解のもときちんと運用されているかというと不安な面もある。これは、「体力がない」、「疲れやすい」といった難病に特徴的な障害に対する理解がまだ不足

しているからではないだろうか。筆者はよく体力を乾電池に例えて説明をしているが、健常者の体力が単一電池とするならば、難病者は単四電池くらいの体力しかないため、すぐに充電が必要となってしまう。また、通常、容量が少ない方が早く充電されるはずだが、充電器の性能も悪いので、充電時間も人並みかそれ以上にかかってしまう。それ故、難病者は人よりも可処分時間が少なくなる。もちろん、難病にも色々な病気があり、仮に同じ病気であっても症状には差があるので、一概には言えないが、こうした可処分時間の少なさという日常生活上の障害に対する支援を考えていくことがパーソナルアシスタンスや現行の介助サービスの概念を拡げることにもつながるのではないだろうか。

［注］
1　第186回国会厚生労働委員会第10号（平成26年4月11日（金曜日））
http://www.shugiin.go.jp/internet/itdb_kaigiroku.nsf/html/kaigiroku/009718620140411010.htm
2　障害者総合支援法対象疾病検討会（第1回）資料3を参照
http://www.mhlw.go.jp/file/05-Shingikai-12201000-Shakaiengokyokushougaihokenfukushibu-Kikakuka/20140827-03_1.pdf

第Ⅱ部
パーソナルアシスタンスの実践
―― どう取り組まれてきた／いるのか

第4章　パーソナライゼーションはケアを取り巻く関係をどう変化させたか

麦倉泰子

1　パーソナライゼーションの経緯

　イギリスでは、障害のある人が自ら介助者を選び、ケアに関する予算を管理することを可能にする法律が 1990 年代後半から次々と制定されている。1996 年に成立したコミュニティケア（ダイレクトペイメント）法 Community Care（Direct Payment）Act をはじめとする一連の政策は、ケアの個別化を進めるという目的から「パーソナライゼーション」と呼ばれている（Glasby & Littlechild 2009）。対象の範囲は拡大を続けており、いまや社会生活及び日常生活の介助を中心とするソーシャルケアの領域だけではなく、高齢者や障害のある子ども、そして継続的な医療的ケアを必要とする人まで含むものとなっている。加えて、2009 年には、精神保健法（Mental Health Act）の対象となる人も代理人等を立てることによってダイレクトペイメントを受け取り、利用することが可能になった[1]。

　現在の政策の実現を導いた原動力は、身体的な障害のある人たちによって行われた運動である。自立生活を求める運動において、キー・コンセプトとして提示されたのが「障害の社会モデル」である。本稿では社会モデルが現在の個別化を志向する政策へとつながった経緯を辿ることによって、なぜダイレクトペイメントが障害者と健常者との非対称的な関係性を変化させる可能性を持つのかについて論じていきたい。

　同様に、現在の政策の推進にあたっては、知的障害のある人たちの脱施設化を支えてきた支援者や、重い医療的ケアのニーズを有する子どもの親たちが果たした役割も見逃すことはできない。本稿ではそれぞれのアクターが果

たした役割についても考察する。最後に、現在の政策が直面する最も重い課題の一つであるケアワークに従事する人達の労働者としての権利と地位をどのように確保するのかという問題について考える。

1-1 障害者運動の到達点としてのダイレクトペイメント

社会モデルの原型となる考え方がはじめて示されたのは、身体障害のある当事者によって構成された運動団体である「隔離に反対する身体障害者連盟 Union of the Physically Impaired Against Segregation（UPIAS）」が1976年に発表した『ディスアビリティの基本原理』という声明書であった。この文書は、UPIASと、貧困と高齢者の研究で著名な社会学者であるピーター・タウンゼントらを構成メンバーとする「障害同盟 The Disability Alliance（TDA）」との間で行われた会議の内容をダイアログ形式でまとめたものである。会議が開催された当時は、「慢性病と障害者法」が成立したことによってある程度のコミュニティにおける支援を受けられるようになり、脱施設化へ向けた取り組みも進められていた時代であった。

会議の冒頭で、UPIASのポール・ハントがタウンゼントらのTDAのメンバーに対して話し合いの前提条件としの共通合意として次のような内容を読み上げるくだりがある。「ディスアビリティとは社会的条件によって引き起こされた状況であり、その解消のために以下を必要とする。(a) 所得、移動、または制度等のいかなる局面も隔離的な状況の下で取り扱われないこと、(b) 障害者は他の人々のアドバイスや助けを得て、自分自身の生活をコントロールするべきである、(c) 専門職、専門家、そしてその他の障害者を援助しようとする人々は、障害者によるコントロールを促進しようと努めなければならない」（UPIAS 1976: 3）。ここで示された3つの原則のなかに、後に社会モデルとして呼ばれるようになる新しい障害の概念の特徴を端的に見ることができる。

1つ目の特徴は、ディスアビリティとは、インペアメントそのものではなく、社会がインペアメントのある人たちをどのように扱うかによって引き起こされた不利な状況であるとする見方である。ここで明示されているのは身体的・器質的な機能障害であるインペアメントと、社会的な状況を指すディ

スアビリティとの概念的な切り離しである。生活において経験される不自由さが個人の身体的な機能による必然的な結果であるとする、ある意味では素朴な思い込みが明確に否定され、批判の対象とされている。つまりここで行われているのは、インペアメントに対して不当にディスアビリティが課されていることの告発である。障害のある人々を隔離し、排除する力としてディスアビリティが働いていることを共通の認識として持つよう会議の相手方に求める主張でもある。ここからは、社会的抑圧としてのディスアビリティを理解することが社会モデルの本質的な特徴であることが見てとれる。さらに社会によって課される不利益としてのディスアビリティというアイデアが示されたことによって、社会的な抑圧を受ける集団としての障害者というアイデンティティが前面に押し出されることになった。

　2つ目の特徴として、所得のみでなく、生活のあらゆる局面における隔離からの解放が意図されている点が挙げられる。これは以前の運動における失敗という味わった苦い経験にもとづくものある。UPIASのメンバーが以前に活動を行っていた団体では、所得の問題に焦点を絞ってロビー活動を実施した。結果として、その問題について専門的な知識を持つ少数のメンバーのみが活動に積極的に関わり、それ以外のメンバーの多くが受け身の態度となり、集団としての求心力を失ってしまったのだという。この経験から学んだUPIASのメンバーは、所得の問題、すなわち貧困とは、より広範な抑圧から生じる結果の1つの側面であるととらえ、所得に限定せずあらゆる側面における抑圧からの解放を目指す方針をとった（UPIAS 1976: 4）。ここでいう抑圧からの解放には、障害者自らが自らの生活をコントロールすること、専門家によるコントロールからの解放も含まれている。これは専門家が代表を務めるTDAに対する強い批判でもあった。

　この声明書のなかで示された身体（インペアメント）と社会（ディスアビリティ）の切り離しは、後にポスト構造主義な立場をとる障害学者たちから身体と精神を二元的に捉える近代的な人間観に基づくものであるとして批判の対象とされることになる。さらにフェミニズムの影響を受けた論者たちからは、痛みや恐れ、身体の変化とともに生きるというインペアメントを含む身体経験そのものの重要性を指摘する声も現れた（Thomas 2007）。いずれの批

判も的を射たものであるが、運動の初期の段階であったこの時代においては、身体と社会を切り離して社会的な問題としてのディスアビリティの解消という目標を分かりやすく指し示したことは、運動体としての推進力を形成する上で大きな役割を果たしたと評価するのが正当だろう。

いずれにせよ、身体と社会を切り分けて提示するパースペクティブと、抑圧の結果として無力化が生じるというアイデアは、その後の障害学の理論形成に対して大きな影響力を持ったことは確かである。障害学の理論的展開について整理を行ったキャロル・トマスはこの時期からはじまる一連の研究を「社会的抑圧パラダイム」と名付けている（Thomas 2007）。特に初期の社会的抑圧パラダイムの論者は身体的なインペアメントを有すると認められた人々が依存的な存在とならざるを得ないのは、資本主義的な産業化社会において賃金労働へのアクセスを継続的に拒否された結果であるとする唯物論的な立場から理論が展開されていった（Thomas 2007: 98）。

労働市場から排除され、向かわされる先は福祉サービスの領域である。そこで経験される「専門職－クライアント」という関係は、非対称性が現れる典型であった。この関係を根本から変えるための方法として提起されたのが、ケアにかかる費用を障害のある人自身が直接受け取り、管理するダイレクトペイメントであった。トマスは、ジェニー・モリス等の運動家の言葉を引きながら、ダイレクトペイメントの要求に至った障害者運動の主張を以下のように説明している。「専門職のコントロールと権威からの自由は中心的で本質的なものである。チャリティへの依存からの自由も同様である。選択をするということは、自己決定する生活、すなわち尊厳ある水準の生活に必要な援助を保障するための金銭その他の資源へのアクセスを意味する」（Thomas 2007: 100）。サービスの代わりに現金を受け取り、自ら選んだ人を介助者として雇用することによって、既存の福祉サービスの専門職とは異なる関係性を築くことが可能になると考えられた。このような新しい価値観と行動原則に基づいた原則に沿って援助を行う人を、障害者運動および障害学の中では「パーソナルアシスタント」と名付け、既存のサービス組織における専門職のスタッフと区別した。

1-2 「贈与」から「市民権」へ

　このようなダイレクトペイメントの実現へと至る一連の動きは、サービスをコントロールする権限が、国家や福祉制度の側から障害のある人々へと移行されたことを示すものとして理解できる。サイモン・ダフィはこれを「贈与モデル」から「市民権モデル」への転換と呼んでいる。従来型の「贈与モデル」においては、国家が税を集め、専門職によるアセスメントを経由して、ニーズを持つ人に資源が配分される。イニシアティブを有するのは国と専門職であるため、贈与というかたちで資源が配分されることになり、与えられる側の意思や価値観が反映される余地はない。それに対して「市民権モデル」では、障害者が主体的なエージェントとなり、政府に対しては財源に対する権利を直接的に申し立て、専門職に対してはサービスの内容を交渉する。このモデルにおいては、イニシアティブを持って交渉するのはあくまでも市民権を持つ障害者である（Duffy 2010）。1990年代以降に起きた一連の政策の変化は、国家と市民という二者間における資源の配分を決定するプロセスにおいて、国家の介入の範囲が狭まり、それに対して市民の自律圏が拡大したことを示すものとして第一義的に解釈することができる。

　別の側面を指摘する声もある。政権交代とソーシャルケア改革の関係について分析を行っているヘレン・スパンドラーは、ダイレクトペイメントについて、単に市民権の拡大として理解するだけでは不十分だと論じている（Spandler 2004）。スパンドラーは、ダイレクトペイメントが保守党による政権の末期にあたる1996年に成立したことに注意を促している。彼女はその成立の経緯のなかに、社会的正義の実現という理念と、市場消費主義の特徴を見出す。この2つが複雑に絡み合って生み出されたものがダイレクトペイメントであると論じる。そして、個々の市民を「市民」としてよりはむしろ、サービスを購入する「消費者」としての側面を強調するダイレクトペイメントの考え方は、結果的に相互扶助に基づく市民性の理念を侵食するものであると批判している。このスパンドラーの指摘は、サービスに対する自己決定の重視、自律性を強調する障害者運動の精神の根底に、ネオリベラリズムの要素が存在することを示唆するものであるとも言えるだろう。

2 パーソナル・バジェットへの発展

　個人に選択と決定の権利を認めると同時に、その責任も同時に求めることが当初のダイレクトペイメントにおいて想定されていた自己決定のあり方だった。知的障害などの他の障害を持つ人々が当初のスキームに入れられていなかったことからも、こうした想定をうかがい知ることができる。しかしながら、2000年代に入り、このような一面的な自律や自己決定のあり方も、より多様性を持ったものへと変化していった。支援を受けながら自己決定を行っていくことを可能にする仕組みの模索である。

　政府の姿勢に後押しされるかたちで、知的障害のある人に対しても利用可能なものとするためのダイレクトペイメントの改良が行われた。2003年から試験的に導入されたパーソナル・バジェットと呼ばれるシステムである。制度設計にあたって中心的な役割を果たしたのが、イン・コントロールと呼ばれる団体であった。イン・コントロールは、2003年にイギリスにおける知的障害者支援において中心的なチャリティであるメンキャップ Mencap のプロジェクトとして保健省の支援チームの支援を得て発足した組織である（Harris and Roulstone 2011: 65）。初期のメンバーたちの多くは、知的障害のある人たちが入所施設からコミュニティに移行し、自立した暮らしができるように支援する仕事をしてきた人々である。地域移行を進めていくにあたってそれまで大きな問題として考えられていたのは、ほとんどの資金が既存の建物とサービスに縛り付けられてしまっている点であった。イン・コントロールはこうした縛りを解放することで、同じ予算内で、より個人の希望に沿った形で、柔軟で創造性豊かな支援を行うことを目指したのである。

　ダイレクトペイメントは、ニーズがあると評価された人にコミュニティ・ケア・サービスの代わりに同等の現金を支払い、自分が受けるサービス内容を設計するという形態を想定していた。これに対してパーソナル・バジェットは、現金支給ではなく、利用者がアセスメントを受けた後に、予算を配分するものである。その人のソーシャルケアのニーズに合致すると考えられるものであれば、公的サービス、民間サービス、ボランタリー・セクターとい

うサービスの種別を問わず利用でき、より柔軟なサービスの選択が可能になった。グラスビーとリトルチャイルドはこの点について、ダイレクトペイメントの成立からパーソナル・バジェットへの改良の経緯についてまとめた著作の中で、高く評価している。ダイレクトペイメントは人々が支援を受け取る方法を変化させたものの、サービスへのアクセスの方法やアセスメントといったソーシャルケア全体のシステムを変えるものではなかった。それに対してパーソナル・バジェットは、ダイレクトペイメントの利点をすべて取り込んだうえで、さらにソーシャルケアのあり方を根本から変える可能性があるものとしている（Glasby and Littlechild 2009: 76）。そしてこのシステムを考案したイン・コントロールについて、「高い理念と非常に地に足の着いたプラグマティズムとの類まれな混合体」（Glasby and Littlechild 2009: 77）と高く評価している。

3　パーソナル・ヘルス・バジェットの導入

　対象の拡大はさらに続いている。継続的な医療的ケアを必要とするより重い障害を持った人を対象とする分野にも拡大されており、2013年には「パーソナル・ヘルス・バジェット」（現金による直接支払＝ダイレクトペイメントを含む）として本格的に法制度化された。
　この動きは、別々の制度であった医療とソーシャルケアの統合へ向けての試みでもあるとされている。つまり、サービスを選択することによってサービスの重複やミスマッチが避けられるため、利用者が自ら予算をコントロールするシステムはより効率的であるとする考え方である（NHS England 2014）。ここにもサービスの公正さと効率の両立を目指すパーソナライゼーションの考え方が端的に現れている。
　パーソナル・ヘルス・バジェットは、個人の特定の医療のニーズを支えるための予算を指すものである。予算を新たに増額するものではなく、従来NHSが個人の医療に当てていた予算を、希望に応じてより個別的なニーズに対応するために利用することを目的としている。
　2014年4月の本格的な導入に先立って、2009年から2012年にかけてイン

グランドでモデル事業が行われた。この事業に関する第三者の評価研究において、障害の種別にかかわらず生活の質の向上と入院日数の減少が見られ、高い費用対効果を挙げることが実証された。これが本格的な導入の根拠とされている（NHS England 2014）。

パーソナル・ヘルス・バジェットの利用を希望する場合には、本人（代理人、子どもの場合は家族、介護者）と、地方の NHS 組織との間で事前に話し合いを行い、ケアプランを作成し、合意がなされていることが制度利用の前提となる。以下の 3 つのなかからもっとも自分のニーズに合ったタイプを選ぶことになる。

1 つ目は概念的予算 Notional budget と呼ばれるものであり、NHS が個人の予算を保持し、ケアと支援のための調整を行うものである。2 つ目は第三者予算 Third party budget と呼ばれ、本人、NHS の両者から独立した第三者が予算を保持しケアと支援を行うものである。この 2 つについては従来の NHS の原則と矛盾するものではなかったが、3 つ目のダイレクトペイメントとしての現金を受け取るには法改正が必要とされた。

現在の利用状況については、イン・コントロールとランカスター大学との共同研究プロジェクトである Think Local Act Personal によって調査が行われている。2014 年に発表されたパーソナル・ヘルス・バジェット管理方法と金額についての調査によれば、回答者の 7 割以上がダイレクトペイメントを利用しており、柔軟で自由度の高い提供方法が望まれていることが分かる。さらに 1 週間当たりの金額にも幅があり、多様な支援ニーズを有する人がこの制度を利用していることがうかがわれる（Think Local Act Personal 2014）。

4　家族の経験

これまでケア予算の個別化へと進んできた過程について説明を行ってきた。それでは実際に、こうした個別的な予算の制度を使うことによってケアを行う人と受ける人、そして家族との間の関係性にどのような変化が生じるのだろうか。以下では、イングランド北部に住むある母親（A さん）の語りを事例として、変化の様子を記述する。

ソーシャルケアの領域において先行して進められてきた予算に対する裁量権を個人に委ねる枠組みを NHS の領域にも導入するために運動を行ってきたのが A さんである[2]。

　A さんの 20 代の子どもである B さんは、身体、コミュニケーションの面で大きなニーズを有する重度の心身障害のある男性である。A さんは、B さんがどこにでも出かけることができ、普段は自宅で生活し、そして休日は家族や友人と過ごすことができる「誰もがしている」暮らしを送ることを希望していた。実現のためには、当時の医療的ケアの制度を支える法的な枠組みとあらゆる価値観を変革しなければならなかった。

　調査実施時（2013 年）は、パーソナル・ヘルス・バジェットのパイロット・プログラムがちょうど終了し、正式に制度化するための法案が採決されたばかりだった。A さんは、パイロット・プログラムを提案し、実現してきた。保健局と交渉するなかで徐々に予算の裁量権を獲得していったことによって、B さんを取り巻く生活の環境は大きく変化した。ここでは、その変化の様子を、以下で金銭、時間、場所等の「資源の管理」、ケアを行うスタッフとの「関係性」、M さんが必要とするケアについての知識と、スタッフに対するトレーニングである「知識と訓練」という 3 つの領域に分けて見てみたい。

4-1　資源の管理——「官僚的」と「フレキシブル」

　変化の 1 つめの領域として、資源の管理方法があげられる。資源の種類はまず、予算の受給方法や使途の規制などといった金銭の管理に関係するものである。金銭の管理に関しては、NHS を管轄する保健局から家族への予算の裁量権の移行のプロセスが語られた。

　　（パーソナル・ヘルス・バジェット導入前の生活について）「5、6 年前まで、いま私たちがやっていることをやることはできませんでした。それ以前はサービス事業者がいました。B は 24 時間ケアを必要としていたので、私たちの地域の病院がケアラーを派遣したのです。でもそれは私たちには合いませんでした。あまりにも官僚的過ぎて好きになれなかったので

す。フレキシブルではありませんでした」

　Aさんは制約が多かった以前の生活の特徴を「官僚的」という言葉で表現している。当時は、「書かなければならない書類もたくさんあったし、納得できないルールもたくさんありました」と語る。このような細かいルールによって生じる窮屈さは、サービス事業者とスケジュールの打ち合わせをするときにも常に感じられたという。

　　「私たちは何時頃来てほしいか柔軟に対応して欲しいのに、サービス事業者は、自分たちの都合で時間を伝えることが多かったのです。それに、以前は許可されていなかったようなことをしてほしいと思っていました。たとえば彼（Bさん）の車をスタッフが運転することは5年前には認められていませんでした。今では彼をいろいろなところへ連れていけますが、5年前のルールでは許されていなかったのです。私は彼をいろいろなところへ車で連れて行かなければなりませんでした。」

　パーソナル・ヘルス・バジェットのアイデアを思い付いたのは、イングランドにおいて、知的障害のある人たちの地域生活支援を長年行っている支援者（Cさん）との会話がきっかけであったという。すでにソーシャルケアの分野で行われている個別予算の取り組みを聞いたAさんは、個人の生活のリズムや希望に合わせてスケジュールを決めることができることから、Bさんに必要なものであると考え、保健局の担当者との交渉を始めた。

　　（最初に保健局と交渉した際の担当者の反応について）「私たちはCさんと協力して、保健局に行き、こう言いました。『できましたら、今日お金をいただきたいのです』。すると彼らはびっくりして、『ダメですダメです、できません、絶対にできません』と言いました。私たちは最終的に一つのやり方に達するまでに多くの話し合いを重ねました」

　問題は、当時は予算をダイレクトペイメントとして受け取ることを認める

制度が存在しなかったという点であった。Aさんたちは、現金を受け取るのはサービス事業者として登録されているものでなければならない、という当時の規則のもとで、実行可能な方法を探すために交渉を重ねた。結果、第三者であるサービス事業者に現金の管理を委託し、実際にはスタッフの雇用や管理をAさんたちが行うという形式をとることになった。「つまり3つの関係があるのです。お金は、法律の都合上他の人に行きます。しかしどのように使うかは私たちが伝えるのです」。こうしてAさんたちは予算の裁量権を段階的に得ていくことになった。

　Bさんは24時間ケアを必要としているため、必然的に予算は非常に大きなものになる。予算内にとどまる限り、それをどのように使うかを決めることができるようになった。

> 「私たちはお金を違った形で使うことができます。例えば、彼がこのコース（アニマルセラピー）に行くためにお金を払うことができます。ソーシャルワーカーのところに行って、『お願いです、彼をこのコースに参加させてもらえませんか？』と言って、それからそれを上司のところへ持って行って、さらにたくさんの人がぐるりと座ったデスクで決定をする、なんていうことをする必要がありません。予算の範囲内であれば、私たちはこの種のことを自分たちで決めることができます。」

　パーソナル・ヘルス・バジェットの導入は、Aさん家族を事務的手続きの煩雑さから解放し、よりBさんの希望や体調に合わせたきめ細やかな対応を可能にした。さらに、介助機器の購入にあたっても、より効率的な予算の使用ができるようになった。

4-2　関係性——「ケア共同体」の可能性

　変化の2つめの領域がケアラーと本人、家族との関係性の変化である。Aさんが交渉を始めた動機の1つが、ケアラーを自分たちで選びたいというものだった。

「私たちが何を変えたかったのか？　コントロールする機会さえ持てれば、私たちは人を選んで、Ｂのためだけに働く人を選びたかったのです。以前のやり方がなぜ合わなかったのかと言えば、私たちが人を選べなかったからです。私たちは人を選びたかったのです。人が自分の家を訪ねてくるとき、その人に好感を持っているかどうかは大事なことです」

　特に医療的ニーズを有する人は、その分、時間的、また物理的にでも他者による干渉を受ける範囲が広くなる。ケアラーとして誰を雇用するのかについて選ぶことができることは、生活の質を構成する重要な要素となる。
　ケアラーの選択に関しては、ケアラーを人的資源とみなし、金銭や時間と同一の項目に含めた方がよいとする考え方もあるかもしれない。それはパーソナル・ヘルス・バジェット導入前のサービス事業者から派遣されるケアラーを表現する場合にはあてはまるかもしれない。しかし、Ａさんの語りのなかに現れるケアラーたちとの関係を知っていくと、彼らを「人的資源」と表現することには違和感を覚えるようになる。

「あなたも、私も、Ｃさんも、ある人と多くの時間を共に過ごした人が、その人についてよく理解し、その人の専門家になることができると信じています。そう考えない人たちもいます。彼らは、専門家とは本を読むことによってなるものだと考えているために、医者だけが専門家であると考えているのです。私は、Ｂの専門家になるためには、彼と一緒に時間を過ごすこと、観察すること、直観、こういったことすべてによって専門家になると思っています。」

　ケアラーが働く期間が長くなっていくにつれ、Ｂさん、そしてＡさん家族との間で時間を共有し、生活誌（バイオグラフィー）が共有されていく様子がわかる。生活の中で起きる出来事や、その時のＢさんの様子を知っていくにつれて、ケアラーたちは他に代わりのきく「人的資源」ではなく、徐々に「かけがえのない」「あなたでなければならない」存在へと変わっていく。家族とケアラーは、Ｂさんを中心としてケアを行うことによって、時

間、場所、経済、知識を共有する1つのミクロな共同体を形成していくようにも見える。「彼らはチームです。彼らの毎日の仕事は私たち家族と共に働くことのみです。」

　もちろん、このような共同体がその内部に緊張感や葛藤を抱え込む可能性も存在する。葛藤が生じているか否かは、ケアラーの退職率、回転率の高さで説明することができるだろう。少なくとも、Aさんのケースでは、このような葛藤は見られず、代わりにスタッフの勤務の継続性の高さが見られる。今回のインタビューでは残念ながらスタッフにインタビューを行うことができず、Aさんの言葉からの推測に過ぎないが、この勤務の継続性はスタッフの労働に対する一定の満足感を示す指標になっているものと考えられる。

　「私たちのために10年以上働いてくれている人が数人います。以前のサービス事業者から来ました。彼らは私たちと一緒に来たのです。普段は友人を通じて募集します。10人の人たちが私たちのために働いてくれています。」

　このような良好な関係性が構築されている要因は、募集の段階で友人や知人など、すでにある程度の信頼関係がある人たちのネットワークを利用していること、本人、家族がどのような人を雇うか選ぶことができることであると考えられる。
　さらに、ケアラーの側から見て働きやすい環境であるかどうかも大きな要因である。パートタイムかフルタイムか、日中か夜間か、自分の都合に合わせて勤務形態を比較的柔軟に設定することができるといったことが影響しているだろう。

4-3　知識と訓練──資格を与えるのは誰か

　Bさんは呼吸機能に障害を持つため気管カニューレを装着しており、健康状態が非常に悪くなることも時に起こる。しかし、Aさんは「私は、Bは家にいて安全だと思いますし、私たちは彼の世話をするのに熟練しているので、病院に頻繁に行く必要はないと思っています。」と断言する。

「もし彼が、いつも違う人たちがいて、彼について本当に理解している人が誰もいない、少しは知っているかもしれないけれど、本当に深くは知らない人たちばかりのサービス事業者によって世話をされていたならば、彼らはおそらくもっと頻繁に病院に連れて行かれるでしょう。なぜなら、彼らはすぐに『ああ困った』と感じるでしょうから。それに比べて、私たちは彼を世話することに自信をもっています。彼が状態が悪い時でも家にいることができます。」

　スタッフのトレーニングは自宅で行われ、家族がBさんのために作ったプログラムに沿っておよそ半年の期間をかけて行われるという。

　「この前、彼が夜に非常に体調を崩したことがあり、病院の救命救急ユニットに行ったことがありました。彼ら（病院のスタッフ）は、私たちがその場にいることを必要としました。Bは少し異なって作られているので、彼の体は他の人たちと同じようには機能しないのです。彼らは、私たちがそれを伝えることを必要としたのです。私たちはBの世話をすることに関して数多くの経験を持っていますから、つまり私たちが彼の世話をすることができるので、ほとんどの場合、彼は病院に行かなくていいのです。それに、私たちはとても慣れているので、常に彼に何が起きているのかすぐに気づくことができます。常に同じ人たちが見ていれば、多くの経験を蓄積することができます。」

　容体が急変することはしばしばおこる。しかしながら、そうした緊急時を基準として日常生活を編成することは、Bさんと家族の生活の質を落とすことになる。
　パーソナル・ヘルス・バジェットの導入によって何が変わったのだろうか。デイセンターに行かなくてもよい暮らしをする、というAさんの非常にシンプルな望みがかなえられた。Bさんがデイセンターにいるとき、「ただ一日中眠ってしまう」のだという。

「彼が退屈している場合、眠ってしまいますが、彼が幸せだと感じている場合――彼は言葉で自分が楽しい時間を過ごしているということはできませんが――微笑んでいる写真を撮ることができるでしょう。昨日、彼はとてもよく笑っていて、楽しんでいるようでした。」

　現在、Aさんと息子のBさんは自宅の敷地の中に別棟を立てて暮らしている。「Bさんの一週間の生活はどのようなプランで組み立てられているのですか？」と質問したところ、Jさんから「プラン」という言葉に違和感を感じると告げられた。

　「彼はいろいろなところに行きます。今日はアニマル・セラピーをしていますし、Dという場所に週に2日、働きに行きます。彼がそこに行っている間に私はネイルをケアしてもらっています。彼はマッサージにも行きますし、友達にも会います。誰もがすることをしているだけです。何らかのストラクチャーがある日はありますが、それをプランと呼ぶつもりはありません。」

　このAさんの説明の中では、「プラン」と「ストラクチャー」という言葉が対照的に使われている。「プラン」という言葉に象徴される制約からの解放こそがまさにAさんが目指したものだった。

5　ケアワーカーとの関係――フェミニズムとの葛藤

　Aさんの語りを聞く限り、ケアの個別化と、予算の裁量権の市民への移譲を中心とするパーソナライゼーションはうまく機能しているように見える。しかしながら、こうした個別化の流れの中で生じつつあるケアワーカーの労働環境の問題を考えるときに、手放しで高く評価するべきではない、とも思われる。
　パーソナライゼーションに対する批判の中で、パーソナルアシスタントの

普及が貧困や不平等といった社会のリスクを拡大するという指摘が数多く存在する（Roulstone and Prideaux 2012, Ferguson 2007, Spandler 2004, Ungerson 1997, 1999, 2000, 2004,）。特に90年代後半以降ダイレクトペイメント制度の国際比較研究を行っているクレア・アンガーソンの議論は重要である。アンガーソンがケアユーザーの「エンパワメント」に見出したのは、エンパワメントの傍らにある「ケアを行う人たち」の立場が非常に弱いものになっていくという問題であった。ケアを行う人たちにも相対的に「パワーレス」な人たちが多いという認識に基づき、ケアユーザーだけでなくケアラーもまたエンパワメントされるべき存在であるとするアンガーソンの主張は明快である。

5-1 ケアの商品化

　アンガーソンは、ダイレクトペイメントに代表されるような現金を直接支給するタイプの政策（「キャッシュ・フォー・ケア」と呼ばれる）が近年の福祉国家で次々と導入されていることに着目している。その中には、親族に対してケアの対価として金銭を支払うことを可能にする政策も含まれている。この動きは、以前は無償で行われていたケア行為を、賃金の発生する労働として商品化するものであると考えられる。アンガーソンはこれを「ケアの商品化」と名付けている。このケアの商品化によって、有償のフォーマルな労働として行われていたケアと、インフォーマルな関係性の中で行われていた無償のケアとの間の境界線は非常にあいまいなものになりつつあるとされる（Ungerson 2005: 189）。

　アンガーソンは、ケアラーが置かれている立場を分析するために、ケア関係の類型化を行っている。まず、大きな類型として分けられるのは、ソーシャル・サービスやボランタリー団体などに雇用されている有給の「フォーマル」なケアラーと、親族や友人や近隣の人などによって担われる「インフォーマル」なケアラーの2種類である。パーソナルアシスタントは、有償で行われる「フォーマル」なケアラーに分類される（Ungerson 1997:48）。

　自立生活運動においては、上のカテゴリーの中ではパーソナルアシスタントが自立生活に最も適しているとされている。組織的なルールに縛られている伝統的なソーシャル・サービス職員よりもはるかに柔軟で丁寧な態度が期

待できるためである。

　ところが、パーソナルアシスタントの労働形態では、個人的な雇用契約を結ぶことによって税金と健康保険の支払いを避け、インフォーマルな労働市場の中で労働法上の規定から外れる雇用関係が生じる危険性がある（ibid: 49）。また、一般的な無資格のケアリング労働を反映して、給与の額は低くなる傾向がある。このインフォーマルな労働市場の主要な特徴は、購買者と供給者がともに貧しく、あるいは、搾取に対してヴァルネラブルであることだとアンガーソンは指摘している。

　アンガーソンがこのような辛辣な評価をダイレクトペイメントに対して与える理由は、キャッシュ・フォー・ケアの発展が労働市場全体にもたらす影響、なかでももっともヴァルネラブルな人たちにもたらす影響を懸念するためである。ダイレクトペイメントとパーソナルアシスタントの雇用は、障害者によって「万能薬」であるかのように語られているものの、新しい形態の労働市場という観点からパーソナルアシスタントを考えてみるならば、これらのスキームがアシスタントの長期的な人生にもたらす負の影響を無視することはできないと指摘するのである（Ungerson 1997: 51）。

5-2　ケア労働の規制の形態と感情

　「ケアの商品化」がケアユーザーとケアワーカーとの関係に与える影響を詳細に検討するために、アンガーソンはダイレクトペイメント・スキームをすでに導入している国々において質的調査を実施し、国際比較を行っている。このアンガーソンの研究によれば、親族に対する支払いが認められているオランダでは、完全に商品化されたインフォーマルなケア形態が現れているという。規制の緩いオーストリアとイタリアでは、多くの外国からの移民労働者がインフォーマルな形態、フォーマルな形態と２種類の雇用形態に基づくケアワーカーとして働く事例が確認されている。イギリスでは、ケアユーザーがさまざまな時間の長さで地元住民からケアワーカーを採用し、雇用することが可能になっている。もっとも規制の厳しいフランスでは、資格を持つワーカーによって短時間に集中してケアワークが供給されているという（Ungerson 2003, 2004, 2005）。

これらの結果を見ると1つとして単純に利点とみなすことができるものはない、という結論にアンガーソンは達している。
　アンガーソンがさらに注目するのはケアにおける感情の問題である。接触をともない、親密さを促進する可能性を持つ定期的なケアの供給が、ケアの商品化の結果として、強い情緒的愛着と同時に反発をもたらすことは想像に難くない。アンガーソンがダイレクトペイメントに基づくケア行為を「ケアのハイブリッド」と呼ぶのは、一方で契約に基づく労働と、他方で愛情に基づくケアが入り混じった形で存在しているからである（Ungerson 2005: 188）。アンガーソンはこうした関係性を次のように類型化している。

(1) 冷たい cold 関係
　主にイギリスのダイレクトペイメント・スキームの中に見出されるとされる。このスキームにおいては、ケアユーザー自らが広告やジョブ・センター、口コミ等の手段を使ってケアの担い手を探す、いわば伝統的な労働市場に依存する形態で募集が行われる。この雇用関係は、見知らぬ人が、見知らぬ人によって雇用されることを意味するものであり、基礎となる関係性は存在せず、共有されたバイオグラフィもない人によってケアされるという関係である（Ungerson 2005: 198）。この関係の中では、雇用者が雇い入れと解雇を決める力を持っているため、ケアの質は雇用者－被雇用者の関係のなか保障されることとなると考えられている。ケアユーザーが自ら雇用者となって、パーソナルアシスタントとして誰を雇用するか選ぶことができるという点で、もっともユーザーのエンパワメントの幅を広げるものであるように見えるものの、実際にはスタッフと上手く行かず、高い離職率に遭遇し、その穴埋めに悩まされる人もいるという（Ungerson 2005: 198）。

(2) 涼しい cool 関係
　「商品化されたケア」のスキームが見られる国では、「冷たい」関係に比べて多くみられる。何が仕事として求められているかを理解し、二者の関係の境界線を越えることはない。いわば両者の「受容」と「尊重」によって特徴づけられると言える。このタイプの関係性を生み出すのは、募集とマッチ

ングの方法である。ほとんどがエージェンシーによって担われており、ユーザーとアシスタントの間の関係が上手く行かなかったときには、補充はエージェンシーによって行われる（Ungerson 2005: 199）。また、多くの場合、一人のケアワーカーは複数のクライアントを担当しており、勤務時間はエージェンシーによって細かく管理されている。ケアユーザーとケアワーカーの間での相互行為は「タスク－オリエンテッド」になり一般化される（Ungerson 2005: 200）。このため、関係が上手く行かなかった場合にも、ユーザーは後任の人がいるかどうかを心配することなくそれを表明することができる。アンガーソンは、このように間接的に組織されるケア関係は、専門化されたケアサービスの供給を目指すスキームの中で今後広がっていくと予想している（Ungerson 2005: 200）。

(3) 暖かい warm 関係性

　親族の雇用契約を積極的に推進するオーストリアとオランダのパーソナル・バジェット・スキームによく見られる。ケア・ギバーあるいはケアワーカーと一緒にいることを楽しみ、双方向的な感情の流れに感謝の念を示すものである。オランダのシステムの特徴は、配偶者によるインフォーマルなケアに対して完全に支払いが行われるという点である。この特徴は、ケアワーカーが労働市場の中からではなく、愛情を持っている人から募集されるということである。バイオグラフィが共有され、愛情がケアの継続性の基礎となっている（Ungerson 2005: 200）。

(4) 熱い hot 関係性

　イタリアのスキームにおいてよくみられる特徴であるという（Ungerson 2005: 201）。冷たい関係性と異なるのは、緊張関係が存在するにもかかわらず、長期にわたって関係性が継続する点である。この関係性から退出することの難しいのは、しばしば、ケアワーカーが移民であり、在留資格を得るため、あるいは住宅や子どもの在留などが同居によって認められるため仕方なく同居を選択するケースなど、雇用者に依存する度合いが高いためであるとされる。ケアワーカーが不法滞在をしているケースもある。ケアユーザーもケア

ワーカーも、家内領域という「閉じられたドア」の内側に存在するため、搾取と虐待に対してヴァルネラブルになる可能性がある（Ungerson 2005: 201）と指摘される。

　前述した A さんのケースは、親族をケアラーとして雇用しておらず、この 4 つの類型においては「涼しい関係」にあてはまると推測される。しかし、ケアラーの勤務継続性が高いことから、ある程度のバイオグラフィも共有しており、「暖かい関係」の性質も併せ持つようになっているように思われる。ここで生み出されている「ケア共同体」とも呼びうる関係性である。A さんの語りからは、アンガーソンが示した 4 類型に加えて、新しいケア関係の可能性がうかがわれる。

　資源管理、関係性、知識、すべての変化を引き起こす原動力となったのが、金銭の管理方法の変化であることは間違いない。しかし同時に、専門家と素人、緊急時と平常時、といった身体のインペアメントについて自明視されていた知識の変化、交渉や議論、トレーニングを通じて周囲の人たちと新しい知識を共有していったことも関係性を大きく変えた。資源の配分方法と知識の変容が相互作用的に現在の B さんの安定した生活という今の現実を形づくっていったと言える。

6　結論

　2000 年代のイギリスにおいて対象者を拡大しながら進行しつつであるケアと予算の個別化は、単なる資源配分の方法の変化にとどまらず、ケアを取り巻く人々の生活、人間関係、障害をめぐる知識や専門家／素人といった二分法にまで深く影響をもたらしている。これは市場化されたケアワークであるフォーマルなケアと、引き続き家庭内やコミュニティの中で個人的な愛着関係を基に行われるインフォーマルなケアとの間の境界線を変化させる可能性を持っている。

　同時に、アンガーソンが指摘するような個別化に伴う負の影響も重視しなければならないだろう。障害者や高齢者の自立的な暮らしを実現するために、パーソナルアシスタントをケアの利用者である雇用して給与を支払うこ

とを可能にするシステムが作られつつある。一方で、ケア労働の賃金は低いままでとどまるという問題は、イギリスに限らず日本でも共通する課題である。女性やマイノリティ、正規雇用を見つけることの難しい若者がケア労働の主な担い手となっていく状況の存在、ケアの場、支援の場が新たな貧困と社会的格差を生み出す場となっていく可能性は、真剣に考えなくてならない課題である。このような葛藤や格差の拡大についての検討はいまだ十分に尽くされているとは言い難い。障害者や高齢者など、他者によるケアを必要とする人たちと、彼らをケアし支援する人たちが互いの願いを蝕まれることなく、利益を損なうことなく、共生するための方途をこれから探ることが必要である。

［注］
1 Community Care, Services for Cares and Children's Services（Direct Payments）（England）Regulations 2009, Gheera 2012.
2 調査は2013年7月から8月にかけてイングランド北部で実施した。障害のある人本人ではなく、親を含む支援者団体を聞き取りの対象とした。ここでは8名のインタビュー回答者うち、パーソナル・ヘルス・バジェット制度の立ち上げに関わった1名のケースのみ取り上げる。

［参考文献］
Department of Health 2009a *Valuing People Now: a new three-year strategy for people with learning disabilities*, London: DH
Duffy, S. 2010 The citizenship theory of social justice: exploring the meaning of personalization for social workers, *Journal of Social Work Practice* Vol. 24, No. 3, September 2010, pp. 253-267
Gheera, Manjit. 2012 Direct Payments and personal budgets for social care. House of Commons Library.
Ferguson, Iain , 2007 Increasing User Choice or Privatizing Risk? The Antinomies of Personalization, *British Journal of Social Work*, Vol. 37, pp.387-403
Harris, J. and Roulstone, A . 2011 *Disability, Policy and Professional Practice*, Sage
NHS England Patient Participation Team 2014 *Guidance on the "right to have" a Personal Health Budget in Adult Continuing Health Care and Children and Young People's Continuing Care*
Think local Act Personal, Waters, John. In Control and Hatton, Chris. Centre for Disability Research at Lancaster University 2014 *The Poet Surveys 2014, Personal Health Budget Holders and Family Carers*.
Roulstone, A. and Prideaux, S. 2012 Understanding Disability Policy, Polity Press, Bristol.

Spandler, H. 2004 'Friend or foe? Towards a critical assessment of direct payments', Critical Social Policy, vol 24, no 2, p 187- 209

Thomas, C. 2007 *Sociologies of Disability and Illness, Contested Ideas in Disability Studies and Medical Sociology.* Sage publication

Ungerson, Clare. 1997 Give Them the Money: Is Cash a Route to Empowerment? *Social Policy & Administration* Vol. 31, No. 1,p. 45–53

Ungerson, Clar, 2000 Thinking about the Production and Consumption of Long term Care in Britain: Does Gender Still Matter? Journal of Social Policy 29 p. 623-643

Ungerson, Clare 2003 Commodified care work in European Labour Markets, European Societies, 5:4, 377-396

Ungerson, Clare, 2004 Whose empowerment and independence? A cross national Perspective on 'cash for care' schemes. *Ageing and Society*, 24, p189-212

Ungerson. Clare 2005 Care, work and feeling, *The Sociological Review*, p.188-203

The Union of the Physically Impaired Against Segregation (UPIAS), 1976 *Fundamental Principles of Disability*, Being a summary of the discussion held on 22nd November, 1975.

第5章　知的障害者の脱施設化とパーソナルアシスタンス
—— カナダにおける入所施設から地域生活への移行支援と個別化給付

鈴木　良

1　はじめに

　カナダでは、1970年代初期から各州政府が知的障害者入所施設の閉鎖についての議論を本格的に始めていた。1971年にサスカチェワン州がウェーバーン精神病院を閉鎖し、州立障害者居住施設を閉鎖した最初の州となった (People First of Canada and Canadian Association for Community Living Joint Task Force 2010)。1973年には、オンタリオ州（以下、ON州）の社会開発長官ロバート・ウェルチの報告書が発表され、公的な場で初めて地域生活という用語が使用された (Welch 1973)。この報告書には地域での適切な住居や広範囲にわたるサービスが知的障害者（以下、本人と略記）に利用できるようにすることの必要性が明記されていた。

　1981年に下院障害者特別委員会の報告書『障壁』(Canada House of Commons 1981) が発表され、連邦政府によって脱施設化の取り組みを推進する意向が示された。1981年にはブリティッシュコロンビア州（以下、BC州）において、人的資源省長官グレース・マッカーシーが州の親の会の年次総会で入所施設閉鎖を宣言し、これが国王演説の場において反映された (Adolph 1996: 116)。1982年にはニューファンドランド・ラブラドル州において社会サービス省長官ヒッキーが「入所施設は知的障害者の生活において役割を果たすことはない」と宣言した (People First of Canada and Canadian Association for Community Living Joint Task Force 2010)。1987年にはON州

の地域・社会サービス省長官ジョン・スウィーニーが25年以内に州内に残る16の州立知的障害者大規模居住施設を閉鎖する戦略を発表した（Ontario ministry of Community and Social Services 1987）。その後、1992年にニューファンドランド・ラブラドル州、2004年にBC州[1]、2009年にON州において全ての州立知的障害者大規模居住施設が閉鎖された。

　BC州で入所施設の閉鎖が宣言された背景には、州立知的障害者大規模居住施設ウッドランズ（以下、ウッドランズの略記）の入居者家族による施設閉鎖を求める運動があった。1976年にウッドランズの入居者家族6組は施設の劣悪な環境を訴えるため当時の人的資源省長官ビル・ヴァンダー・ザルムと会合した。長官は家族の懸念に応答するため多額の予算をかけてウッドランズを改築し近代的な入所施設に改革することを提案した。しかし、家族はその提案を拒否しウッドランズの完全閉鎖と全入居者の地域生活への移行を要望した（Feindel 1995: 89; 鈴木 2016b; The Woodlands Parents Group 1977）。

　このとき結成されたウッドランズ親の会[2]は、本人の入所施設から地域生活への移行支援を行うため1977年に本人へのサービスや支援に必要な給付金を個別化する給付形態（個別化給付と略）を州政府に提案した。さらに翌年、個別化給付を使用して本人や家族がサービスや支援を購入するための計画作成の支援を行う地域生活協会を当会は結成した（鈴木 2016b）。当会では、計画作成の支援はブローカリッジと呼ばれている。個別化給付によって雇用された介助者はサポートワーカーやケアギバーと呼ばれるが、障害者権利条約に規定されたパーソナルアシスタントに他ならない。なぜなら、サポートワーカーは1）利用者の主導（支援を受けての主導を含む）による、2）個別の関係性の下での、3）包括性と継続性、を備えた支援（障がい者制度改革推進会議総合福祉部会 2011）を行うことが求められるからである。身体障害領域では、ON州において1994年に自立生活運動を通して、サービスや支援に必要な給付金を障害者に直接給付するダイレクトファンディングが開始された（Centre for independent living in Toronto 2016）。したがって、ウッドランズ親の会はカナダにおける障害福祉領域で個別化給付／パーソナルアシスタンスの考え方を最初に提示し、実施したと考えられる（鈴木 2016b）。さらに、ON州でも1980年代にいくつかのサービス提供事業所によって地

域生活への移行支援の過程（鈴木 2016a）や、施設入所を阻止しグループホームや福祉的就労などの集団処遇的枠組みから脱却させる過程でこの方法は実施された。

個別化給付という新たな給付形態は、1990年代以降にそれを推進する運動側と州政府との間で制度化するための議論がなされるようになり、BC州とON州では2005年に正式に導入された。BC州では1）ダイレクトファンディング、2）ホストエージェンシー・ファンディングと呼ばれる形態が導入されている。1）はサービスや支援を購入するための給付金が本人やそのエージェント（給付金の管理責任者）に直接支払われ、2）はサービスや支援を購入するための給付金が本人やエージェントが選択するサービス提供事業所に支払われる。一方、ON州ではパスポートと呼ばれる形態が導入された。これは1）本人や家族が直接給付金を管理し事務手続きをするダイレクトファンディング、2）事業所に給付金の管理を委ねる形態、がある。名称は異なるが、両州とも本人や家族が給付金を直接管理する形態だけではなく、日本でいう代理受領のような形態でサービス提供事業所に給付金の管理を委ねることが可能である。ただし、給金金を委託する場合でも、サポートワーカーやサービス内容の選択など自己決定する機会は保障されている。

これまでの研究では、カナダにおける個別化給付による取り組みが制度化前と制度化後においてどのように実施され、どのような差異があるのかということについては十分に明らかにされていない。そこで本章では、筆者が2013年度から実施しているBC州とON州でのフィールドワーク調査の成果に基づきながら、第2節では、本人の入所施設から地域生活への移行支援の過程で試行されてきた個別化給付がどのように実施されてきたのかを述べたい。この節では筆者が既に発表している研究論文の成果（鈴木 2016a, 鈴木 2016b）を主に整理しながら記述する。第3節では、2005年以降の個別化給付の制度化によってその機能がどのように変容しているのかを述べたい。第4節では、これらの検討を通して今後日本において入所施設から地域生活への移行支援を進める上でのいくつかの提言を述べたい。国連の障害者権利条約第19条のa項には脱施設化の方向性が、b項にはパーソナルアシスタンスの重要性が明記されている。このように、a項とb項が並列されているの

は脱施設化とパーソナルアシスタンスが歴史的にも相互に関連してきたことを示唆している。条約を批准した日本が第19条のこれらの条項を具現化するための方法を検討する上でカナダの取り組みの成果と課題を検証することは参考になるであろう。

2 制度化以前

第2節では、個別化給付が制度化される以前にどのように実施されてきたのかを述べよう。

2-1 重度知的障害者の移行支援と入所施設モデルからの脱却

第一に、サービスや支援に必要な給付金を個別化するという方法が、ウッドランズ親の会の重度知的障害を有する子をもつ母親から提案されたということは象徴的である。カナダにおける個別化給付という形態は本人が直接給付金を管理し支援者の雇用・管理及び支援内容の決定に至るあらゆる事柄を決定する形態から、給付金の管理や支援者の雇用・管理は事業所に委託し決定したい事柄だけを決定する形態まで、給付金の管理形態、本人による自己決定・その支援形態は多様である。ウッドランズ親の会の本人や親たちが採用したのは後者である。このとき、誰を雇用するのか、どのような支援をしてもらいたいのか、どこに誰と住みたいのかということについては本人が自己決定できるような支援が重視されている。

ウッドランズ親の会に所属する親の子たちは他者との共同生活や共同作業が困難な重度知的障害者であり、当時の地域におけるサービス供給の仕組みでは受け入れられないという切実な問題があった。このため、給付金を本人に帰属させ、それを活用することによって本人の個別性に基づいたサービスを作り出し、居住や日中活動の形態を集団処遇的モデルから脱却させることが目指された。当会がウッドランズを閉鎖させるために1977年2月に州政府に提出した報告書には、入所施設に典型的に見られる医学／入所施設モデルが批判されている（The Woodlands Parents Group 1977）。ウッドランズ親の会で設立当初から活動していた親によれば、当会では本人が自らの家に住

みその家は本人のものとして認識され事業所に所属させるべきではないことが重視されていたという。24時間の支援を受けながら自立生活する形態も設立当初から実施されている。たとえ3名のグループホームでもホームには名称や事務所はなく、あくまでも本人の家であることが重視されていた。さらに、当会はウッドランズを退所した本人を地域の学校に入学させるための就学運動も展開させており、卒業後は福祉的就労ではなく地域の一般就労やボランティア活動に従事する日中活動を作りだしてきた。このような活動に必要な支援は個別化給付によって雇用されたサポートワーカーによって提供される。すなわち、ウッドランズ親の会は入所施設の完全閉鎖だけではなく、地域生活への移行後のサービス供給の仕組みが分離・集団処遇的な生活・日中活動形態によって運営されることからの脱却を目指していたのである。

　1980年代に同様の移行支援の方法がON州でも実施されるようになる。1950年代に親の会が開始したセントメアリーズ／地域・コミュニティリビング（以下、セントメアリーズ[3)]）は、1980年代初期から州立知的障害者大規模居住施設からの施設退所者を受け入れてきた。設立当初からグループホームを運営せず、1986年に本人ごとに給付金を個別化することを決定し、1990年には福祉的就労を廃止している。例えば、彼らが地域生活への移行の支援をしてきた人がいる。この人は19歳のときに家族との同居からグループホームに移行したが、共同生活が困難となり行動上の問題のため精神病院に入院した。当初は3か月の予定であったが、状態が安定せず3年が経過した。両親は娘を退所させるために州政府に対してロビー活動を行っていたが、地元のサービス提供事業所に相談に行っても娘を退所させるための十分な給付金が得られなかった。その後、セントメアリーズが関わるようになり、最終的に個別化給付を得ることができた。退所してから今日まで、この人は一軒家で24時間の支援を受けながら一人暮らしをしている。

　同州ではサービス提供事業所を介せずに、母親が州政府と直接交渉して個別化給付を獲得する事例も数多くある。例えば、夫が亡くなってから娘を州立知的障害者大規模居住施設スタートセンターに入所させた母親がいる。州政府はスタートセンターが閉鎖する際に、テレビ番組の中で全ての人が家で暮らすことができると伝えたが、娘は行動上の課題のために地域生活に

移行できず複数の施設に入所させられた。このため、母親は州政府担当者に手紙と電話を通して「あなたがたは家に暮らせると言ったではないか」と訴え必要な支援を求め続けた。地域で暮らすことのできない理由を担当者は説明したが、母親は諦めなかった。この結果、最終的に個別化給付が支給され、娘は一軒家で24時間の支援を受けての一人暮らしを実現させた。このとき結成されたのが、ON 州ロンドンに拠点を置くニューフロンティアという NPO 組織である。ニューフロンティアを通して、娘を支援する家族や友人がサポートワーカーを雇用している。この組織は本人の個別性に基づく自己決定を重視しており、設立当初から州政府から個別化給付を得て本人の自立生活を支援している。当組織が支援する人の多くは他者との共同生活が困難な重度知的障害者であり、他のグループホーム運営事業所からは受け入れが拒否された人たちであった。ここは支援対象者が約 10 名であり、意図的に小規模の組織運営が行われている（Lord and Hutchison 2011）。

　このように、入所施設から地域生活への移行支援において試行されてきた個別化給付という形態は、とりわけ他者との共同生活や日中活動が困難な重度知的障害者にとって有効に活用されており、グループホーム／福祉的就労／分離教育といったあらゆる分離／集団処遇的モデルからの脱却を目指す思想に依拠していたということが重要である。

2-2　日常生活支援に基づく計画作成と権利擁護による協議調整

　第二に、本人が入所施設から地域生活に移行するための計画を作成し、その実行を担ったのがブローカーやファシリテーターであった。彼らは入所施設で生活する本人との日常的関わりの中で計画作成の支援をし、家族と共に必要な給付金を州政府に要求する活動を展開した。1980 年代の入所施設から地域生活への移行支援の際に、BC 州では州政府の関係機関から派遣される職員、ON 州では入所施設の職員が移行支援計画作成の中心的役割を担っている。ところが、ウッドランズ親の会やセントメアリーズは計画作成の支援をする人を入所施設に派遣し、移行する本人に直接関わりながら、行政や施設関係者と異なる独自の視点で移行支援の計画及び実施の役割を担った。

　BC 州ではウッドランズ親の会が設立した地域生活協会がウッドランズか

ら地域生活への移行の役割を担った。当協会が雇用したブローカーは本人や家族が支援計画を立てることを仲介し、計画を実行するための費用を州政府と交渉する役割を担う。このときブローカーは意思決定者なのではなく、あくまでも本人と家族の支援に徹するということが重視された。

　ブローカーは支援計画を作成する際に、入所施設でのミーティングでの情報収集よりも地域での本人との時間をかけた関わりを通して計画を作成するように努めた。具体的には地域の一軒家で生活体験をし、飲食店や公共施設などを利用する取り組みが行われ、ブローカーも直接支援を行った。こうした活動は本人が地域生活のイメージをもち選択・決定できることを支援するためであると共に、彼らのニーズを地域生活の中で把握し支援計画に反映させるために行われた。医療に関わることなど必要な情報を得ながらも本人や家族との直接的な関わりを通して計画を作り上げている点が特徴的である。ブローカーが作成した計画にはサービスに必要な費用を記入する項目が設けられている。彼らは州政府担当者とサービスを購入する上で必要な給付金について交渉するために計画書を使用した。

　ON州ではセントメアリーズがファシリテーターを入所施設に派遣し、移行支援を行った。ファシリテーターは本人や家族との関わりを通してストレングスモデルの視点から情報を収集した。例えば、本人はどのような人であり、地域とどのような関わりを望んでいるのか、地域においてどのような仕事やボランティア活動をしたいのか、地域にどのように貢献をしたいのかという情報をプランに記していった。具体的には、このプランは「ライフプラン」と「サポートプラン」という2種類に分かれる。このうちライフプランは本人の希望や夢などを含む幅広い内容となっている。一方、サポートプランはサービス提供事業所から具体的にどのようなサービスを利用するのかという内容が記され予算と結びついており、ON州の社会福祉サービスを管轄する州政府に提出された。予算を含めたサポートプランが政府との交渉のための資料となった。

2-3　地域社会への包摂と自己決定の支援

　第三に、獲得した給付金に基づいて、どのような移行支援が実施されてき

たのかを見ていこう。

　まず、移行の計画作成の過程で、地域社会に包摂されるような支援が重視されている。例えば、BC州の地域生活協会が支援をする本人の家では定期的に近隣住民を夕食やパーティに招待して関係を築いていた。この背景には、当会が支援する本人は重度知的障害ゆえに近隣住民とのトラブルが起こる可能性があり、近隣住民との関係調整が地域生活を継続させる上で重要であったこととも関係する。また、医療機関の専門家との関わりも重視されている。一般病院との関係の中で適切な医療のあり方を探ることは重度知的障害者が地域生活を継続する上で不可欠であったからである。精神病院などの入所施設への再入所化を避けることがウッドランズ親の会の重視したことであり、このためには過剰／過小な医療によって本人の状態が悪化しないように配慮することも重要な支援の一つであった。

　ON州のセントメアリーズによって派遣されたファシリテーターが重視したのは、「家に帰る際に誰がこの人を迎え入れるのか」ということであった。カナダの入所施設の入居者の多くは家族関係が断絶した状態なので、地域に戻った時に誰がその人を歓迎してくれるのかということが最も重要だったからである。このとき実施された一つの方法がサポート・サークルを作るということであった。そこには、家族、親戚や学校の友人、さらに本人を地域で支えることになるサポートワーカーなどが集まる。彼らは入所施設にいる本人を訪問し、手紙も送った。また、退所前に、地域に連れてきて人々に会ってもらったりした。本人が退所し、地域生活が安定してからは、当初のサポート・サークルではなく、地域との自然な関係に移行している。例えば、近隣に住む一人暮らしの男性を毎週ホームに招待し一緒に食事をする人もいた。

　次に、本人の居住場所・共同入居者・支援者・支援内容をめぐる自己決定の支援がなされた。BC州でもON州でもブローカーやファシリテーターは本人が地域生活に移行した後も引越しや職探しなど生活に大きな変化が生じる際にはミーティングを開催し、支援会議を行った。ただし、日々の日常的事柄に関わる支援においては、サポートワーカー同士のチームミーティングで決定の支援がなされ、本人によっては重要な事柄はサポート・サークルの中で本人と共に決定される場合もあった。ただし、サポート・サークルにサ

ポートワーカーを入れる場合と、そうではない場合とがあり、個々の本人に応じて自己決定を支援するネットワークの在り様は多様であった。

　これらの自己決定支援を通して、決定される内容は日常生活に関わる事柄だけではなく、居住場所・共同入居者・日中活動・支援者の決定にも本人が参加していた。例えば、ある人は24時間の支援を受けながら一人で暮らし、歌やダンスのグループへの参加、食事の宅配や事務所でのシュレーダーの仕事、新聞配達、食料品を買うための買い物といった毎日異なる活動を行う。これらの活動も支援を受けながら本人が自ら選んでいる。同時に、これらの居住・日中活動場所においてどのような支援をしてもらうのかということについても本人が決定過程に参加している。個別化給付は融通性もきくので、居住場所の変更も可能となる。例えば、ある本人は、当初ルームメイトと生活したが、一人暮らしを望んでいることが徐々に分かった。このため彼女が一人で暮らせるように工夫されている。これも給付金が本人専用に個別化しているので、柔軟に対応されている。サポートワーカーの雇用でも本人や家族の自己決定権が保障される。例えば、セントメアリーズは採用に必要な基本的条件を満たしているのかということをスクリーニングしているが、条件をクリアしていれば、本人そして家族がこの人をインタビューする。

　さらに、給付金が個別化されることは、他の事業所を選択しても給付金も移行できるということである。これを「ポータビリティ」と呼ぶ。『結束して——障害課題へのカナダのアプローチ』(Council of Canadians with disabilities 2015) では「ポータビリティ」とは「障害者のいる地域あるいは生活環境に関わらず、支援は障害者本人と共に移動する。(中略) 障害者への支援はあらゆるセクターや全てのセクターにおいてポータブルでなければならない」と明示した上で、ポータビリティを実現するための一つの方法が「個別化給付」だと述べられる。一般市民は移動の自由をもつので、ポータビリティこそが市民権を証明する。例えば、セントメアリーズでは、高齢化した両親の近くで生活するためON州のトロントに引越しをした人の給付金が移行されたこともある。

3　制度化以後

　このような個別化給付やブローカリッジ／ファシリテーションという方法は2005年にBC州及びON州において制度化された。BC州でもON州でも個別化給付の形態は本人やその家族が直接給付金の管理や事務手続きを行う形態と、サービス提供事業所に給付金や事務手続きの管理を委託する形態とがある。第3節では、制度化されたことによって、個別化給付の機能がどのように変容しているのかを見ていきたい。

3-1　統一的尺度による認定方式

　2005年の制度化による大きな特徴は、客観的な尺度によってサービス支給量が決定される仕組みが導入されたということである。この仕組みによって、これまでの協議調整を通して必要なサービス給付金を獲得するという方法は極めて困難になった。

　BC州では、州政府に所属するファシリテーターが本人の障害関連ニーズや支援の希望についてアセスメントをする。このとき使用されるのが支援配分ガイドという尺度である。これはレベル1（最小の支援）からレベル5（最大の支援）まである。さらに、支援配分ガイドを補完するため医療・行動上の課題といった特定リスクを示す「フラッグ」が使用される。「フラッグ」は0～5までの程度区分があり、5が最も高いリスクのある状態を意味する。ファシリテーターは支援配分ガイドに基づく調査を実施し本人の障害関連ニーズを決定する。その後、州政府がニーズを満たすために支給できるサービスの内容と量を決定し、サービスの要望について文章化し優先順位を決定する。本人へのサービスや給付額が認定されると、彼らの目標を達成するための個別プランの作成をファシリテーターが支援する。ここには本人の目標が書かれ、地域で生活するために必要な支援のタイプが記される。同時に本人の障害関連ニーズも記される。本人がプランを書くこともでき、家族・友人・サポートネットワークの人々に書くのを手伝ってもらうこともできる。

　ON州では、受給決定の過程において、2つの異なるミーティングが行わ

れる。第一に、本人とケア提供者がアセスメント者と共に知的障害者サービス・支援申請書の記入をする。申請書には、一般的情報、医療、能力や生活史、好みや嫌いなこと、夢や将来の目標について記される。第二に、支援程度尺度という尺度の記入が別の機会に行われる。この申請過程では、様々な領域でうまくいくために必要な支援レベルについて評価される。例えば、家での生活、コミュニティでの活動、生涯学習、雇用、社会活動、保護や権利擁護などの領域がある。また、医療や行動領域で必要とされる支援についても評価される。

　すなわち、BC 州でも ON 州でも、財政機構である州政府機関に所属するファシリテーター / アセスメント者が評価尺度によってアセスメントを行い、区分認定を行っているということである。これまで協議調整によって給付金を獲得する運動をしてきたあるファシリテーターは ON 州の支援程度尺度について次のように語る。

　　　「支援程度尺度を通して本人がどれだけの障害をもっているのかを測定します。規範に則してどのくらいの支援が必要なのかを決めている。このことが多くの人たちにとって心の傷を残しています。これは本人がどれだけ障害をもっているかを調べてしまうからです。そのようなことはどうでもいいことなのですが。（中略）彼ら（州政府）は給付金を制限しようとしているのです。私たちはこれに反対しています」

　支給される給付額は、BC 州では 1) 障害関連ニーズ、2) ニーズを満たすために必要とする支援がどのくらいの費用がかかるのか、3) 利用できる給付金の額に基づき最終的に認定される。ただし、年間の上限額は定められていない。例えば、ステイトンの研究（Stainton, et al. 2013）によれば、ダイレクトファンディングを管理し本人の自己決定支援を担うマイクロボードという形態（通常は家族や友人など 5 〜 8 人で構成する）では、時間単位の支援を一対一で本人に提供される支援であるアウトリーチ・サポートには最大額 16 万 4900 カナダドル（約 1600 万円）が支給されている（Stainton, et al. 2013: 35）。さらに、本人がホームを所有・賃借している共有された生活環境への

リブ・イン・サポートというサービスには最大額31万3056カナダドル（約3100万円）が支給されている。

一方、ON州では、利用できる給付金額は、4つの支援カテゴリー（低い／最小、中ぐらい／普通、高い／最大、例外）（Ontario Ministry of Community and Social Services 2011）に応じた給付金の範囲に基づく。年間の支給最大額は3万5000カナダドル（約350万円）と定められている（Ontario Ministry of Community and Social Services 2014: 14）。これに応じて、利用できるサービス内容もBC州では、夜間支援を含む居住サービスなど幅広いのに対して、ON州では、主に日中活動に限定されているという差異が生じていた。

3-2　ケアマネージャー化するファシリテーター

次に、制度化によってファシリテーターの役割が変容している。

BC州では、ファシリテーターは給付金を支給する財政機構にも所属するため、以前のブローカーのような権利擁護の役割を果たすことが困難になった。1980年代における地域生活協会の元ブローカーは制度化された個別化給付の課題について次のように述べる。

> 「個別化給付が成功していないのは、利用者が本当の意味での独立したブローカリッジにアクセスできないことです。計画は州のファシリテーターによってなされています。ファシリテーターは給付金を支出する組織に縛られていますし、給与も給付金を支出する組織から出されるわけですから、支援計画はうまくいきません。サービス提供事業所がつくる支援計画もまた問題です。（中略）彼らはとてもケースマネジメント志向です。当時のブローカーの考え方に基づいて描いたファシリテーターではなくなっています。給付金を支給する側と計画を立てる側は対立しますが、ファシリテーターは自分たちで計画を書いてそれを渡すだけになっています。本人のことは忘れろ、時間がないのだからと」

地域生活協会において個別化給付を利用してきたある本人の母親も次のように語った。

「ファシリテーターの所属する機関は政府を守るための緩衝体です。家族はもはや政府と交渉することはできません。彼らがどのように予算が使われるべきかを決めており、コントロールしているのです。彼らは本人が水泳に行くためのお金をくれるけれども、何日間水泳に行けるのか、どれだけの給付金を使えるのかを決めてしまっているのです」

ON州には政府機関とは独立してファシリテーションを行う組織がある。しかし、そこから派遣されるファシリテーターは本人のために仕事をすることでかえって、費用抑制に加担してしまうという構造がある。『機会と行動－オンタリオ州における知的障害者の支援制度の変革』には独立型ファシリテーションの意義が以下のように述べられている。

「知的障害のある多くの人たちやその家族は本人の目標や生活の様々な場面において支援を必要とする領域（例えば、仕事、余暇、金銭、教育、人間関係、居住形態、医療／健康関連サービス）について明示した個別計画を自ら作っている。州政府による給付額には限りがある。独立したプランニングによって家族が現在そして将来における支援の計画を立てることや優先順位を設定することを支援できるであろう」

つまり、政府とは独立したファシリテーションも限りのある給付額の範囲内で計画作成の支援を行うことが期待されている。これは施設閉鎖運動の過程で行われたファシリテーションの有する権利擁護機能からの後退を意味するのではないだろうか。以前は決定された給付額が不足する場合は政府と交渉し、必要な給付額を獲得するためのロビー活動が行われていたからである。あるファシリテーターは自らの仕事について次のように述べる。

「例えば、ある人が喫茶店で働きたいとします。以前であればジョブコーチを派遣していました。しかし、給付金をスタッフに支払い指導してもらうことによって以下のような効果がもたらされます。一つは何かあれ

ば客はジョブコーチに話しかけますが、そのような人がいないので直接客は本人に話します。また、喫茶店のスタッフが未経験者に指導するのは自然な対応です。しかもこれは費用が低くすみます。ジョブコーチは時給15カナダドル（約1500円）であるのに対して、スタッフの給与は9カナダドル（約900円）です。（中略）家族も無駄にお金を費やさなくてすみ、お金がなくなり家族が支援を受けられなくならないようにしています。」

　ファシリテーターがインフォーマルな社会資源を活用するのは、本人の地域社会への包摂を進めるためであると共に、限られた給付金で家族が対応できるようにするためであった。これによって本人のインクルーシブ社会への統合を進める効果はあるが、政府の費用抑制という政策的意図に加担することになる点にも留意しなければならない。

3-3　家族への負担と施設化の危機

　制度化された後も、個別化給付はとりわけ集団生活が困難な本人には重要な役割を果たしている。しかし、ON州では支給が決定されても額が不十分なため、重度知的障害者が24時間の支援を受けて自立生活することが極めて困難になった。この結果、家族が介護を担い、それが困難になった場合に本人が高齢者関連施設に入所する事態すら生じていた。ある独立型ファシリテーターは在宅生活する本人を支援する過程で、受け皿がなくなり、最終的に高齢者関連施設に入所せざるを得なくなった事態について次のように語った。

　　「彼は20歳でした。彼の行動に両親は対処できませんでした。しかし家族には給付金が何もありませんでした。この結果、本人は高齢者関連施設に行くことになりました。施設には障害のある人や、精神障害のある人がいました。ナーシングホームよりも多くの支援を必要とする人はいないですが、彼らのために食事を作ってくれていました。施設には20人から30人は利用者がいました。居室は個室ですが、共同のキッチンやダイニングルームがあります。当初は高齢者施設として始まったそうですが、徐々に若い障害者を受け入れるようになったということです。彼はとても悲惨な

状態でした。これは本当に悲しいことでした。希望していることは両親が彼に退所できるだけのスキルを身につけて、彼が家に戻ってこられることです。家族から離れて暮らすための給付金がない状況なのです。グループホームの可能性も検討しましたが、待機者がたくさんいるのです」

　ON 州では、州立知的障害者大規模居住施設を完全閉鎖し、グループホームや福祉的就労事業所を新規に開設しない方針を出している。この結果、グループホームや福祉的就労の利用の空きが十分にはなく、待機者リストに載る。このためサービスを利用する際には個別化給付を申請することになるが、ON 州では年間上限額がありサービス内容も限定されているので、重度知的障害者の自立生活が支えられない。これは制度が変わる過渡期のためだともいえる。しかし、区分認定方式に基づく支給決定の仕組みが本人のニーズに合致せず、彼らに必要な支給量を協議する仕組みが不十分であるということにも起因している。この点は ON 州だけではなく、BC 州においても課題である。

4　おわりに

4-1　本章のまとめ

　本章を通して、カナダの BC 州と ON 州における事例に基づき、1) 本人の入所施設から地域生活への移行支援の過程で個別化給付がどのように実施されてきたのか、2) 2005 年以降の制度化によってその機能がどのように変容しているのかを述べてきた。

　第一に、個別化給付の形態は制度化される以前においてまず、とりわけ重度知的障害者の入所施設から地域生活への移行支援の過程で活用されており、入所施設モデルからの脱却を目指す考え方に依拠していた。次に、ブローカーやファシリテーターは本人との日常的関わりを通して計画を立て、必要な給付金を獲得するために州政府と協議調整してきた。さらに、獲得した個別化給付によって居住場所・共同入居者・支援者・支援内容などの本人の自己決定や地域社会への包摂を重視した支援がなされてきた。

第二に、2005年以降の州政府による個別化給付の制度化によってまず、区分認定方式が導入され、給付金の額がコントロールされた。次に、ファシリテーターは州政府の財政システムに組み込まれ、費用をコントロールする役割を担う状況も見られた。さらに、家族への過大な負担や、高齢者関連施設などの入所施設に本人が入所する事態すら生じていた。

　権利擁護活動家による支援を受けず、政府への訴えができなかった本人や家族が給付金を得られるようになった点では、客観性や公平性を担保した仕組みを作ることは重要である。しかし、給金金の額がコントロールされることによって多くの支援が必要な本人が自立生活するために必要な給付金が得られないという事態がもたらされた。脱施設化を推進するための手段として活用されてきた個別化給付が、制度化によって施設化の危機をもたらしているということは皮肉な話である。

　ON州では現在、制度化の課題について危機感をもつピープルファースト・オンタリオ（本人の会）やコミュニティリビング・オンタリオ（親の会）、他の権利擁護活動家と州政府関係者の間で委員会が定期的にもたれ、地域生活のあり方をめぐり議論されている。カナダの脱施設化運動の特徴はまさに、運動団体と州政府との協働関係にあるといってよい。こうした活動を通して、どのように制度が改善することになるのかをこれからも注意深く検討し、フィールドワークを続けていく計画である。

4-2　日本における知的障害者入所施設から地域生活への移行支援の方法について

　最後に、カナダの個別化給付をめぐる事例に依拠して、日本における入所施設から地域生活への移行支援を行う上で本章から示唆される点について検討したい。

　第一に、個別化給付の形態は、重度知的障害者の地域生活を可能にさせ、入所施設の完全閉鎖を実現させる可能性があるという点である。福祉先進国の地域生活への移行支援の取り組みでは当初、職員主導で軽度知的障害者を中心に進められ、重度知的障害者が入所施設に滞留化する状況が見られた（河東田 2003; 鈴木 2005）。重度知的障害者の地域生活への移行が進まない

のは、グループホームや福祉的就労といった集団処遇的対応では地域生活自体が困難なため入所施設に留まるか、地域生活に移行しても入所施設に戻る事態を招いていたからである。地域生活において重度知的障害者のニーズにあったサービスを作り出すことができるという点で個別化給付の形態は重要である。本研究と同様に、施設退所が困難であった重度知的障害者にとって個別化給付が重要な役割を果たしていることが先行研究でも示されている (Windsor-Essex Brokerage for Personal Supports 2012)。

　日本では重度訪問介護が個別化給付の形態の一つと考えられる。なぜなら、重度訪問介護は 1974 年に東京都で制度化された重度脳性麻痺者介護人派遣事業制度を起源としており、これは介護料を障害当事者に支給して、障害当事者が介助者を雇用し、サービス内容を決定するという形態が採用されていたからである。現在でも重度訪問介護は、支給決定後は代理受領という形態でサービス提供事業所に給付されるが、各事業所内で本人の必要に応じて個別化されているところもある。このような個々の本人の必要に応じて給付金を個別化し、本人主体で支援者やサービス内容を決定する重度訪問介護というサービス形態は、集団での生活や活動が困難な重度知的障害者の地域生活への移行を進め、施設閉鎖を実現させる上で重要である。

　このとき留意すべき点が、個別化給付という形態は入所施設モデルからの脱却を目指す思想に依拠するという点である。ウッドランズ親の会が医学／入所施設モデルの脱却を目指して個別化給付を提案したことを想起しなければならない。日本では、入所施設での生活を余儀なくされた障害当事者が施設を退所して自立生活を行い、脱施設化運動を目指す過程で東京都全身性障害者介護人派遣事業が実現された経緯と重なる（深田 2013）。日本の重度訪問介護の対象者拡大の過程において行動障害関連項目のアセスメントが導入されたが、これによって重度訪問介護が入所施設モデルやそこで知識・技術を蓄積してきた専門家集団の権威を維持するものとして機能しかねない。この点で、個別化給付という形態は入所施設モデルからの脱却を目指して創出されたという歴史に留意して運用されなければならない。

　なお、筆者は長時間介助が必要な重度知的障害者だけではなく、短時間介助が必要な軽・中度知的障害者にも重度訪問介護が適用されるべきだと考え

る。実際、カナダの制度化以前・以後の個別化給付によるサポートワーカーの利用者は短時間利用が多い。また、現行の重度訪問介護の対象が制限された状況で骨格提言に示されたパーソナルアシスタンスの定義に限りなく近い支援を既存の居宅介護や共同生活援助の取り組みでもいかに実践できるのかということも検討しなければならない。制度としてのパーソナルアシスタンスの充実・拡大と共に、理念としてのパーソナルアシスタンスの普遍化という戦略が必要である。

　第二に、移行支援の計画作成を担う人は、本人との日常的な関わりを通してアセスメントを行い、必要な給付金を獲得するために州政府と協議調整してきたという点である。制度化以降はこの役割が後退する状況がみられ、改めて制度化される以前のブローカーやファシリテーターの役割について再確認する必要がある。日本では近年の制度変更に伴って障害福祉サービスの利用の際に相談支援事業所によるサービス等利用計画策定が義務づけられている。しかし、本人との関わりについては、「相談支援員は、これまで彼らの暮らしに関与していませんでしたから、重度知的障害者の自立生活や支援の実態をまったく知りません。彼らのこれまでの暮らしや支援の状況等を知らないままに、サービス等利用計画を立てるという立場にあります。相談支援員の登場は、当事者たちにこれまでとは違う何らかの影響を与えるでしょう。しかし、それさえも彼らにとっては、単に『突然現われた人』『何か訳の分からないことを求める人』『やり過ごせばいなくなる人』程度にしか捉えられていないように思います」（岩橋 2015: 254）と報告されている。本人との地域での継続的関わりを通して計画を作成することが求められるが、このような関わりも含めて相談支援事業の報酬単価が設定されなければならない。

　また、ブローカーやファシリテーターは予算獲得のため州政府との協議調整を行っていた点に留意しなければならない。障がい者制度改革推進会議総合福祉部会（2011: 25）の骨格提言においても区分認定方式に代わる受給決定の仕組みとして協議調整モデルが提示されている。しかし、BC州やON州では2005年より公的なダイレクトファンディングが導入され、公平化のために統一した認定基準による受給決定方式が確立した。このため、ファシリテーターが本人や家族と連帯しながら州政府と交渉する過程で給付金を獲

得することは困難になった。今後は協議調整モデルを基盤にしながらも受給決定の客観性や公平性を担保する仕組みをいかに構築すべきなのかが検討されなければならない。現行の区分認定を前提とする仕組みにおいては、サービス等利用計画案の提示や市町村審査会、審査請求などの過程で相談支援専門員が本人の自立生活に必要な給付金を獲得するために行政と協議調整し、権利擁護の役割を果たしていくことが一つの方法として考えられる。近年では、海外のPCP（本人主体計画）やファシリテーションなどの新たな支援手法が紹介され、友人や家族などのインフォーマルな人々のネットワークに基づく計画作成の支援について強調されている。後述するように、この種のインフォーマルな社会資源の強みを生かした支援は重要であるが、ファシリテーターはケアの公的保障を求めて行政と協議調整をしてきたという歴史的事実がより重視されなければならないと筆者は考えている。このとき、本人のニーズに応じて必要な給付金が支給されることが権利として保障される仕組みの確立が行政側には求められることは言うまでもない。具体的には、支給決定に不服がある場合には法廷に訴えることを可能にし、パーソナルアシスタンスの利用を権利として保障する仕組みの確立が重要であろう。この点はカナダにおいても大きな課題である。

　なお、本研究で取り上げた地域生活協会もセントメアリーズもいずれもサービス提供事業所でありながら、ブローカーやファシリテーターの業務を行っている。計画作成の支援や権利擁護はサービス提供事業所が行う方が適切な場合もあるであろう。サービス提供事業所であれ、そこから独立した相談支援事業所であれ、本人の必要に応じてサービスの計画を立て、必要な給付金を獲得するために権利擁護を担う人がいるかどうかということが重要である。筆者はこれらの機能を担う機関は多様であって良いと考えている。また、本人が相談支援専門員による支援を必要とせずにセルフプランによって給付金の獲得を目指すのであれば、それを支援することも重要である。実際、カナダのON州ではファシリテーターの支援を受けずセルフプランを提出する本人もいる。計画の作成支援の形態は多様であり、本人がどのような支援を望むのかということが基本になければならない。この点で、計画作成の支援を担う人もパーソナルアシスタントなのである。

第三に、地域社会への包摂を前提とすることである。セントメアリーズの移行支援の実践は「誰が迎え入れるのか」というインフォーマルな関係性を重視していた。なぜなら、長期の施設生活を通して本人は、家族や友人、生まれ育った人との関係を断たれ、誰かによって歓迎されているという感覚を奪われてきたからである。個別化給付は貨幣を通して支援をする人を購入するという消費者主義に転化する可能性をはらみ、貨幣を介さなければ必要な支援は創出されないという危うさがある。また、岩橋が「制度によって24時間が保障されてしまうと、これまで当事者と関わってきた周囲の人々は、その人の暮らしが廻ることで無関心になり、関わりが薄まるという現実があります」(岩橋 2015: 280-281) と述べるように、制度的関係のみに本人と他者との関係性が限定されかねない。

　本人を取り巻くインフォーマルな関係性が確かな意味をもつ場合がある。このたびの研究では取り上げなかったが、ON州では個別化給付によって多様な日中活動の形態が地域社会で創出されている。ここには、障害者だけが一つの場所に集まり、日中の時間を過ごすという福祉的就労から脱却しようとする試みがある。このため、一般就労の他にも様々な地域でのボランティア活動や、地域社会の社会資源を活用した活動が主に行われている。こうした活動を通して、個別化給付は本人の自己決定だけではなく、地域社会への包摂に向けた重要な手段としても活用されている。

　ただし、インフォーマルな関係性を語る際に、行政による費用抑制の意図に注意する必要がある。北米ではダイレクトペイメント／パーソナルアシスタンスに制度が移行し地域のインフォーマルな関係性が重視される中で、皮肉なことに行き場を失った本人が高齢者関連施設や精神病院に入所するという施設化という事態が生じていたからである。本人の自立生活において必要なフォーマルな制度利用を前提にした上でインフォーマルな社会資源の強みを生かした地域社会への包摂を目指すことが求められる。この点で必要な給付金を獲得するための権利擁護活動と地域社会への包摂は表裏一体の関係にあることに留意しなければならない。近年障害者福祉や高齢者福祉の領域で浮上してきた「地域生活拠点」や「地域包括ケアシステム」といった議論の中でインフォーマルな社会資源を強調する主張は1970年から1980年代の

「日本型福祉社会」論と通底する側面がある。この背景には政府による費用抑制があり、こうした議論に組み込まれない形でインフォーマルな社会資源の強みについて議論をすることが重要であろう。

　第四に、本人の居住場所・共同入居者・日中活動・支援者といった人生にとって重要な決定の場面においても支援を行うことや、多様な自己決定支援の仕組みを作ることが重要であるという点である。日本や諸外国（河東田 2003；鈴木 2005）の地域生活への移行過程では日常生活に関わる些細な事柄については支援がなされているが、居住場所や共同入居者の決定など人生にとって重要な事柄についての自己決定支援はなされていなかった。カナダの事例では、本人は自らの生活や日中活動、支援者や事業所を自ら選択し、柔軟に変えることもしていた。このとき、本人の自己決定を支援する仕組みが重要になる。

　本研究の事例では、直接支援に当たるサポートワーカーによるチームミーティング、サポート・サークルと呼ばれる本人を取り巻く家族や友人のインフォーマルなネットワーク、あるいはサポートネットワークにサポートワーカーが入る場合とそうではない場合など支援形態は多様であった。また、本章では触れなかったが、財産管理のための意思決定支援者が関与する場合とそうではない場合、計画作成の支援をするファシリテーターが関与する場合とそうではない場合もある。日本では「支援つき意思決定」や「相談支援」の議論がなされる際に、そのあり方が画一的である点に課題があり、カナダの事例のように自己決定支援の多様なあり方を創り出す必要がある。ただしこのときの基本原則は、入所施設モデルからの脱却を目指すという思想、すなわち、本人の自己決定や地域社会への包摂を重視する思想がその根底になければならないということは再度指摘しておきたい。

　付記：本研究は科学研究費助成事業（26780329）の助成を受けて実施されたものである。

［注］
1　公式では 1996 年に閉鎖とされているが 2004 年まで敷地内のウィロークリニックに 25 名の本人が残っていたことが調査過程で分かった。この点については別稿にて詳述する。

2　ニュー・ウェストミンスター市にあるウッドランズは1878年5月17日に設立された。そこでは親同士の交流は困難であったが、1970年代中頃に施設状況に不満を強くもった6家族12名が集まり1976年にウッドランズ親の会を結成した。当会を結成した母の一人ジョー・ディッキーには自らの息子が入所施設で施設職員から不当な扱いをされ、自身も拒否的態度をされ続けたという体験が根底にある。彼女は「入所施設は私の息子を入れたいと思えない場所であり、息子にとって良くないのであれば他の誰がなぜそのような場所を望むのであろうか」(Feindel1995:81) と語る。彼女は息子を入所施設から出したいという個人的思いを施設閉鎖という集合的且つ政治的行動によって実現させるため当会を結成した (Feindel 1995: 73-76)。ディッキーは1974年から1976年まで州の親の会「精神遅滞者BC協会」の会長も務め施設閉鎖を主張したが、すぐには支持されなかった (Feindel 1995: 79; Panitch 2008: 65)。しかし、当会が人的資源省にウッドランズの完全閉鎖を要望してから3年後の1979年にBC州政府は当会の計画を是認しウッドランズから入居者を移行させることに同意した。また、ウッドランズ親の会は1978年にウッドランズから地域生活への移行支援を担う組織として地域生活協会を設立した。

　ウッドランズ親の会は地域生活協会がブローカー機能のみを担うことを希望したが、1980年までに重度知的障害者を支援できる居住サービスが欠如していたため当協会は直接支援のサービス提供を開始させざるを得なくなった (鈴木 2016b)。この結果、地域生活協会は1990年までに、103名が生活する31の居住場所を運営し、195名のスタッフを抱えるBC州最大のサービス提供事業者となる (McKenney and Koernigsfest 1990)。1980年まで行政はブローカーに対し給付したが、1981年以降は給付額を減額しサービスに対し基本的に給付した。それでも地域生活協会はブローカーを雇用し続け、サービス費用を個別化した。1988年にブローカリッジ機能が省のパイロット・プロジェクトとして分離されるまで (McKenney and Koernigsfest 1990)、この支援方法は継続した。

3　1950年代にON州南西部の町、セントメアリーズに暮らす障害児の家族が相互扶助のためのグループを形成した。これが1962年にセントメアリーズ／地域・精神遅滞児協会として現コミュニティリビング・オンタリオの支部となり、2001年にセントメアリーズ／地域・コミュニティリビングと名称変更し現在に至る。この2年後にセントメアリーズ及び地区職業訓練センターが作られ、福祉的就労の場が運営された。さらに在宅にいる障害者も支援してきた。1970年代中頃から州政府の州立知的障害者大規模居住施設の「ダウンサイジング」(地域移行) が始まり、1980年代初期から当会は施設退所者を受け入れてきた。グループホームを運営せず、1986年に個々の利用者に給付金を個別化することを決定し、1990年には福祉的就労を廃止した。現在は一人暮らし、障害のある同居人との生活、支援をする家族によるファミリーケアで暮らす55名の本人を支援する。支援対象者はセントメアリーズだけではなく、オンタリオ州南西部にあるロンドンやストラフォードなどにわたるため、組織名にセントメアリーズ／地域が使用される．直接支援に当たる人は75〜80人であり、セントメアリーズがその派遣を担う。

「参考文献」

Adolph V. 1996a In the Context of Its Time: A history of Woodlands, Ministry of Social Services Government of British Columbia: Victoria

BC Canada House of Commons 1981 Obstacles
Centre for Independent Living in Toronto 2016 Direct Funding-Self-Management Attendant Services in Ontario, History, http://www.dfontario.ca/info/history.html
Council of Canadians with disabilities 2015 In Unison: A Canadian Approach to Disability Issues
Feindel, P.A. 1995 Narrating Resistance-A B.C.mother's story of disability rights activism, Master of Arts thesis, Simon Fraser University
深田耕一郎 2013『福祉と贈与――全身性障害者・新田勲と介護者たち』生活書院
岩橋誠治 2016 「重度訪問介護の対象拡大を重度知的障害者の自立生活支援につなげるために」(寺本晃久・岡部耕典・末永弘・岩橋誠治 2015『ズレてる支援――知的障害／自閉の人たちの自立生活と重度訪問介護の対象拡大』生活書院)
河東田博 2003「知的障害者の入所施設から地域の住まいへの移行に関する研究」(『科学研究費補助金(基盤研究(B)(2))研究成果報告書』平成12年度-14年度)
Lord,J.and Hutchison,P. 2011 Pathways to Inclusion- Building a New Story with People and Communities, Captus Press
McKenney,B and Koernigsfest,L 1990 Master Plan-Community Living Society
Ontario ministry of Community and Social Services 1987 Challenges and Opportunities-Community Living for People with Developmental Handicaps
Ontario Ministry of Community and Social Services 2011 Passport Guidelines
Ontario Ministry of Community and Social Services 2014 Passport Program- Guidelines for Adults with a Developmental Disability and their Caregivers
Panitch,M. 2008 Disability, Mothers, and Organization, A Routledge Series
People First of Canada and Canadian Association for Community Living Joint Task Force on Deinstitutionalization 2010 The right way-A guide to closing institutions and reclaiming a life in the community for people with intellectual disabilities
Stainton,T.,Asgarova,S.and Feduck,M. 2013 A Comparison of Cost and Service Utilization Across Individualized and Traditional Funding Options Through Community Living British Columbia,University of British Columbia
鈴木良 2005「知的障害者入所施設Bの地域移行プロセスにおける自己決定に影響を与える環境要因についての一考察」『社会福祉学』46(2):65-77
鈴木良 2016a「カナダ・オンタリオ州の知的障害者の地域移行における本人中心プランニング〜集団処遇的モデルからの脱却としての自己決定支援」『社会福祉学』57(2): 106-118
鈴木良 2016b 「カナダにおけるウッドランズ親の会による知的障害者の地域生活移行の支援方法」『障害学研究12』(印刷中)
障がい者制度改革推進会議総合福祉部会 2011『障害者総合福祉法の骨格に関する総合福祉部会の提言――新法の制定を目指して』
寺本晃久・岡部耕典・末永弘・岩橋誠治 2015『ズレてる支援――知的障害／自閉の人たちの自立生活と重度訪問介護の対象拡大』生活書院
The Woodlands Parents Group 1977a development of a comprehensive community-based system of service as an alternative to Woodlands
Welch,R. 1973 Community Living for the Mentally Retarded in Ontario: A New Policy

Focus
Windsor-Essex Brokerage for Personal Supports 2012 Shared Leadership-A White Paper on Independent Facilitation and a Regional Network

第6章　パーソナルアシスタンスと支援された意思決定
——カナダ・マニトバ州と札幌市の取り組みを踏まえて

木口恵美子

1　はじめに

　本稿では、権利条約の実現に向けて、支援された意思決定からパーソナルアシスタンスへのアプローチを試みる。そのため、障害者権利条約（以下、権利条約）第12条における支援された意思決定と日本政府が国連の権利委員会に提出した政府報告を検討し、障害学はこの問題をどのように捉えているかを確認する。その後、権利条約第12条の実践の一例として、カナダで行われている知的障害者のパーソナルアシスタンスの取り組みを検討し、翻って日本の障害者施策における意思決定支援の動向を確認した後、日本の札幌市のパーソナルアシスタンス制度を検討する。
　なお、表記について、Supported Decision making の訳は、引用以外は「支援された意思決定」とする。

2　権利条約第12条と「支援された意思決定」

2-1　権利条約第12条における「支援された意思決定」
2-1-1　制定過程の議論
　権利条約第12条は「法律の前にひとしく認められる権利」について、締約国に次のように求めている。（以下、公定訳）

　　1　締約国は、障害者が全ての場所において法律の前に人として認められる権利を有することを再確認する。

2　締約国は、障害者が生活のあらゆる側面において他の者との平等を基礎として法的能力を享有することを認める。
 3　締約国は、障害者がその法的能力の行使に当たって必要とする支援を利用する機会を提供するための適当な措置をとる。
 4　締約国は、法的能力の行使に関連する全ての措置において、濫用を防止するための適当かつ効果的な保障を国際人権法に従って定めることを確保する。当該保障は、法的能力の行使に関連する措置が、障害者の権利、意思及び選好を尊重すること、利益相反を生じさせず、及び不当な影響を及ぼさないこと、障害者の状況に応じ、かつ、適合すること、可能な限り短い期間に適用されること並びに権限のある、独立の、かつ、公平な当局又は司法機関による定期的な審査の対象となることを確保するものとする。当該保障は、当該措置が障害者の権利及び利益に及ぼす影響の程度に応じたものとする。
 5　締約国は、この条の規定に従うことを条件として、障害者が財産を所有し、又は相続し、自己の会計を管理し、及び銀行貸付け、抵当その他の形態の金融上の信用を利用する均等な機会を有することについての平等の権利を確保するための全ての適当かつ効果的な措置をとるものとし、障害者がその財産を恣意的に奪われないことを確保する。

　第12条の制定過程では、法的能力の捉え方と、代理人による意思決定を認める制度を残すか否かが議論となった。法的能力については、国によって法体系や解釈が異なるため混乱したが、法的能力には権利能力と行為能力の両方を含むという理解がなされ、代理人による意思決定を認める制度の存続については、障害者団体から、障害者をできない存在と捉える制度によって、虐待や非人間的な対応がなされてきたとして、そのような制度を存続させることに強い反対があり、セーフガードとして残すべきであるという意見と対立したが、最終的にそのような制度に関する条文は削除されたのである。
　代理人による決定の代替として提案されたのが「支援された意思決定」であり、この考え方は、カナダの知的障害を持つ人の当事者団体であるピープルファースト・オブ・カナダが、1991年4月に行った「個人の権利を奪

う後見人制度を法的に認めるべきではない」という決議を受けて、同じく知的障害者の関係者団体である C.A.C.L（Canadian Association for Community Living）に設けられた特別委員会が審議を行い、1992年に作成した「後見人制度に関する代替策についての C.A.C.L 特別委員会のレポート」[1]の提言に基づいており、権利条約制定過程にロビー活動で提案され、国際障害者コーカス等が後押しをして権利条約に組み込まれたと言われている[2]。

国連が発行している政治家のためのハンドブックは、「支援された意思決定」の概念を用いることによって、重い障害を持つ人を、「保護や代行決定が必要な人と捉えるのではなく、個人の歴史や人生の目的を持つ人なのだと周囲の人々が認識することを助ける」としている[3]。

障害者権利条約の制定過程で国連の特別委員として尽力し、日本でも講演を行ったティナ・ミンコウィッツ（世界精神医療ユーザー・サバイバーネットワーク［WNUSP］共同議長／弁護士）は、支援の例として、家族と友人の支援ネットワーク等以外にパーソナルアシスタンスをあげ、「パーソナルアシスタンスは支援された意思決定のために利用できる。たとえば、言語や字を書くことに障害がある人のために書類の読み書きを援助する、知覚障害がある人に周囲の情報を提供する、信頼された場合は選択肢について議論する。」[4]と示している。

しかし、権利条約の制定段階で法的能力や支援された意思決定の明確な解釈などが無かったために各国で模索が続き、2014年に国連から第12条に関する「一般的意見第1号」[5]が出されたのである。次に、そこで示された支援された意思決定を確認する。

2-1-2　一般的意見第1号における「支援された意思決定」

一般的意見第1号は、法的能力について、「第12条第2項は、障害のある人が、生活のあらゆる側面において、他の者との平等を基礎として法的能力を共有することを認めている。法的能力には、権利所有者になる能力と、法律の下での行為者になる能力の両方が含まれる。」と明確に述べている。

さらに、「法的能力」と「意思決定能力」の違いについて、意思決定能力は意思決定スキルのことで、「意思決定能力の評価において支配的な役割を

果たす領域、専門職、慣行がそうであるように、社会的及び政治的に左右される」ものであるにも関わらず、多くの国が意思決定能力と法的能力の概念を同一視し、「意思決定スキルが低下していると見なされた者は、結果的に、特定の決定を下す法的能力を排除されている」と指摘する。そして、権利条約第12条は、「法的能力に対するそのような差別的な否定を許容するものではなく、むしろ、法的能力の行使における支援の提供を義務付けるものである。」と述べている。

そして支援については、「『支援』とは、さまざまな種類と程度の非公式な支援と公式な支援の両方の取り決めを包含する、広義の言葉である。たとえば、障害のある人は、一人又はそれ以上の信頼のおける支援者を選び、特定の種類の意思決定にかかわる法的能力の行使を援助してもらうことや、ピアサポート、（当事者活動の支援を含む）権利擁護、あるいはコミュニケーション支援など、その他の形態の支援を求めることができる。」と示している。

また、支援された意思決定の制度については、「支援付き意思決定制度は、個人の意思と選択に第一義的重要性を与え、人権規範を尊重するさまざまな支援の選択肢から成る。それは自律に関する権利（法的能力の権利、法律の前における平等な承認の権利、居所を選ぶ権利など）を含むすべての権利と、虐待及び不適切な扱いからの自由に関する権利（生命に対する権利、身体的なインテグリティを尊重される権利など）を保護するものでなければならない。さらに、支援付き意思決定システムは、障害のある人の生活を過剰に規制するものであってはならない。支援付き意思決定制度は、多様な形態をとる可能性があり、それらすべてに、条約第12条の順守を確保するための特定の重要な規定が盛り込まれなければならない。」とする。

ここまで、一般的意見における、支援された意思決定を見てきたが、国連権利委員会は、そのための具体的な例を示すというよりは締約国の文化的、社会的文脈に配慮した枠組みを設定し、その中で締約国が条約第12条に触れないように義務を遂行することを求めているように思える。

このことは、一つのモデルを決めることで、他にも起こり得るかもしれない、国や地域に即した多様な支援のあり様を制限する危険や、締約国が、国の現状とかけ離れていることを理由に達成不可能として義務を放棄する危険

を避けるねらいがあるようにも思える。

　しかし何よりも権利委員会が求めているのは「代理人による意思決定制度を、個人の自律、意思及び選好を尊重した支援付き意思決定に置き換える法律と政策を開発する行動を起こす」ことである。

　支援された意思決定の制度に向かうそのプロセスや、プロセスを通して社会に働きかけることこそが重要で、そのことにより、国や地域に即した支援された意思決定の法律や制度が成り立つことを示唆しているのではないだろうか。

　次に、日本政府の第12条への見解を確認する。

2-2　第1回日本政府報告における権利条約第12条

2-2-1　ワーキングセッションの3つの論点

　権利条約批准国は、発効から2年以内に国連の障害者権利委員会に対して、条約の実施状況を報告する第1回目の政府報告を行うことになっており、日本政府は2016年6月に提出をした[6]。

　政府報告の作成にあたり、内閣府に設置された障害者政策委員会（以下「政策委員会」）は、権利条約第12条を重点課題[7]として位置づけ、議論を深めるため「成年後見制度も含めた意思決定支援」のワーキングセッションを行い、論点1「成年後見制度は権利条約に抵触するのではないか」、論点2「成年後見制度そのものに限界があるのではないか。」、論点3「家庭裁判所の負担が重いのではないか」について議論された。

　論点1では、「法務省としては、我が国の成年後見制度は条約に抵触するものではないと認識している。（中略）仮に本人による意思決定が事実上不可能な場合、（例えば、重度の認知症患者など）にまで一律に成年後見人等の代理権を認めないとすると、本人は事実上何らの法律行為をすることができないことになりかねず、かえって本人の保護に欠けるおそれがあると考えられる。」との見解が示された。

　論点2では、「成年後見制度を限定的なもの、最後の手段として位置づけ、意思決定支援も含めた制度運用の改善を図るべきである」という意見や、「成年後見人が一人で対応するのでなく、（中略）意思決定を支援する人が継続的に集まり、本人を中心に協議するなど、相談・連携できる体制づくりが

必要である。」等の意見が出された。

　論点3では、「意思決定支援のあり方について関係者間で軋轢が生じた際の調整・判断を行う機関があれば良い」という意見や、「現場での意思決定支援を厚くして、最後の段階で家庭裁判所が機能・役割を果たす」等の意見が出された。

2-2-2　権利条約第12条に関する政府報告

　これらの議論をふまえ、内閣府から示された「条文の条項に沿って、憲法、民法、障害者総合支援法、知的障害者福祉法、精神保健福祉法の該当部分に関連付けて記載し、特に成年後見人の制度（濫用防止、裁判所による審査等を含む）について詳述し、権利が侵害された場合の救済方法について記述」する旨の報告作成の留意点に即して、法務省と厚労省が担当し、権利条約第12条に関する報告が11項目にわたって記述されているが、そのうち7項目は主に成年後見制度は権利条約に抵触しないという視点から報告がなされている。

　障害者施策との関わりでは、障害者総合支援法に基づく「基本相談支援」等が実施され、地域の障害者等の福祉に関する様々な問題について、障害者や家族等からの相談に応じ、必要な情報の提供や助言等を行っていることや、市町村の「地域生活支援事業」で、必要に応じて成年後見制度利用の費用補助を行っていることが報告されている。

　そして最後に、政策委員会による「意思決定の支援及び法的能力の行使を支援する社会的枠組みの構築が急務である。また、成年後見制度のうち、特に代行型の枠組みである後見類型の運用に当たっては、最良の支援を提供しても、なお法的能力の行使が困難な場合に本人の権利と利益を守るための最終手段として利用されるべきものであり、かつ、代理人が本人に代わって意思決定をする場合にも、法の趣旨に則り、できる限り本人の意思を尊重するよう制度運用の改善を図る必要がある。（後略）」という指摘が加えられている。

　日本政府が、成年後見制度は権利条約に抵触していないとする見解を示していることについて、内閣府のワーキングセッションに参考人として参加した佐藤彰一は、日本政府は国連が示した法的能力の考え方を取り入れず、

「成年後見制度こそが日本が行っている障害者のための意思決定支援制度にほかならず、成年後見制度の説明をすれば、条約の遵守状況を明らかにしたことになる、そう解釈していると思われる」[8]と批判的に述べている。

それでは、障害学では権利条約第12条に関わる問題をどのように捉えているのだろうか。

2-3 障害学における意思決定支援の議論
2-3-1 支援された意思決定のモデル

立岩真也は成年後見制度について、「目的はある。だけど、そのための手段というものが欠けている。だから手段を他から補充すれば目的は達成される。その手段のところに社会が入ってくる。もともとの社会モデルというのは、そういう図式なんです。それは、身体障害でどこかに行きたいというのは決まっているんだけど行く手段がいろいろなくてどうしようか、という話にはうまくはまるんです。ところが、目的そのものがそれでいいのか、あるいは、その人においてわかるのかという時に、この中で言っている社会モデルというのをストレートにつなげた時に、この話がうまくいくかという理論的な問題はかなり大きい。」[9]と述べる。

また、本人と支援するサイドがぶつかりうるという可能性を踏まえた上で、誰が支援を行うことができるのかという立岩の問いに対して、一貫して日本の成年後見制度の問題点を指摘し、改善を求めてきた弁護士の池原毅和は「もともと本人と密接な関係を持ってきた人たちのグループによる問題解決をもう一回高める方法とか、あるいは精神医療に関しては、専門家も含めて議論、対話を繰り返していく中で問題を解決していく手法」[10]などが考えられるとする。さらに、専門家と本人が従来あまりにも対立的な構図で捉えられてきたとして、「目的自体に対する関わり方（中略）あまり対立構図化しないような関わり方」[11]の可能性を探ることを示している。

2016年に行われた「障害学国際セミナー2016」[12]において、池原は先進国で取り組まれている支援された意思決定の実践の共通点を次のように示す。

・本人の親密圏の関係者 and/or 身近な地域の福祉介護の専門家が本人を

支える小集団を形成
・本人の意見や意向が無視されないためのアドヴォケート役の小集団への参加
・小集団の民主的な会議運営
・課題解決に向けての関係者の役割分担とその実行、レヴュー、必要なら再度の調整と実行という動的プロセスを重視し、課題を固定的、静的なものと見ないこと
・具体的個別的解決課題に必要な時期・範囲で支援し不必要に拡大しないこと

　さらに、代行決定と「支援付き意思決定」の対比について表1のように示している。では、具体的にどのような制度が期待されているのだろうか。

2-3-2　パーソナルアシスタンスへの期待

　障がい者制度改革推進会議総合福祉部会の委員でもあった岡部耕典は、「地域において自律する主体として生活するためには、障害者権利条約第19条が例示する『在宅サービス』と『居宅サービス』だけでなく、同12条が求める成年後見制度の濫用防止やそのためにも必要な法的能力の行使（意思決定）に対する支援が必要な障害当事者もいることを忘れてはならない。（中略）認知的な活動において当事者の意向を汲み取り一緒に考えるという認知

表1　代行決定と支援付き意思決定の比較

代行決定	支援付き意思決定
・原則として一人の後見人が決める	・親密圏の小集団とアドヴォケートがかかわって決める。
・決定が独断的になる危険性がある	・本人を中心に民主的に結論を引き出す。
・公的or専門家後見人は、親密県外の人で本人のことを知らない	・本人の生き方や好みを身近に知っている。
・障害のある人だけの特別な決定方式	・非障害者の決定の仕方と同質でユニバーサル
・権利制限に伴う司法関与による硬直化	・Full/half informalで支援濃度に柔軟に対応
・コミュニティーの脆弱化の進行	・コミュニティーへの復興

（「障害学国際セミナー2016」の池原毅和の基調報告のパワーポイント資料から引用）

的な活動に対する〈自律〉のための支援がパーソナルアシスタントによって提供される必要がある。つまり、『支援を受けた自立』と同時に『支援をうけた自律』を是とし、『自立支援』と同時に『自律支援』をパーソナルアシスタンスが提供便宜の内容として確認する必要がある。」[13]として、知的障害者や精神障害者へのパーソナルアシスタンスの実現に向けて、脳性麻痺者介護人派遣事業から始まった重度訪問介護制度を、知的・精神の領域に拡大することを訴えた。

その後、重度訪問介護が「知的障害又は精神障害により行動上著しい困難を持つ障害者であって常時介護を有するもの」に限定的に拡大されたことについて、厚生労働省による知的障害者介護の「ニーズ爆発」に対する危機感があり、さらに「相談支援事業者と行動援護事業者をゲートキーパーとすることで、制度利用の抑制を図ろうとしたと考えられる」[14]と述べている。

さらに、重度訪問介護の利用にあたり、「知的障害者や精神障害者において『常時介護が必要』であることの要件を強い行動障害があることに限定せず、『常時意思決定に支援が必要な者』にまで拡大することが、権利条約第12条3項を履行するために必要な締約国の責務となるのであろう。」[15]と述べ、権利条約の実現と成年後見制度の利用縮小に、重度訪問介護によるパーソナルアシスタンスが貢献できると主張する。

桐原尚之もまた、意思決定支援を行うのは「本人のことをよく知り理解している人が専属の介助者となるパーソナルアシスタントなどが有効」[16]であると述べている。

「自立」について、立岩が、自立生活運動においては、自立（生活）を自己決定する生活という理念としてではなく、具体的に施設や親元を離れて一人暮らしをするという生活の仕方で呼んだことを示唆的だと示す[17]ように、「意思決定」についても、具体的な生活に根差した問題として考えていく必要があるだろう。

次に海外で行われている「支援された意思決定」の実践として、知的障害者のパーソナルアシスタンス事業の取り組みを見ていくことにする。

3 知的障害者のパーソナルアシスタンス事業
——カナダ・マニトバ州の取り組みを中心に [18]

3-1 Vulnerable Persons with Mental Disability Act と In the Company of Friends

3-1-1 Vulnerable Persons with Mental Disability Act

　カナダ・マニトバ州の知的障害者のパーソナルアシスタンス／ダイレクトペイメント事業は「In the Company of Friends: 友人と共に（以下、ICOFとし、アイ・シー・オー・エフと呼ぶ）」という名前がつけられている。

　州の行政内でICOFの試行事業が開始されたのは1997年のことで、その年は知的障害者の権利擁護の法律「Vulnerable Persons with Mental Disability Act: 知的に障害を持つ傷つきやすい人の法律（以下VPAという）」が成立した年でもある。ICOFはこの法律に基づいているので、まずVPAを確認する。

　1995年に、自閉症の若者が商店で事件を起こしたことで、行政が施設への入所を求めたことに対して、両親が、当時の法律が本人を施設に入所させるために用いられていると訴えたことから新たな権利擁護の法律が検討され、1997年にVPAが制定された。法律の理念は次のとおりである。

1) バルネラブルな人々は彼ら自身に影響することについて、（決めることができないと）確定されないかぎり、決めることができると見なされる。バルネラブルな人々は、自分で決めることを促される。
2) バルネラブルな人のサポートネットワークは、バルネラブルな人が彼、彼女の自立と自己決定を高めるために、バルネラブルな人の意思の決定を支援することを促される。
3) バルネラブルな人に提供される意思決定の支援はすべて、バルネラブルな人々のプライバシーと尊厳を尊重すべきであり、状況に適した最小限の制限と最小限の介入の方法で行われる。
4) バルネラブルな人が決める必要があって、彼／彼女のサポートネット

ワークのメンバーが関わっても彼／彼女自身で決めることができない時、代行決定が最後の手段[19]として発動される。

法律は支援された意思決定を「バルネラブルな人が、彼、彼女のサポートネットワークのメンバーから提供されるアドバイス、支援、手助けを通して、自分自身のケアや財産を顧慮した意思の決定をし、伝えることを可能にするためのプロセスのことである」（VPA6条1項）と定義している。

3-1-2　In the Company of Friends（ICOF）

この法律と並行して検討が進められたICOFは、知的障害者のコントロールの拡大と生活の質の向上を目的とし、障害者に直接予算を支給するダイレクトペイメントを導入して、障害者自身が生活全般にかかる予算を管理することや、パーソナルアシスタントや住居など、個々に必要な支援やサービスを選択することを可能にした。

知的障害という障害の特性から、ICOFを利用するには、サポートネットワークと呼ばれる、一人またはそれ以上の本人に選ばれた家族、親戚、友人、同僚などによって成り立つ、インフォーマルな支援者のネットワークを持つことが求められ、サポートネットワークは、金銭管理、必要な支援の選択、日中活動の選択、どこに住むかなどの本人に関わることについて、情報提供や話し合いを通して本人が決めることを支援する役割を持つ。

3年間の試行事業をマニトバ州は、従来の予算規模を大きく上回ることなく、生活の質を高めたと評価して[20]本格実施に踏み切り、試行事業開始から3年後の2000年には「Living In Friendship Everyday」の頭文字からLIFE（ライフ）[21]という非営利団体が組織されて、ICOFの運営を委託し現在に至っている。

試行事業を始めた時は15名だった人数が、2016年のニュースレターには、66名に増えたと伝えられている。この数字は2015年の州内のグループホームを含む居住施設の利用者が4017名、デイサービスの利用者が3504名であることと比べれば、非常に少ないかもしれないが、この事業によって、幼少時から暮らした入所施設を出て地域での一人暮らしを実現した人、両親の死

後も住み慣れた自宅で暮らし続けることができた人、親元を離れても家族と適度な関係を持ちながら自分の家で生活を始めることができた人などがおり、個別で多様な生活を支える貴重な選択肢の一つである。

　ICOFの試行事業から約20年が経過し、LIFEは2015年にはカナダのブリティッシュコロンビア大学の研究センターが主催する市民権、自己決定、個人予算等に関する国際会議の委員として招待されるなど、その実践が認められてきている。

　LIFEはニュースレターやホームページの中で、支援された意思決定はICOFの基礎であると述べ、その価値と原理を示しているので、大切だと思われることをいくつかあげる。

- ・意思決定はプロセスであって結果ではない。
- ・支援された意思決定は信頼関係に基づく
- ・「完全な選択や答え」があるわけではない。
- ・たとえ、完全に賛成できない場合でも、本人が自分で結論に至るプロセスを支援する。

3-2　ICOFの仕組み

　図1は、ICOFの仕組みを示したものである。

　ICOFは、本人と本人が信頼する身近な家族や友人などインフォーマルな人たちによるサポートネットワーク、事業の利用支援組織のLIFE、本人と契約を結んで支援を提供するパーソナルアシスタント（以下PA）、個人予算を提供し虐待等の対応をする行政によって構成され、実際の支援としては、本人を中心として、PA、サポートネットワーク、LIFE、行政による重層的な支援体制が取られている。

　LIFEはニュースレターや、ICOFの利用ガイドなど様々に情報を発信して、本人、PA、サポートネットワークを支えている。

3-3　パーソナルアシスタント（PA）の役割と義務

　質の高いPAの雇用の維持は、本人の生活の質を左右する大きな課題であ

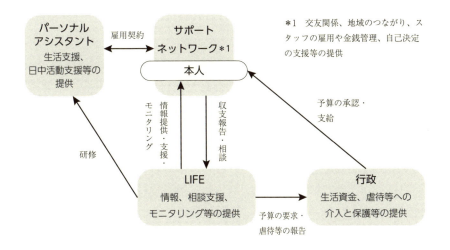

図 1 In the Company of Friends の仕組み
2007 年に LIFE 訪問時に受けた資料と札幌市のダイレクトペイメント制度の概要を参考に筆者作成

り、PA の雇用に関して、LIFE は例として PA 向けガイドブックを作成している。

　基本的な雇用方針の例として、PA の採用にあたって重視することは、研修、教育、経験、個人的な相性、技術であることや、犯罪歴、児童虐待が無いことが求められることなどをあげている。

　PA の義務として、必要なケア、チームワーク、会議や研修への参加、本人の自立と選択を促す関わり、現在の人間関係を保ちつつ、人間関係を広げる支援等の他、最も重要な役割の一つとして地域の一員となるように支援することをあげ、例としてイベントや週末の活動を計画することや、地域のイベント、教会、参加する集まりへの同行などを示している。

　また、本人のケアや金銭に関すること及びサポートネットワークに関する守秘義務を強く求めると共に、本人、本人の家族、友人、サポートネットワークを尊重する姿勢を示し、そのことで、本人の役割モデルとなることを心がけるよう求めている。

　金銭管理については、金銭出納帳をつけ、すべての領収書を提出することを義務付けている。

3-4　安全対策

　知的障害者がPAの支援を受けて生活する際に、自ら危険を察知し、助けを求めることや訴えることが難しいことから、金銭搾取や放置等の虐待が懸念されている。LIFEは、予防と安全対策のためのガイドブック「ICOFプロテクションブック：虐待と放置の通報のためのガイド」を作成し、VPA等の法律が求める虐待や放置の通報義務に基づき、すべての虐待や放置やその疑いをLIFEのコーディネーターに報告することについて、サインによる同意を求めている。

　ガイドブックは、身体的、性的、精神的、金銭的虐待（搾取）と放置の判断の説明をすると共に、虐待などの通報を手助けするチャートやインシデントレポートの書式を作成している。（資料1）

　さらに、虐待が発生した場合に備えてガイドラインを作成して関係者全員に周知しておくことを勧め、次のようなガイドラインの例を示している。

> 　虐待疑惑の申し立てがなされた時、疑いのある被雇用者は、調査の結果と私と私のサポートネットワークによる今後に関する話し合いの結果が出るまで無給で出勤停止となる。虐待、ネグレクト、誤った対応、望ましくない対応を犯した被雇用者は、即時解雇およびまたは適用法に基づき起訴の対象となる。もし調査の結果、虐待が立証されなかった場合は、私の安心感の再構築、被雇用者への信用と信頼の回復、さらに私たちの関係性の再構築に向けた作業が行われなければならない。

　ここまで、知的障害者のパーソナルアシスタンス事業の概要などを見てきたが、それを支えるのは、①行政、利用支援組織LIFE、サポートネットワーク、PAという本人を中心とする重層的な支援、②個人予算、③意思決定の支援を重視する法律、④安全対策であった。

　また、サポートネットワークという概念を用いて、家族をサポートネットワークの一員として位置づけ、家族以外の者も金銭管理や介助者の選択等を含む意思決定の支援に関わることを可能にしている点は、家族と本人双方にとって共に重要であろう。

資料1

もし虐待があなた（個人）に起こったら	
あなたが行うこと！	あなたが行わないこと！
信頼できる誰かに起こっていることを伝える！	伝えることをやめてはだめ。

もしあなたが虐待や虐待のおそれに気づいたら	
あなたが行うこと！	あなたが行わないこと！
支援―本人に支援を申し出る ✓落ち着いて気を静める ✓本人が彼／彼女の状況を話せるように支え、なぐさめる。 彼／彼女を差し迫った著しい危険から確実に引き離す。 本人と話ができる落ち着いた場所を見つける。 ✓彼／彼女が医療的ケアを受けることを確実にする。 ✓すぐに本人を病院か医者に連れていく。 ✓できる応急処置を注意して行う。	✓過剰に反応しない。もしくは、本人が話すことを感情的に妨げてはならない。
記録 ✓インシデントレポートを完成させる。 ✓可能な限り迅速にすべての報告を行う。	✓質問はしない―本人から共有されたことのみを記録する。
報告 ✓リソースコーディネーターに電話をして起こったことを伝える。 ✓インシデントレポートをリソースコーディネーターに送る。 ✓すべての虐待と放置の発生は発生から24時間以内にリソースコーディネーターに報告されなければならない。	✓虐待もしくは発覚に関わったと思われる人に質問しない。 ✓これらに関わる出来事を関係者で話すことをしない。 ✓出来事や発覚を話すことで、関係者の守秘義務を破らない。 ✓解決の仲介をしようとしない。

LIFE	
私たちが行うこと！	私たちが行わないこと！
報告 ✓インシデントレポートを受理し点検する。 ✓さらなる行動や調査のために、インシデントレポートのコピーを地域ソーシャルワーカーに送る。	✓虐待もしくは発覚に関わったと思われる人に質問しない。 ✓出来事を話し合わない。 ✓出来事や発覚を他人に話し関係者の守秘義務を破らない。 ✓解決の仲介をしようとしない。
支援 ✓この困難な期間に関係者に支援を申し出る。	✓調査は行わない！

ファミリーサービスと地域ソーシャルワーカーが行うこと
インシデントレポートの点検 ✓LIFEからのインシデントレポートの受理に基づき、地域ソーシャルワーカーは情報を見直し、どのように進めるか決める。フォローアップが開始される。
調査 ✓面接の実施―虐待や発覚に関わったと思われる関係者すべてに質問調査を行う。 ✓出来事を話し合う。 ✓関係者の間で解決の仲介を試みる。 ✓必要に応じて関係機関を巻き込む。 ✓知見に基づいて勧告を提供する。

「ICOF Protection Book: A Guide to Reporting Abuse and Neglect」p.6～7の表を基に筆者が訳した。

第6章 パーソナルアシスタンスと支援された意思決定

インシデントレポート——テンプレート

ICOF
氏名：＿＿＿＿＿＿＿＿＿＿＿＿＿＿＿＿＿＿＿＿＿＿

日付

関係者と連絡先の氏名
1.
2.
3.

1. 何が起こったかを書いてください。

2. その出来事の前に何に起こったことを書いてください。

3. その出来事の後に起こったことを書いてください。

4. フォローアップ：将来の再発防止に向けた対策や計画を含む

記録を作成した人のサイン

サポートネットワークはインシデントレポートが書かれたことを知っていますか？
はい　　　　いいえ

署名：
日付：　　　　　　　時間：

この報告を担当の LIFE リソースコーディネーターに FAX または E メールでできるだけ早く提出してください。
他の転送方法については、リソースコーディネーターに確認ください。
リソースコーディネーターは、24 時間以内に確実に地域ソーシャルワーカーが報告を受け取るようにします。

「ICOF Protection Book: A Guide to Reporting Abuse and Neglect」p.9〜10 の書式を筆者が訳した。

カナダマニトバ州では、法律の中に代行決定に先立ちサポートネットワークによる意思決定の支援が重要だと明記し、その支援を具体化する一つの障害者施策としてICOFが制度化されていたと捉えることができるが、翻って日本の障害者施策で意思決定の支援はどのように捉えられているのだろうか。

4　日本の障害者施策と意思決定支援

4-1　日本の障害者の法制度に現れた意思決定支援

権利条約12条に関する政府報告には、次のような記述がある。

> 「障害者総合支援法に基づく相談支援として、地域の障害者等の福祉に関する様々な問題について、障害者等、障害児の保護者又は障害者等の介護を行う者からの相談に応じ、必要な情報の提供や助言等を行う「基本相談」等を実施している。また、同法第77条に基づく市町村の地域生活支援事業として、障害福祉サービスの観点から成年後見制度を利用することが有用であると認められる障害者であって、成年後見制度の利用に関する費用について補助を受けなければ成年後見制度の利用が困難であると認められるものに対し、当該費用を支給する事業が実施されており、2014年度には1360の市町村において当該事業が実施された」

この記述からは「基本相談」等で、必要な情報の提供や助言等を行うことと、成年後見制度の利用支援が、第12条に合致する支援だと捉えていると読むことができる。

ところで、Supported Decision Making（サポーテッドデシジョンメイキング）は、言葉の通り訳せば「支援された意思決定」というように「意思決定」が主となるが、日本で「意思決定支援」という言葉が用いられ、定着してきたのは、障害者基本法や障害者総合支援法に「意思決定の支援」が盛り込まれたことが大きく影響していると考えられる。その経緯について柴田は、厚生労働省が「介護」を分析することで支援程度を推計しようとしたことに対して、「『介護』とは区別される『知的障害者への支援』を明快に説明する」

必要性に迫られ、「意思決定をするのは知的障害者自身であるが、支援者や環境との相互作用の中で本人の意思が確立していくことから『自己決定支援』ではなく『意思決定支援』と表現した」と述べている[22]。そして、意思決定支援の制度化を求めて活動を行い、2011年4月に国会に提出された障害者基本法案には「意思決定支援」の用語は入っていなかったが、議員修正により「意思決定支援」の文言が加えられることになり、2011年7月に同法案は可決された。

　2012年1月に東京都発達障害支援協会等都内5団体[23]が、「障害者総合福祉法における『意思決定支援』制度化の提言」を作成し、各障害者福祉サービスの目的条項に「意思決定支援」を加えることや、意思決定支援に携わる支援職員（生活支援員等）を意思決定支援の専門職として位置付け、個別支援計画作成を担うこととすることなどを提案したが、2012年3月13日に国会に提案された障害者総合支援法の法案には、「意思決定支援」の文言は含まれなかった。

　その後、上記5団体が「障害者総合支援法に意思決定の支援を明文化」すること、3年後を目途に検討を行う付帯決議に意思決定支援を加えることを求める要望書を作成して議員に働きかけたことで、障害者総合支援法と知的障害者福祉法に「意思決定支援」の文言が明記され、付帯決議に加えられたのである。

4-2　障害者総合支援法3年後の見直し

　厚生労働省は、3年後の見直しに向けて2014年12月から「障害福祉サービスの在り方等に関する論点整理のためのワーキンググループ」を開催し、障害福祉サービスの実態を把握した上で、そのあり方等について検討するための論点整理を行い、各団体からヒアリングを行った。

　「意思決定支援の在り方や成年後見制度の利用促進のあり方」に関するヒアリングでは、パーソナルアシスタンス制度における意思決定支援の仕組みを提案する障害当事者団体や、意思決定支援を本来任務とし「意思決定支援ガイドライン」が必要だとする日本相談支援専門員協会など異なる意見が出されたが、結果、今後議論を深める事項（案）として、①障害児者に対す

る、意思決定支援の仕組みや提供方法（誰が・どの場面で・どのような障害を有する者に対し、どのように実施）をどう考えるか。②意思決定支援の実施に当たっての人材育成についてどう考えるかの2点にまとめられ[24]、その後社会保障審議会障害者部会で審議され、2015年12月に報告書が出された[25]。

この報告書は、今後の取組の基本的な考え方について「日常生活や社会生活等において、障害者の意思が適切に反映された生活が送れるよう、障害者福祉サービスの提供に関わる主体等が、障害者の意思決定の重要性を認識した上で、必要な対応を実施できるようにするとともに、成年後見制度の適切な利用を促進する」と示している。

また、2013年及び2014年の厚生労働省障害者総合福祉推進事業で、「意思決定支援の在り方並びに成年後見制度の利用促進の在り方に関する研究」が実施され、その報告書[26]が出されているので、その中身について次で確認する。

4-3　意思決定支援の定義とガイドライン

まず、この報告書で示された「意思決定支援ガイドライン」[27]策定の目的は、障害者基本法や障害者総合支援法等に、意思決定支援が盛り込まれたことを受けて、「事業者等がサービスを提供する際に必要とされる意思決定支援の枠組みを示し」、「主として、障害者福祉サービス事業者等が利用者にサービスを提供する際に生じる、利用者への意思決定支援の枠組みを示す」こととされている。

そして、意思決定支援を「意思決定支援とは、知的障害や精神障害（発達障害を含む）等で意思決定に困難を抱える障害者が、日常生活や社会生活等に関して自分自身がしたい（と思う）意思が反映された生活を送ることが可能となるように、障害者を支援する者（以下「支援者」と言う。）が行う支援の行為及び仕組みをいう。」と定義している。

意思決定支援の仕組みとして、①意思決定支援責任者の氏名（配置）、②意思決定支援会議の開催、③意思決定支援計画の作成の3つの要素を上げ、意思決定支援責任者は、外部機関等と連携していく立場であることから、事

業所の見解を代表する責任者であることや、あくまでも意思決定の支援会議の運営や計画作成のプロセスの管理等の責任者であると示し、サービス管理責任者と役割が類似していることも想定している。また、意思決定支援責任者養成研修プログラム（案）も作成されている。

先の社会保障審議会障害者部会の報告書では、今後この「意思決定支援ガイドライン」を事業者や成年後見の担い手を含めた関係者間で共有することや、研修を行うことを勧める一方で、「意思決定支援は、相談支援をはじめとした障害者福祉サービスの提供において当然に考慮されるべきものであり、特別なサービス等として位置づけるような性質のものではないことに留意が必要である」と加えている。

一人の障害を持つ人から見れば、福祉事業所のサービスを利用する際に、相談支援専門員が作成する「サービス等利用計画」とサービス管理責任者が作成する「個別支援計画」、さらに意思決定支援責任者が作成する「意思決定支援計画」を持つことになるのか明らかではないが、権利条約で提案された「支援された意思決定」の方向に進んでいるとは言いがたいように思える。

4-4　日本の成年後見制度と意思決定支援

日本の成年後見制度と意思決定支援についても若干ふれておくと、法律家の間でも、意思決定支援と代行決定の捉え方は多様である。成年後見制度の創設から関わってきた新井誠は、「わが国の成年後見法においては第１に任意後見、第２に補助という二つの支援付き意思決定の具現化に資するツールが具備されている」[28]とする。菅富美枝は、やむを得ず代行決定を行う上でも最大限に本人の意思を確認して尊重することで、代行決定が意思決定支援になり得るとし[29]、代行決定を意思決定支援や本人中心の視点で捉え直すことを提案している[30]。

それに対して佐藤彰一は、2016年に成年後見制度利用促進法が制定されたことをふまえて「ご本人に判断能力がないことを制度利用の前提にしつつ、他方でご本人の意思（つまり判断）に配慮することが同時に求められていることの『わかりにくさ』が未整理のままであり、『代行決定の中で意思決定支援を行う奇妙さ』がある」ことや、「代行決定の制度として作られている

ものを、さしたる法制度の改革もせずに意思決定支援の制度であると説明し、その積極的拡大利用をすすめる」ことに対して疑念を示す[31]。

桐原もまた、「支援制度としての成年後見制度と支援理念としての意思決定支援という概念整理によって〈成年後見制度を適正に運営するには意思決定支援を理念としなければならない〉と読める」状況となっていると指摘する[32]。

繰り返しになるが、岡部は重度訪問介護の知的障害者への拡大によるパーソナルアシスタンスの制度化と、パーソナルアシスタンス制度による成年後見制度の利用縮小を求めており、実際に「グッドライフ」や「たこの木クラブ」が行う知的障害者の一人暮らしを支える貴重な実践[33]から学ぶことは多い。

その一方で、障害当事者が介助費用を受け取り、介助者を選んで直接契約を結ぶという、海外の仕組みに近い取り組みを日本で実現させている自治体があるので紹介する。

5 札幌市のパーソナルアシスタンス制度

5-1 概要

札幌市では、2010年4月から市の単独事業としてパーソナルアシスタンス制度（以下PA制度という）を行っている。札幌市がPA制度を開始した背景には、限られた予算で長時間の介助を保障する必要があったことと、入院時にも介助を受けることができる仕組みを求める当事者団体の声や、事業所の都合で介助者が変わることに対する負担感や、深夜の介助が受けられないなどの問題があった。そのため、制度化の2年前の2008年に当事者や行政などからなる「重度身体障害者に対する効果的な支援のあり方検討委員会」が設置され、障害者の長時間の介助に関する検討や「在宅重度障害者の生活実態調査」を行い、行政に対して施策の一つとしてPA制度を提案し、その提案を受けて行政が2009年5月1日から2010年3月31日にかけて8名の障害者を対象に試行事業を行い、2010年4月から制度として本格実施を始めたのである[34]。

制度の対象者は「札幌市より重度訪問介護の支給決定を受けている方で、ご自身もしくは支援する方の責任において、介助者の募集、介助方法の指導、金銭管理等が行える方」[35]とされ、利用者の数は開始以来増え続け、2016年8月には65名[36]が利用し、途中で辞めた方を含めると制度の利用者は100名になる。

　PA制度は、利用者と介助者が直接契約を結び、自らが必要とする介助を組み立てる制度（セルフマネジメント）である点と、介助費用を直接利用者に支給する点[37]に特色がある。

　表2は重度訪問介護とPA制度の相違を表にしたものである。

　支給決定については、重度訪問介護の支給決定時間のうち、1か月に1時間以上重度訪問介護を利用することがPA制度利用の必須条件で、1時間を引いた時間数に2400円を乗じた額がPA制度による介助にあてることができる額となる。報酬の上限は表3のように決められているので、重度訪問介護で決められた時間の約2倍の時間数を確保することも可能となる。また、事前に届け出ることによって、PA費の10万円を限度に翌月に繰り越すことも認められている。

　2014年4月に重度訪問介護の対象が知的障害、精神障害に拡大したことを受け、2015年10月から重度の知的・精神障害者もPA制度を利用できるようになり、例えば、重度の知的障害・精神障害により、介助者との契約や介助日時の調整、介助報酬の支払いなど必要なマネジメントを行えない場合でも、家族以外の特定の介助者にマネジメントの代行を依頼することを可能とし、そのマネジメントに係る事務費として、介助者1名あたり3000円／月が支給されることになっている。

　制度の創設時に、自己決定が困難な者を対象に含めるかという課題に対して、適切な支援者がいる場合は利用を認めるとし、身体と知的の重複障害を持つ方7名が、主に家族のマネジメントによりPA制度を利用している[38]。表4は、本人以外の者がマネジメントを行う人数と割合を示したもので、家族等によるマネジメントを含め、約4割は支援を受けてマネジメントを行っている。

表2 重度訪問介護とPA制度の比較

	重度訪問介護	札幌市PA制度
支給決定	1か月の介助時間数を決定し、時間数を超えて利用できない。	1か月の介助費用を決定し、介助費用の範囲内で時間数を自由に設定できる。
利用方法	ヘルパー事業所と契約し、派遣を受ける。指定事業所以外から派遣を受けることができない。	介助者を自分で募集し直接契約を結ぶ。知人なども介助者になることができる。
介助者	ヘルパーや介護福祉士の資格が必要同居家族は不可 研修は事業所が実施する	ヘルパー資格は不要 配偶者・三親等以内の親族は不可 自分にあった介助方法を指導する
その他	シフトの調整、記録、区役所への請求、ヘルパーへの給料支払等、ヘルパーに関する事務作業は事業所が行う	シフトの調整、記録、区役所への請求、ヘルパーへの報酬支払等PAに関する事務作業を利用者が行う。
介助内容	障害者総合支援法における重度訪問介護に規定する介助内容	原則重度訪問介護と同じ

札幌市パーソナルアシスタンス制度概要説明資料を参考に筆者作成

表3 報酬の上限について

時間帯	報酬額の上限（1時間当たり）	
	交通費を含まない場合	交通費を含む場合
基本（5時～22時）	1200円まで	1300円まで
深夜（22時～5時）	1500円まで	1600円まで

札幌市パーソナルアシスタンス概要説明資料から引用

表4 マネジメント類型と数

マネジメント類型	女性（人）	男性（人）	合計（人）（％）＊
①セルフマネジメント	24	15	39（60）
②家族or支援者	12	8	20（31）
③両方（①+②）	3	3	6（9）

＊小数点以下四捨五入
2016年10月15日パーソナルアシスタンス研究会公開研究会資料を基に筆者作成

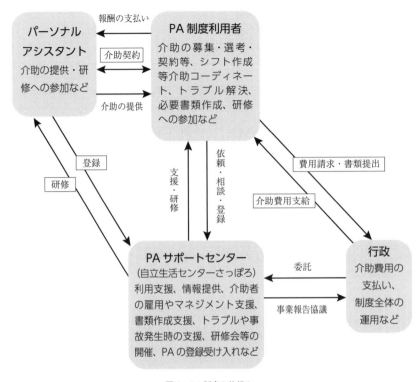

図2 PA制度の仕組み

自立生活センターさっぽろのHP（http://www.jvun.org/cils/PA.jpg）を参考に筆者作成

5-2 PA制度の仕組み

図2は、札幌のPA制度の仕組みを示したものである。

マニトバ州のICOF同様、利用者、行政、サポートセンター、パーソナルアシスタントによって構成され、それぞれの役割もICOFと概ね似ている。サポートセンターは、自立生活センターさっぽろが市から受託しており、その業務内容は制度の利用支援、研修、マネジメント支援、書類作成の支援、介助者募集の支援や情報提供、さらに契約時や介助中のトラブルの解決の支援等など多岐にわたっている。

制度創設時に制度の不正利用への対応が検討され、介助の開始と終了時の

サポートセンターへの連絡を義務付けることとし、ほぼ徹底されている。状況により行政が関与しており、特に制度の不正利用等は制度の存続に関わる問題となりかねないため、行政による慎重な対応が求められるところである。サポートセンターから捉えた課題としては、利用者と介助者間のトラブルが多く、セルフマネジメントの意識を育てる必要性があげられている[39]。

5-3 PA 制度の利点と課題

　自立生活センターさっぽろは、医療的ケアを提供できるスタッフの育成等を目的に 1996 年に発足した当事者組織である。代表者はベンチレーター（人工呼吸器）を利用しており、入院中に慣れた介助者の介助を受けることの必要性を訴えてきたこともあり、PA 制度の介助内容に入院中のコミュニケーション支援も加えられ、コミュニケーションに支援が必要な利用者に対して、病院側が認めた場合は、入院中も制度利用が可能となった。入院時も慣れた介助者からコミュニケーションの支援を受けることで、医療職との連携がスムーズになったことが利点としてあり、入院時のみ PA 制度を活用する利用者も多い。

　さらに、介助者の都合で以前は 18 時に就寝準備をしていた人が、夜間の外出が可能になったことや、外食や趣味や余暇等で外出の幅が広がるなど、社会性や行動範囲が広がり、生活の質が向上したことが利点としてあげられる。

　一方で、先にあげた利用者と介助者間のトラブルや、利用者のセルフマネジメントへの意識の他、介助者の人材、サポートセンタースタッフのスキルとマンパワー、PA 制度の介助者の労働者としての保障などの課題もあり、市の単独事業であるため制度の継続に不安がないわけではない。

　しかし、PA 制度を使うことで、介助の時間数が増えれば良いと思っていた人が、自分の介助者を大事にする気持ちを持ち、介助者の気持ちを尊重することで心地よい人間関係を築き、その関係の中で生活することで幸せを感じるような、人間関係に変化をもたらす可能性が PA 制度にはあるように思える[40]。

　知的障害等によりマネジメントが困難な人でも、家族や介助者等の支援が

あれば制度の利用を可能にしている点を評価しつつ、今後、いかに本人の意思決定の支援を制度の中に組み込んでいくかを検討する上で、現在日本で行われている知的障害者の自立生活を支える重度訪問介護の取り組みや、カナダの ICOF のサポートネットワークや LIFE の取り組み等が参考になると思われる。

但し、日本でサポートネットワークを考える際には、家族に偏ることなく、本人を中心とした人間関係の構築が目指されるべきであろう。

6 おわりに

権利条約第 12 条で示された支援された意思決定からパーソナルアシスタンスへのアプローチを試みたが、国内の障害者施策や成年後見制度の動きを見ると、意思決定支援と成年後見制度の利用が一体として議論され、成年後見制度の利用促進ありきで検討がなされているのが現状である。また、権利条約の政府報告からは「基本相談」にあたる者が福祉サービス利用の観点から成年後見制度の利用を判断し、成年後見制度につなげることを求められているという読み方もでき、相談支援の位置づけや役割には注意が必要であろう。そのような状況の中でできることは、施策の動向を注意深く追うことと、現実に行われている重度訪問介護制度や PA 制度による支援を後退させないことではないだろうか。

［注］
1 訳文は http://nagano.dee.cc/cacl.pdf（2016.12.15）で長野栄子が訳したものを見ることができる。
2 植木章（2008）「後見制度は知的障害を持つ人の尊厳と人権保障につながるのか―国連障害者権利条約第 12 条から『共同意思決定』支援システムの流れ―『発達人間学論叢』11 号：163-164
3 Handbook for Parliamentarians on the Convention on the Rights of Persons with Disabilities: 90
http://www.un.org/disabilities/documents/toolaction/ipuhb.pdf（2016.10.8）
4 Tina Minkowitz のパワーポイント資料「The Paradigm of Supported Decision Making」原文 http://s3.amazonaws.com/academia.edu.documents/35123121/Minkowitz_presentation.

pdf?AWSAccessKeyId=AKIAJ56TQJRTWSMTNPEA&Expires=1476960573&Signature=90p43vcprLfMI4TMGQUjI0DYS0Q%3D&response-content-disposition=inline%3B%20filename%3DThe_Paradigm_of_Supported_Decision-Makin.pdf（2016.10.19）の長野栄子訳 http://nagano.dee.cc/tinaJ.htm を参考に筆者が訳した。

5　12条に関する「一般的意見第1号」の訳と原文は、障害保健福祉研究情報システムのHPで閲覧できる。(2016.9.27)
6　「障害者の権利に関する条約第1回日本政府報告（日本語仮訳）」は、外務省HPから閲覧できる。
7　「精神障害者・医療ケアを必要とする重度障害者等の地域移行の支援など」、「インクルーシブ教育システム、雇用など」、「情報アクセシビリティ」と合わせて4テーマが重点課題とされた。
8　佐藤彰一（2016）「日本の成年後見制度の現状と課題――成年後見制度利用促進法と権利擁護」『賃金と社会保障』No1661: 42-61
9　渡辺克典編（2016）「生存をめぐる制度・政策連続セミナー『障害／社会』2』立命館大学人間科学研究所：122
10　同上：124
11　同上：125
12　2016年9月22日〜23日に立命館大学いばらきキャンパスで、立命館大学生存学研究センターが主催し、「法的能力（障害者権利条約第12条）と成年後見制度」というタイトルで開催された。
13　岡部耕典（2010）「当事者支援・権利擁護の視点からみる地域生活支援」『季刊介護労働』127号：12-19
14　岡部耕典（2015）「8章『重度訪問介護の対象拡大』の経緯とこれからのために」『ズレてる支援！』生活書院
15　岡部耕典（2016）「成年後見制度の利用縮小に向けて――パーソナルアシスタンスと日常生活支援事業の活用」『福祉労働』152号：79-84
16　桐原尚之（2015）「意思決定支援は支援や理念の方法ではない」『福祉労働』143号: 55-63
17　庄司洋子・木下康仁・武川正吾・藤村正之編（1999）「福祉社会事典」弘文堂の中で、「自立」について立岩真也が執筆している。
18　本章は木口恵美子（2014）「知的障害者の自己決定支援」筒井書房の3章、4章を基に加筆、修正を加えたものである。パーソナルアシスタントの責務と安全対策については、今回が初出である。
19　法律では代行決定を最後の手段と認めているが、代行決定が行われる内容は限定的で期間は代行決定人の任命は最長で5年と定めている。
20　サポートネットワークはインフォーマルであるにも関わらず負担が大きいことや、パーソナルアシスタントの定着率が低く人材の質と量が共に十分ではないこと、そのためにサポートネットワークにかかる負担が大きかったこと等が課題とされた。
21　当初は Living In Friends Everyday の頭文字をとって LIFE と呼ばれていたが、名称を変更し現在は Innovative LIFE Options Inc である。本文中のガイドブックは、LIFE のHPで閲覧できる。
22　柴田洋弥（2012）「知的障害者の意思決定支援」『発達障害研究』34巻3号：261-272

23 東京都社会福祉協議会知的発達障害部会、東京都発達障害支援協会、東京知的障害児・者入所施設保護者会連絡協議会、東京都自閉症協会、日本ダウン症協会の5団体。
24 厚生労働省「障害者意思決定支援・成年後見制度の利用促進の在り方について」2015年3月3日資料2。
25 「障害者総合支援法施行3年後の見直しについて～社会保障審議会障害者部会報告書」は『賃金と社会保障』No1654: 50-65 に掲載されている。
26 報告書は公益社団法人日本発達障害連盟のホームページからダウンロードできる。（最終閲覧 2016.9.17）
27 上記報告書の p.25 ～ 46 に示されている。
28 新井誠（2014）「総括討議―各国の成果から学ぶべきこと」『実践成年後見』53号：69-72。但し、日本で任意後見契約の利用は不振を極め、補助の利用も低迷し、支援付き意思決定という考えが実際に普及しているわけではないことにも言及している。
29 菅富美枝（2010）『イギリス成年後見制度にみる自律支援の法理』ミネルヴァ書房のはしがきに記されている。
30 菅富美枝（2013）「民法858条における『本人意思尊重義務』の解釈：本人中心主義に立った成年後見制度の実現」『名古屋大學法政論集』250号：129-153
31 佐藤彰一（2016）「日本の成年後見制度の現状と課題――成年後見制度利用促進法と権利擁護」『賃金と社会保障』No1661: 42-61
32 桐原尚之（2015）「意思決定支援は支援や理念の方法ではない」『福祉労働』143号：55-63
33 グッドライフやたこの木クラブの実践は、寺本晃久・岡部耕典・末永弘・岩橋誠治（2008）『良い支援？』、寺本晃久・岡部耕典・末永弘・岩橋誠治『ズレてる支援？』（2015）〔共に生活書院〕に詳しい。
34 田中耕一郎「札幌市パーソナルアシスタンス制度の実際――導入経緯、制度概要、論点など」2010年12月27日に国立社会保障・人口問題研究所で開催された「合理的配慮研究会」における報告資料と 2016年3月に PA サポートセンター訪問時に頂いた資料を参考にした。
35 札幌市役所ホームページ　パーソナルアシスタンス（PA）制度について
http://www.city.sapporo.jp/shogaifukushi/jiritsushien/2-10_PAgaiyou.html（2016.10.8）
36 2016年10月15日に早稲田大学戸山キャンパスにおいて開催された「パーソナルアシスタンス研究会公開研究会『札幌市パーソナルアシスタンス制度の現況と今後の課題』」での、NPO法人自立生活センターさっぽろ PAサポートセンターの報告資料「PAサポートセンターの立場からみた札幌市パーソナルアシスタンス制度の評価と課題」による。2016年3月にサポートセンターを訪問した際には長時間介助が必要なALSの方の利用が増えていると聞いた。
37 代理受領による介助者への支給も可能。
38 2016年10月15日の研究会での説明によれば、家族のマネジメントによる問題点は現在のところ把握されていないとのこと。また、知的障害のみの人の利用は現在はない。
39 注36の2016年10月15日の資料。
40 ここまでの記述は、2015年2月と2016年3月にPAサポートセンターを訪問した際に伺った話や頂いた資料に基いている。

第7章 権利法「LSS法」にみる当事者主体の支援
―― スウェーデン・ヴェルムランド県における実践を手がかりに

清原　舞

1　はじめに

　筆者は、2005年6月から2006年6月までスウェーデン留学の機会を得て、スウェーデンにおける障害者福祉政策の現状について学んできた。また、2009年からスウェーデン・カールスタッド大学社会科学科教員との学術交流を通して、現地でのインタビュー調査や社会福祉政策の発展について学び、日本との相違や課題を追究してきた。まず、2005年から2006年のスウェーデン留学の経験を基に、障害者とその家族を支えていくための支援の方向性について考察を行った[1]。次に、日本におけるスウェーデン社会福祉研究について、先行文献を基に跡づけ、筆者の研究の位置づけを明らかにした[2]。また、スウェーデンの障害者福祉サービスについて翻訳を行い、障害者福祉サービスの現状を紹介した[3]。2010年には、知的障害者の当事者団体であるスウェーデン全国知的障害者協会（Riksförbundet För barn, unga och vuxna med utvecklingsstörning: FUB）を訪問し、その活動の紹介を通して、日本における知的障害者の権利擁護についての課題を検討した[4]。2011年には、スウェーデンにおける障害者のための行動計画（2000年策定）について、2009年に作成された行動計画の報告書を基に今後の障害者福祉政策の方向性を論じた[5]。さらに、それまで焦点が当てられることが少なかったスウェーデンの身体障害者福祉政策について、その歴史的な発展を通して、政策の充実に向けての取り組みを明らかにしてきた[6]。2016年には、筆者が継続的に訪問・調査を行っているヴェルムランド県カールスタッド・コミューン（コミューンは日本の市町村に相当）の実践に焦点を当て、当事者主体の

地域生活支援の構築に向けての課題及び方向性を提示し、日本の障害者の地域生活支援体制の構築の可能性について言及した[7]。

このように、研究を進めていく中で、スウェーデンの障害者福祉政策をみると、1994年、機能障害者のための援助及びサービスに関する法律（Lag om stöd och service till vissa funktionshindrade: 以下LSS法）の施行後、障害者の生活の場は、「施設」から可能な限り「地域」へと変わり、ノーマライゼーション原理を具体的に実践していることが確認された。日本においては、2014年に、障害者の権利条約が批准され、障害者の権利擁護を目指した政策を試みようとしている。その具体的な試みとして、障害者総合支援法により、障害の有無に関係なく、「個人」として尊重されるという理念の下、障害者支援が展開されるようになったとされている。2016年には、障害者差別解消法が施行され、本来であれば、ますます当事者の権利が強まっても良いと思われる。しかし、管見するところ、現状は、当事者主体の支援が実践されるにはまだまだ時間がかかると言わざるを得ない。

本稿では、LSS法施行後20年以上経ったスウェーデンにおいて、コミューンがどのように当事者主体の支援に取り組み、当事者の可能性を引き出す支援を行っているのかについて、2016年のカールスタッド・コミューンでの実践に付け加え、ストールフォーシュ・コミューンにおける支援の検討を通して、日本の障害者福祉の今後の展望およびその方向性について再確認することを目的とする。

まず第2節で、スウェーデンにおける障害者福祉政策について、その歴史的変遷を概観し、保護の対象であった障害者を、権利の主体と捉え、どのように政策の転換を図ってきたのかを明らかにし、当事者運動と政策の関わりについて確認する。そして、障害者の生活の場が地域へと変化してから、LSS法が権利法として当事者の生活をいかに保障しているのかについて明らかにする。

第3節では、筆者が継続的に訪問及び調査を行っているヴェルムランド県カールスタッドとストールフォーシュの2つのコミューンにおける具体的な実践を中軸として、当事者主体の支援について検討する。人として当然な権利として、地域で生活することの意義とその支援において重要となる意思決

定について考察する。

最後に第4節で、2つのコミューンの実践を手がかりとして、当事者主体の支援の構築に向けての課題及び方向性を提示し、日本における障害者支援の可能性を探究し、今後の課題を検討していく。

2 スウェーデンにおける障害者福祉政策の発展

2-1 障害者「保護」中心の政策から「ノーマライゼーション原理」の実現へ

スウェーデンにおける社会福祉政策は、ヨーロッパの他の国と同様に、教会区による貧困対策に遡る。財源が豊かな教会区は、貧困者や障害者のための施設を建設し、生活保護に関わる施策を実施していたが、非常に地域差が大きかった。1847年に成立した救貧法には、不十分ではあるが、家族の有無に関係なく、公的な援助を受ける権利についての規定が初めて盛り込まれた。しかし、その実施責任については、不明確であり、政府と教会区で責任を押し付け合っていた[8]。

19世紀の半ばから、医学、生物学的視点に基づいた障害者の治療に焦点が当てられ始めた。障害者を診断別に分類し、それぞれの集団ごとに処遇し始めたのである。それまで障害は「慢性の疾病」という認識であったが、18世紀末、まず聾唖等が疾病から区別され、そして1860年代の終わり頃から知的障害や精神障害が同様に区別され始め、視覚聴覚障害、てんかん患者というように、障害の細分類化が進んだ。20世紀に入ると、遺伝子学が優位を占め、障害者福祉政策に大きな影響を与えた。障害の原因は遺伝子であるとみなされた。優生思想が発達し、障害者には結婚を禁じる政策や、本人の意思に関係なく、不妊・去勢手術がなされ、そのような政策が1970年代まで続いていた[9]。

1928年になると、国家が責任を持って、国民の生活の保障に取り組むシステムの構築を明確に示した、いわゆる「国民の家」構想が、社会民主党のP.ハンソン（Per Albin Hansson, 1885-1946）によって提唱された。こうして、すべての国民に対して政府が責任を持ち、政策を実践するというスウェーデンの普遍的社会政策の基盤ができつつあり、社会保険、労働市場政策、住宅

政策等が整備されていった。1956年にはそれまでの救貧法が社会扶助法に置き換えられた。障害者や貧困者等の援助に関しては、社会扶助法に規定された。そして障害者にも積極的に労働市場政策を行い、就労保障を重視するようになった。その背景には、すべての人に労働による人間発達と自己実現の機会を与え、生活の自立を保障するという思想がうかがわれる。すべての人が対等な価値をもつ民主主義社会において、障害者の積極的な社会参加の実現は重要な課題であったといえる。しかし、一方で、障害者は施設収容による処遇が当然とされ、自己決定できない保護の対象であった。障害のある子どもが生まれると、すぐに家族と離され、大規模入所施設で隔離されながら生活することが当然であり、それが最善の援助であると考えられていた。当然、障害のある子どもは全員就学の権利が保障されていなかった。1946年の障害者雇用検討委員会で話題になった、「障害のある人の生活条件を障害のない人の生活条件と同じにする」というノーマライゼーション原理は、1960年代に入るまで政策と結びつかず、後に、スウェーデンの委員会で取り上げられた報告書を読んだデンマークのバンク-ミケルセン（Neils Erik Bank-Mikkelsen, 1919-1990）によって、デンマークで知的障害者の権利法として、先に政策に活かされたことになる[10]。

　そのような時代の中で、大規模入所施設ではなく、家庭で身体障害児・者、病弱者、高齢者等の介護を支援するためのイン・ホーム・パーソナルアシスタンスと呼ばれるシステムが拡大され始めた。それは母親が病気の場合、家族を一時的に援助するインフォーマルな保険制度を利用したシステムとして始まったが、社会民主党が政権を取った1930年代、地方自治体にそのシステムが引き継がれていった。労働市場を活発化させ、女性の労働市場への参加を図る目的で、イン・ホーム・パーソナルアシスタンス・システムの拡大が図られたのである。このイン・ホーム・パーソナルアシスタンス・システムこそ、現在の重度の身体障害者、身体知的重複障害者、高齢者の地域生活を可能にするパーソナルアシスタンス制度の前身であるが、障害当事者の生活支援というよりは、家族介護者を支援し、家族を一時的に介護から解放し、経済発展を促進させることを目的とする制度であり、どちらかというと、身体障害のある高齢者の生活を支えるシステムであったと言われている[11]。

その後、「福祉国家の黄金時代」と形容される1960年代は、最も充実した社会保障政策がとられ、すべての国民が「安心して暮らせる」福祉社会形成のための本格的な社会福祉改革が模索されはじめた。前述したノーマライゼーション原理が、障害者福祉政策に結びつき、実践されるようになったのである。

　1965年、身体障害児等のための生徒寮に関する法律（Lag om eleven för vissa rörelsehindrade barn m.fl.）の成立により、身体障害児に教育を受ける権利が認められ、コミューンは身体障害児に対して基礎学校や特別学校（寮制度）で教育を提供しなければならないと規定された（第1条）。また、特別学校における寮は、身体障害児のニーズに応じて、必要なサービスを提供しなければならないと規定された（第2条）[12]。さらに身体障害児に対して、学校で児童を支援するパーソナルアシスタンス・サービスが提供されるようになった。サービス提供者は、児童について学校に行き、トイレ介助や食事介助を行ったり、ノートテイクも行ったりしていた。視覚障害児は、手話の訓練を受けたサービス提供者を利用することができた[13]。

　また、ノーマライゼーション原理を盛り込んだスウェーデン初の知的障害者の権利法と言われる知的障害者特別援護法（旧援護法）が1968年に施行された。同法では、障害者も可能な限り、一般の人々と同じような生活のリズム、生活環境、経済水準を維持し、特別なサービスを受けながら、一般社会で生活できるように、住居・教育・労働・余暇など日常生活のあらゆる面での改善を具体的にはかることが目的とされた[14]。

2-2　「権利法」LSS法の誕生と当事者の権利保障

　知的障害者特別援護法施行後、施設から地域のグループホームへと生活の場の変化が少しずつなされるようになると、同法の問題点が指摘されるようになった。政府は1973年に「ケア調査委員会」を設置し、ノーマライゼーション原理に基づく、より具体的な実態にみあう新法の作成に向けて動き出すことになった。こうした中、1981年に「ケア調査委員会最終報告書」が提出され、同年、保守連立内閣の政府案として「知的障害者等特別援護法（新援護法）」が提案され1985年成立した。旧援護法で指摘された問題

点を解決するために、対象者枠を広げ、「知的発達が遅れている人のみならず、成人に達してから脳疾患や肢体不自由・病弱のために、重篤かつ恒久的な知的障害をもつようになった人々（15歳以上の中途障害も含む）や幼少期に精神疾患（自閉症等）にかかった人々」とした。新援護法は、対象者の自己決定権や入所施設および特別病院の解体の方針を初めて明示したとされるが、新援護法による入所施設解体の方針やサービス内容を具体化していくには、実現が困難であることが認められ、施行の半年後には、法改正のための準備委員会が発足した[15]。

　1989年に障害者の社会参加を進めるための調査委員会、いわゆる「障害者政策に関する1989年委員会」が設置された。それは、ノーマライゼーションの過去の経緯を踏まえて21世紀を展望する障害者施策を模索し、展開することを課題とするものであった。この委員会の最終答申書に基づいて、新たに特別立法が必要であることが強調された。これが1993年に成立し、1994年に施行された「機能障害者のための援助及びサービスに関する法律（Lag om stöd och service till vissa funktionshindrade）」いわゆるLSS法につながっていく（以下LSS法）[16]。

　LSS法と同時に、「介護手当に関する法律（Lag om assistansersättning=LASS法、以下LASS法）」も施行され、障害者の地域生活を支援する体制が強化された。LSS法の施行により、1986年施行の「新援護法」は廃止された。

　LSS法は、障害者の社会参加を可能にし、当事者の意思が反映された自己決定を可能にする支援の実現を根本的な目的としていた。対象者を「①知的障害、自閉症、あるいは自閉的傾向を示す人、②成人後、事故や疾病、脳出血等による脳傷害で、永続的に一定の知的能力に機能障害を有している人、③上記以外で、日常生活に支障をきたし、その結果、援助・サービスを必要とする身体的又は精神的に継続的な機能障害を有する人。通常の高齢化による機能障害は除く。」と規定し、以前の法律では対象とされていなかった、身体障害、視覚・聴覚障害、その他の機能障害も含まれるようになった[17]。

　LASS法では、LSS法の第5条で規定されている「生活条件の平等化と社会参加の奨励」を具体的に制度化した法律であり、重度の障害があっても障害のない人と同じように生活する権利があることが認められたことを示して

いる。障害者のニーズに合わせ、生活全般、就学及び就労、余暇活動等における支援が行われ、援助内容も障害者の希望に合わせて決定されると定められている。LASS法による対象者は、65歳以下の重度障害者で、1人で生活している人、家族と生活している人、またLSS法第9条のパーソナルアシスタンスによる日常生活援助を受ける権利があり、週に20時間以上の援助が必要な人である。パーソナルアシスタンスに係る費用は、1週間に20時間以上の支援が必要な場合、政府が負担し、20時間以下の支援で十分な場合は、コミューンが負担するが、2年ごとに再審査・再決定が行われる。なお、LASS法では、障害者の自己決定を尊重するという視点から、パーソナルアシスタンスを当事者が雇用することも可能になった[18]。

　LSS法、LASS法が施行された1994年、障害者の権利を保障するため、ハンディキャップ・オンブズマン法が施行され、ハンディキャップ・オンブズマンが設置された。これにより、ハンディキャップ・オンブズマンは障害者の権利を守り、1993年に国連によって制定された「障害者の機会均等化に関する基準規則」が国内で遵守されているかどうかを監視する役割を担うことになった[19]。

　その後、1996年に国会で入所施設解体法が承認され、すべての入所施設の解体期日が1999年12月31日と決められた。それまでにすべての入所施設を解体することとされ、障害があっても地域でグループホームや特別支援付きのアパート等で生活することが当たり前になった[20]。

　生活の場の変化が進むにつれ、障害者の権利擁護を明確に示した政策が進められるようになった。2008年には新差別禁止法が制定され、翌年施行された。新差別禁止法は、平等法（1991年制定）と民族・宗教・信仰上の雇用差別禁止（1999年制定）、障害者雇用差別禁止法（1999年制定）、そして性的指向上の雇用差別禁止法（1999年制定）のすべてを統合し、より強力な差別禁止法として制定されたものである。この法律の施行により、これまでの差別禁止に関するすべての法律と平等法は廃止された。新差別禁止法においては、第1条で、性差、性同一性障害、民族、宗教、信仰、障害、性的指向、年齢による差別を禁じ、他の人と同じ権利と可能性を持てるように支援することを目的としている。全6章で構成されており、職場や、雇用、教育現場、

社会サービス、病院、保健医療等、日常におけるあらゆる場面の差別を禁止している[21]。

2008年に制定された新差別禁止法の施行と同時に、差別オンブズマン法が2009年1月1日に施行された。差別オンブズマンは、以前から設置されていた人種や民族差別を受けた人の権利擁護のための差別オンブズマン（DO）、性別を理由に差別を受けた人の権利擁護のための平等オンブズマン（JämO）、障害者の権利擁護のためのハンディキャップ・オンブズマン（HO）、同性愛者の権利擁護のための性的指向オンブズマン（HomO）が統一され、再構築されて設置されたものである。差別オンブズマンは、差別を禁止し、マイノリティの権利擁護のために、①情報提供や研修を行うこと、また、行政機関、企業、当事者、当事者組織との連絡を常にとること、②国際動向に従うこと、また、国際組織と連絡をとりあうこと、③調査や開発研究を行うこと、④政府とともに、現状の変化に対応し、また、差別と闘うこと、⑤その他、必要に応じて適切な措置をとることを活動内容としている[22]。

近年、当事者の意思を尊重し、社会参加を可能にするべく、当事者主体の政策に取り組んでいる。そして、LSS法もそのような時代背景に合わせて、何度も改正され、障害者の権利や徹底したプライバシーの保護、差別禁止をより明確に規定した内容に変化しつつある。以上、概観してきたように、ノーマライゼーション原理の実現に向けて取り組んできたスウェーデンであるが、次項に見られるように、当事者団体の動きが政策に大きな影響を与えているといえる。

2-3　当事者組織の誕生と障害者福祉政策

1800年代の半ばから市民権運動が始まり、やがてスウェーデン全土に広がっていく。障害当事者組織もその運動の一部として広がった経緯がある。スウェーデンにおいて、最も歴史が古い団体は、ドイツに影響を受け、1868年にストックホルムで設立された聴覚障害者団体（1922年に全国聴覚障害者協会となる）だった。また、1889年には、視覚障害者の労役場で働いていた人々によって視覚障害者協会（Synskadades Riksförbund）が設立された。当初、資金も殆どなかったが、視覚障害者の働く権利を求めて、政府に働き

かけていき、次第に政策にも影響を与えるようになった。1943年にスウェーデン糖尿病協会、1945年にリウマチ協会、1956年にぜんそく・アレルギー協会、1957年に神経障害者協会など次々と当事者団体が設立され、現在、難病などの団体も含め、50以上の当事者組織が存在する[23]。

　スウェーデンの障害者福祉政策の発展には、これらの当事者組織が大きく関わっていた。最初は、視覚・聴覚障害者の当事者組織が中心となり、労働権を求めて働きかけていったが、1960年代から全国知的障害者協会（Riksförbundet För barn, unga och vuxna med utvecklingsstörning: FUB。以下FUBと表記）も知的障害者の権利や地域生活をする権利を求めて政府に働きかけていった[24]。

　1980年代より、当事者運動もさらに活発化し、生活の場も施設中心から地域生活へと変化していく。1983年12月、ストックホルムで自立生活運動セミナー[25]が開かれた。その結果、翌年ストックホルム自立生活協同組合（STIL）[26]が、重度身体障害者のためのパーソナルアシスタンスの選択肢を増やすことを目的として設立された。STILは、それまでのThe Fokus Society[27]が考えたような住宅とサービスの一体型ではなく、住宅とサービスをそれぞれ別に提供することを主張した。そして、パーソナルアシスタンスの費用は、当事者にコミューンや政府から支払われ、当事者が自分の選んだアシスタンスからサービスを受けられるようにするべきであると主張した。

　一方、徐々に知的障害者の社会参加と自己決定への関心も高まり、前述したFUBも、当事者組織として当事者を常任理事に選出するなど動き出した。1984年FUB全国大会で、オーケ・ヨハンソン氏が当事者としては初めて全国常任理事に選出され、1985年に知的障害者等特別援護法草案に対する国会聴聞が行われた時、当事者代表として意見陳述した。また彼は、法案用語の一部を適切な用語に変えさせるなど、政策決定にあたり大きな役割を果たした。さらに1986年の新援護法施行後も、FUBの初代当事者の意見として新援護法に規定している障害者の労働、教育、年金の問題点について言及し、政府に働きかけた。その結果、新援護法は廃止され、新しい法律を作るための準備が整備され始めた。1993年に障害者福祉に関する画期的な法律であるLSS法が成立した経緯にも、このような当事者からの主張や活動がある[28]。

FUBや殆どの当事者組織と協力関係にあり、当事者団体の連合組織であるスウェーデン・ハンディキャップ協会（HSO: 1942年設立）などは、政府、ランスティング（日本の都道府県に相当）、コミューンに計画や法案を提案する役割や政府が障害者福祉政策に積極的に取り組んでいるか監視的な役割を担っている。当然、行政側も当事者組織を意識し、政策に反映しようとする面も見られる。スウェーデンの障害者福祉政策は、政府と当事者組織の協働で作りあげてきたともいえる。

3　ヴェルムランド県の実践

3-1　ヴェルムランド県の概要

　スウェーデン西部、ノルウェーに近いヴェルムランド県は、1779年にエレブロ県から独立した。1584年にカール9世により、コミューンとして認められたカールスタッドを県庁所在地にし、現在、ヴェーネルン湖を囲むように16のコミューンが集まっている（図1の地図参照）。県全体の人口は27万4,691人（2014年12月）だが、若い世代は、大都市に引っ越す傾向が強く、高齢者が増加傾向にある。県庁所在地であるカールスタッド・コミューンの人口は約8万9000人、最も人口の少ないムンクホーシュ・コミューンになると3,600人程度の人口になる。近年、難民受け入れ政策により、県庁所在地のカールスタッド・コミューンでは難民・移民の人数が増加している。

　人口は少ないが、森と湖に囲まれた自然豊かな地域として国内でも知られている。また、織物などの伝統産業が盛んな地域であり、近年はIT企業の進出が著しい[29]。

　社会福祉サービスについては、コミューンがサービス実施主体であるが、県はコミューンと協働関係という位置づけである。次項で、県庁所在地であるカールスタッドと人口約4,000人のストールフォーシュという2つのコミューンを中軸に実践を見ていく。

3-2　カールスタッド・コミューンにおける実践

　障害者福祉については、前述したLSS法第9条に規定されている「①障

害当事者と家族に対する助言と個別援助　②パーソナルアシスタンスによる支援と経済援助（65歳以下の人を対象）、③移送サービス、④コンタクトパーソン30)による支援、⑤レスパイトサービス、⑥ショートステイサービス、⑦12歳以上の学童児童への課外活動（学童保育）、⑧里親制度または、何らかの理由で自宅以外に住む必要性のある児童・青少年のための特

図1

別サービスつきの住居、⑨成人用の特別サービス付きの住居（グループホームも含む）、⑩職業又は学業にもついていない人のための日中活動支援が提供されており、これらのサービスはすべてのコミューンに共通している。どのサービスに力を入れるかはコミューンに裁量権があるが、最も利用者の多い日中活動を充実させていることが多い31)。

　カールスタッド・コミューンでは、介護・福祉局において、社会福祉政策が実践されている。障害者福祉政策については、1993年から大規模入所施設を廃止し、地域生活支援を重視する方向で取り組んでいる。コミューン内で、LSS法による何らかのサービスを受けている障害者は、621人であり、うち382人が23歳から64歳までである。日中活動サービス（職業がない人または、職業訓練を受けていない人のためのデイサービス）を利用している人が270人と最も多く、次いで、241人がコンタクトパーソンによる支援を受けており、その次に住宅支援の240人の順になっていることから、障害者の生活の場は地域で特別支援付きのアパートや何らかのサービスを受けながら自宅でひとり暮らしをし、日中活動としてデイサービスや日本でいう就労支援のような場所に通っていることがうかがえる。

　障害福祉課においては、日中活動を中心にサービスを提供する部署、グループホームや特別支援付きのアパートなど住宅支援を提供する部署、24時

間必要な支援を受けられるパーソナルアシスタンスと呼ばれるサービスを提供する部署の3つを中心に、それぞれの部署が連携しながら支援が行われている[32]。

パーソナルアシスタンスは、第2節で述べたように、当事者自身が雇用できる制度であり、コミューン、民間、協同組合からパーソナルアシスタンスを当事者が選択し、日常生活に関わる必要な支援を受けることができる。パーソナルアシスタンスの部署では、パーソナルアシスタンスの派遣や情報提供などを行い、住宅支援や日中活動に関するサービス提供を行う部署と連携しながら、障害者の地域生活支援の中核を担っている。

住宅支援においては、18歳以上の障害者を対象に、障害者の生活の場となるグループホーム、特別支援付きのアパートの提供や住宅支援に関する相談だけでなく、障害者が日常生活を行う上で必要になってくる買い物への付き添いや料理を一緒に作る等の支援も行っている。

最も利用者の多い日中活動においては、障害の程度により、音楽、絵画、手芸、カフェ、洗濯、洗車、犬の餌やおやつなどを作る作業、料理、清掃、ガーデニング、福祉機器の洗浄、コンピュータ入力などの作業、水泳、散歩、ダンスなどさまざまな活動プログラムを選択でき、約20ヶ所あるデイサービスセンターでこれらのサービスを提供している。障害の程度が軽い、あるいは将来就労したいという希望がある場合は、カフェや洗車、清掃など僅かではあるが給料も貰える活動に参加している。また自閉症や発達障害等に配慮し、個室でパソコンなどの作業を行うプログラムもある。多様な日中活動の場を提供することにより、それぞれに合ったプログラムを選択することが可能になり、週に3日通うなど個人の意思を尊重した支援が行われている[33]。

このように、他部署との連携や協働関係を保ちながら障害者の生活全体の支援を行い、より個別的な支援を可能にしている。それでは、実際に、障害者の地域生活をどのように支援しているのか事例を通してみてみよう。

〈特別支援付きのアパートに住むAさんの場合〉

ダウン症候群のAさん（男性、20代前半）は、町の中心部に位置する特別支

援付きのアパートで一人暮らしをしている（写真）。Aさんが暮らしている特別支援付きのアパートには、12人の障害者が暮らしている。職員は同じ敷地内ではあるが、別の場所で24時間待機し、定期的に見守り支援をしたり、利用者からの呼び出しに応じて支援したりするなど、一人ひとりに合わせた支援

写真　特別支援付きアパートで暮らすAさんの部屋

を行っている。Aさんは、必要なときに職員に来てもらい、見守り支援として利用している。

　以前、Aさんは、日中活動として、障害の程度が軽度から重度の方までを対象にさまざまなアクティビティ・プログラムを提供するデイサービスに、週に3日通い、好きなダンスや音楽を中心とするプログラムで活動していた。しかし、「働きたい」という希望が出てきたこともあり、就労支援に繋げ、日中は、特別支援付きのアパートの近くのスーパーマーケットで、清掃や食品整理の仕事をしている。

　Aさんの支援は、日常生活等、ほとんど一人で行うことができるとはいえ、図2のように、職場、アパートで待機している職員などと連携しながら行われている。関係諸機関と密に連携し、Aさんのできることは可能な限り自分でやってもらうということで、Aさんは、20代の若者と同じように、週末、友人や同僚と夜に出かけたり、旅行に行ったりというような生活をし、「とても楽しい」と話していた。

3-3　ストールフォーシュ・コミューンにおける実践

　ストールフォーシュ・コミューンのLSS法によるサービスにかかわる2015年の予算は、約70万クローナ（836万円：1クローナ約12円で換算［2016年］）であった。コミューンでは、障害者の生活支援のために、LSS法に規定されているサービスと社会サービス法によるホームヘルプサービスを提供している。

　LSS法におけるサービスの中で、特にパーソナルアシスタンスによる支援、

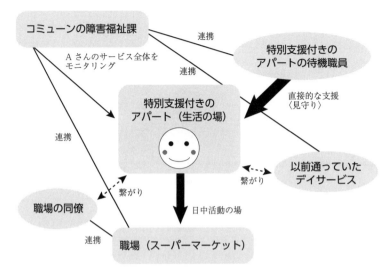

図2　Aさんの生活環境

コンタクトパーソンによる支援、移送サービス、12歳以上の学童児童への課外活動（学童保育）、日中活動支援に力を入れている。人口約4,000人のうち、22人がLSS法によるサービスを利用している。11人がコンタクトパーソンによる支援を受けている。パーソナルアシスタンスを受けている利用者は13人であるが、7人は社会保険事務所（政府）から費用を支給してもらい、6人はコミューンから費用を支給してもらう。日中活動サービスを利用している人は4人であるが、2人は近隣コミューンの日中活動サービスを利用し、1人は非営利団体のサービスを利用している。人口の少ないコミューンであるため、コミューン内で足りないサービスがある場合は、近隣コミューンのサービスを利用してもらうなど、近隣コミューンとの協働も欠かせない。その分にかかる費用は、近隣コミューンから借りる形をとっている[34]。

　小規模のコミューンでは、特に、政府、県、他のコミューンと協働・連携し、当事者にとって、質の高い、そして、安心できるサービスを提供していくことが課題になっている。特にパーソナルアシスタンスによる支援を重視していることもあり、コミューンはパーソナルアシスタンスを25人雇用し、

当事者自身が自分に合ったアシスタンスを選択できるようにしている。次に、パーソナルアシスタンスを利用しながら自宅で生活をしているケースを見てみる。

〈パーソナルアシスタンスを利用しているBさんの場合〉

　50代女性のBさんは、4年前に脳梗塞で倒れて以来、身体には麻痺が残り、殆ど寝たきり生活となった。夫とは死別し、2人の子どもは独立して、別の街に住んでいる。Bさんは、自分自身のことは殆ど何もできないため、常時、介助を必要とする生活である。記憶にも障害が残り、特に入院生活時のことは覚えていない。言葉でのコミュニケーションは比較的保たれているため、自分の意思を伝えることはできる。Bさんは、ストールフォーシュ・コミューンの中心地から車で約20分離れた古い家に、2匹の飼い猫と一緒に住んでいる。

　Bさんは、初め、コンタクトパーソンによる支援を利用していたが、自宅での生活を希望したこともあり、パーソナルアシスタンスによる支援を受けながら生活している。また、成年後見制度として、財産管理機能の強い「Förvaltare」制度を利用し、自身のお金を管理してもらっている。Bさんは、常時介護を必要とするため、1週間に20時間以上の支援が必要と認められ、6人のパーソナルアシスタンスを雇用している。雇用にかかる費用は、LASS法に規定されている1週間に20時間以上の支援が必要であるとされるため、政府（社会保険事務所）が負担する。

　6人のパーソナルアシスタンスは、年齢もさまざまであるが、交代で、Bさんの自宅に来て、掃除、シャワー、買い物、病院への付き添いなど日常的な支援を行っている。夜間もパーソナルアシスタンスは必要なため、Bさんとは別の部屋で待機し、トイレ等必要な場合に支援をする。Bさんの日常生活は表1のような流れになる。常時、パーソナルアシスタンスの介助を必要とするが、調子の良いときは、街に出て買い物をしたり、映画鑑賞をし

表1　Bさんの一日の生活の流れ

8:30	起床。パーソナルアシスタンスにリフトで起こしてもらい、車椅子に移乗。シャワー、その後朝食
11:00	お茶の時間（コーヒーの準備をしてもらう）
12:00	昼食
13:00	午後の散歩
15:00	お茶の時間（コーヒーの準備をしてもらう）
17:00	夕食。お茶の時間
20:00	就寝

たりするのが楽しみだという。

　6人のパーソナルアシスタンスは、全員コミューンからの派遣である。「本人が必要な時に必要な支援をするのが自分達の仕事」と言うパーソナルアシスタンスのひとりであるMさんは、「24時間Bさんと一緒にいて、24時間永遠に介助をしているわけではない。見守って、BさんができることはBさんにやってもらうのがパーソナルアシスタンスの役割である」と言い、夜間は、殆ど見守るくらいであるため、仕事での負担感はないと言い切る。「Bさんと一緒に過ごすことが楽しい。Bさんを信頼している」と言う。パーソナルアシスタンスを誰にするかは最終的にBさんが決めているが、Bさんの個人情報を基に、コミューンも候補のアシスタンスを、試用期間を通して考慮している。Bさんは、「パーソナルアシスタンスに不満は全然ない。必要な時に手伝ってくれ、一緒にお茶もしたり、話ができたりして楽しい」と言い、自宅でパーソナルアシスタンスを利用しながら、自分の望む生活を続けることができている。

4　当事者主体の支援のとらえ方——課題と展望

4-1　当事者主体の支援における課題

　スウェーデンにおいては、地方自治体であるコミューンの役割が大きくなり、障害者福祉サービスに関しても、コミューンの責任の下、サービスが実施されている。県（ランスティング）と言われる広域自治体とは協力関係にある。LSS法による大枠のサービスは決められてはいるものの、サービス提供については、ある程度コミューンの裁量を認めている。

　LSS法が施行されてから、より地域生活支援を重視される傾向となり、当事者一人ひとりの支援に焦点を当て、より個別支援を徹底する傾向にある。当事者が主体となり、彼らの「何がしたいか」という希望に即しながら支援を実践している。当事者の意思を聴き、当事者自身が自分の意思を伝えることができる場や機会を設けることが当事者主体の支援に繋がると考えられており、それにより、LSS法に規定されている、当事者の自己決定を尊重した支援を具現化しているともいえる。

　大規模入所施設を廃止してから、各コミューンの実践は、障害者の地域生

活支援、特に日中活動の場の提供や住宅支援の部分に重点を置いている。カールスタッド・コミューンやストールフォーシュ・コミューンにおいても当事者一人ひとりの「できること」に着目し、福祉機器を利用しながらも、最小限の支援で当事者自身が日常生活を送ることが可能になるように実践している。住み慣れた地域で生活の場を保障することを重視した支援を行っているといえる。

　前節で確認したＡさんのケースは、Ａさん自身の障害の程度が軽いこともあり、ADL（日常生活動作）機能も良い。しかし、何らかの支援もなく、一人で生活するということは、Ａさん自身にも不安がある。Ａさんの苦手な整理整頓や清掃の手順の説明など、職員はわかりやすく図や写真で示し、Ａさんが自分でできるように側面的に支援を行っている。Ａさん自身が持つ可能性や達成感を引き出すことが重要であると捉えている。また、コミューンが関係機関・施設と連携しながら支援を行うことにより、Ａさん主体の地域生活が可能になるのである。図２「Ａさんの生活環境」において重要なことは、支援の主体がＡさんであり、支援体制の中心にＡさんが存在することなのである。それにより、Ａさんの「～したい」という希望を実現することが可能になるといえる。

　また、Ｂさんのケースでは、常時支援を必要とするＢさんの日常生活を６人のパーソナルアシスタンスが支えている。１週間の間に、６人が交代でＢさんの日常生活を支援しているが、福祉機器を適宜使用しながら、Ｂさんができることはレさんにしてもらうことにしている。24時間、パーソナルアシスタンスが支援しているが、殆ど見守り支援であり、Ｂさんが必要な時に支援している。１週間に20時間以上の支援が必要であるとはいえ、Ｂさんは、住み慣れた自宅で、パーソナルアシスタンスと談笑しながら日常生活を送っているのである。「Ｂさんができることは手伝わない」と言い、Ｂさんの状態を観察しながら、持ちやすい食器に変えるなど、少しの工夫でできることは多い。パーソナルアシスタンスの役割として、当事者の可能性を見ながら、最小限の支援をすることで、当事者の達成感や満足感に繋がるといえる。Ｂさんの意思を聴くことで、Ｂさん主体の日常生活が可能になっている。

　Ａさん、Ｂさんの支援において共通していることは、障害者をひとりの

人間として尊重し、彼らの声を拾い上げることである。当事者の意思を聴き、それに沿ったサービスを提供することにより、非常に充実したサービスを提供することが可能になっている。カールスタッド・コミューンにおいては、日中活動プログラムも選択肢を増やし、一人ひとりに合ったプログラムを選ぶことができるようになっている。またパーソナルアシスタンスも当事者が選択して自分に合ったパーソナルアシスタンスを利用することができる。さらに、当事者自身に、利用しているサービスや雇用しているパーソナルアシスタンスのサービスが適切かどうかや満足しているかどうかなど、サービスの質を問う試みも行っている[35]。そのような取り組みにより、当事者主体の支援が可能になる。旅行や外食など、週末行う余暇活動プログラムも多種多様であり、障害者もごく当たり前に日常生活を送ることができるように支援を行っている。これまで概観してきたように、FUB（スウェーデン全国知的障害者協会）やSTIL（ストックホルム自立生活協同組合）などの当事者団体による活動の働きかけもあり、スウェーデンにおいては、障害者の社会参加や意思決定を意識した支援が実現されつつあり、LSS法が施行されて以降、障害者の権利法としての理念が具体化されつつあることが確認できる。

　しかし一方で、個別支援を重視していく中で、一人ひとりに合ったサービスを提供していくことの困難さもある。施設で管理された生活を送っていたときは決められたことを決められた通りにするだけでも支援ができていたが、地域で生活することが当たり前になってくると、多様な生活スタイルや希望が出てくる。個人を見ていくことを通して、どのようなニーズがあるのかを把握し、多職種や多機関との協働の強化がますます求められてくるといえる。また、当事者の意思決定を重視する中で、言葉でのコミュニケーションが困難な障害者に対する意思の確認も課題となる。スウェーデン全体にいえるが、難民や移民の数が増えたことにより、意思確認・意思決定をより重視する傾向にある。そのため、さまざまなコミュニケーション・ツールの開発やアプリケーション、タブレットの活用など相手の意思を確認することに焦点を当てている。現状では、そのようなコミュニケーション・ツールの利用や、表情などから意思を読み取ることが中心となり、当事者とより時間をかけて関わり、信頼関係を築いていく必要がある。言葉でのコミュニケーションが困

難な場合、まだまだ生きづらさを抱えており、今後さらに当事者の意思決定支援が重要になるといえる。

4-2 LSS法にみる当事者主体の支援とは

以上において明らかにしてきたように、スウェーデンの障害者福祉政策は、当事者を保護する時代から当事者主権の時代へと変化しつつあり、コミューンにおける障害者の生活支援の実践でも、当事者を中心に、障害者の意思を聴くことが当然の課題となってきた。すなわち、障害者の生活を支援していく上で、当事者の意思決定を支援することは必要不可欠なのである。その中で、当事者団体の役割は大きく、当事者の声を政府に必ず伝え、運動していく姿勢と、政府は当事者団体の声を聴きながら、少しでも政策に反映させようとする協働で築いていく姿勢が重要である。

日本においては、1998年の社会福祉基礎構造改革の議論以降[36]、障害者福祉政策に関しても「利用者主体」「自己決定の尊重」という言葉が随所にみられるようになった。また、障害者総合支援法では、障害者の地域生活支援の充実を図る施策がみられ、当事者の意思を尊重した支援のあり方が問われるようになりつつある。しかし、障害者の生活実態は、収入の少なさや日常生活における生活のしづらさを日々感じるなど、一人ひとりが抱えているニーズは多いにもかかわらず、地域生活支援を推進する施策にそれらが反映されているとは言えない。私達にはごく当たり前である、ノーマルな日常生活、すなわち、通学・通勤、余暇などが障害者には制限された状態であると言える。

スウェーデンでは現在、LSS法が施行されてから20年以上経過しているが、障害者の「権利法」としてスウェーデン社会に浸透している。LSS法には、第4条の「個人の権利」では、当事者が尊重されるべきことが規定されている。そして、第7条及び第8条に「援助に関する権利」について規定されており、当事者個人のニーズを尊重し、LSS法第9条に規定されている援助を受ける権利が明記されている。また、情報を当事者や家族に正確に伝えることが重要であるとしている[37]。ここでは、スウェーデンにおける実践を手がかりとして、LSS法にみる当事者主体の支援を確認し、障害者の生活

支援にかかわる重要な論点をまとめておくことにしよう。

(1) 多様な選択肢と情報の提供
　LSS法では、当事者個人のニーズを尊重することと正確な情報を提供することを重視している。そのため、カールスタッド・コミューンにおいても、日中活動の場は20ヶ所あり、どのようなプログラムを選ぶかを当事者が決めることができる。活動プログラムは「作業」「就労」「訓練」というよりは、ごく当たり前に、日々の生活を楽しむことを目的としている。ストールフォーシュのような人口の少ないコミューンでは、カールスタッド・コミューンのように多種多様なプログラムを提供していくことは限界もあるが、可能な限り利用者の要望を聞きながら、近隣のコミューンと連携してプログラムを提供している。情報についても、知的障害者等が理解しやすいように作られたLL本（スウェーデン語でlättläst：簡単に読めるという意味）[38]及びDVDを活用したり、インターネットの普及に伴いホームページにアクセスしやすいように工夫をしている。近年は多言語で表示したり、通訳をつけたりすることで、情報を正確に伝えることに力を入れている。また、法律や制度についての情報提供も当事者及びその家族にとって必要不可欠であり、コミューンの職員や専門職が図や写真を用いながら情報を提供している。
　日本においては、当事者主体を支援の中心に検討していくことが今後の課題となるであろうが、「当事者が選ぶ」ということが根底になれば、情報を正確に提供し、多様な選択肢を考えていく必要性が出てくるであろう。現状では、日中の活動プログラムについても未だ障害者に何かをさせなければならないと考え、手が思うように使えない、高齢になり作業はできなくなったなど障害の程度が重度や高齢障害者となると何もすることなく、無目的に過ごし、結果、食事まで寝ているだけとなってしまうケースも多々ある。生活に意味を見いだせなくなると、障害の有無に関わらず、無目的になり、やる気が失せてしまうことを、支援者は再確認していかなければならないだろう。高齢になっても、障害の程度が重くても、音楽を聴いたり、人と触れ合う場を設けたり、人として、私達が普通に望む過ごし方を探っていくことが必要である。多様な選択肢や情報の提供ということは、障害者の社会参加を支え

ていく方法であるという点について、さらに検討を進めていく必要があるだろう。

(2) 支援を受けた意思決定（Supported Decision Making）

　LSS法で規定されている当事者のニーズを尊重する中で、最重要であるのが、当事者の意思に沿った支援である。選択肢を増やすことや正確な情報を提供することにも、当事者の意思は重要な部分となってくる。各コミューンも、支援するに当たり、重要視していることは、当事者が「何をしたいのか」という意思であり、今すぐ実現が不可能であっても当事者の気持ちを聴くことが重要であるとされている。言葉によるコミュニケーションが困難な人のためには、多様なコミュニケーション機器の開発やピクトグラム[39]などの視覚に訴えるコミュニケーション方法など一人ひとりに合わせた方法を提供するようになりつつある。また、コンタクトパーソン、パーソナルアシスタンスによる意思決定の支援が実践されているが、特定の支援者だけが常に関わるのではなく、多様な専門職と協議の場を設けるなど開かれた支援を行っている。特定の支援者だけが常に関わっていくと、いつの間にか当事者の意思ではなく、支援者の意思にすり替えられてしまう可能性や支援者にとっても重圧になる場合もあるからである。

　北野（2015: 164-167）は、意思決定・表明について「①第1原則（エンパワーメント支援の原則）　②第2原則（意思表明支援の原則）　③第3原則（自己覚知と民主的討議の原則）　④第4原則（支援者の見守る自由の原則」という4つの重要な原則を述べている。スウェーデンでは既にこの4つの原則に基づいて実践されていると思われるが、意思決定支援を検討していくに当たり、これらの原則を重視していくことが必要であるといえる。

(3) 権利擁護システムの構築

　スウェーデンにおいては、LSS法によって、15歳以下の児童あるいは知的障害者、精神障害者等の権利を保障するため、成年後見人として「Vårdnadshavare」、「God man」、「Förmyndare」「Förvaltare」の制度を規定している[40]。4つの制度は類似の制度ではあるが、「Vårdnadshavare」と

「Förmyndare」は18歳未満の児童を対象とし、「God man」と「Förvaltare」は18歳以上の成人を対象としたものということと、「Förmyndare」と「Förvaltare」の方がより強い権限を持ったものという違いがある[41]。また「God man」になるには特別な資格はなく、裁判所が適切であると判断すれば、任命することができる[42]。日本のような財産管理を主とする成年後見制度より障害者の多様なニーズに柔軟に対応できるシステムである。前節で確認したBさんのように、Förvaltareを利用しながらもごく普通に生活を送ることができるのである。

日本においては、成年後見制度の利用者数は19万1335人（2015年12月末）になり年々増加傾向にある[43]。親亡き後を考えて、知的障害者の利用ニーズが高まりつつあるが、依然、財産管理に限定したままであり、多様なニーズに対応していない。生活支援の一つとして、障害者のニーズに密着した制度として利用できるようにしていくべきであろう。権利擁護システムの構築については、非常に弱いと言わざるをえない現状であるが、今後、障害者の権利を強化し、当事者主体の支援に転換していくためにも、権利擁護システムについて見直していく必要がある。

(4) 当事者中心の生活支援システムの構築

近年、スウェーデンにおいても難民受け入れを背景に、利用者のニーズも複雑化している。難民で家族とともにスウェーデンにやってきた子どもに障害があるケースや、言語の問題や情報難民となってしまうケースもある。もともとLSS法で個別支援を強調していることもあるが、近年は特に個別支援を強化するため、多職種・多機関との連携は必要不可欠となっている。相談支援の場を設けたりするなど、コミューン独自の相談支援事業を展開したり、住宅及び就労支援をするなど、一人ひとりを支援する体制が強化されつつある。

第3節で紹介したように、生活者である障害者は自身の思いを主張することが可能であり、それぞれの生活場面において役割を遂行している。当然、個人が必要とする支援をコミューンや専門職から受けながら生活しているわけであるが、ここで重要になるのが、主役は誰なのかということである。障

害者が受け身で支援を受けているというわけではなく、生活主体として捉え、さまざまな機関・専門職等が連携し、障害者が「何をしたいのか」を中心に、支援の仕組みを構築している。

　北野（2015: 58）は、「生活支援」の定義において次のように述べている。「多くの認知症高齢者や知的障害者や発達障害者や精神障害者の主要なニーズそのもの」に対応するものであり、「見守りや外出支援や社会参加支援の重要性は言うまでもなく、各種の困りごとや金銭管理や虐待等の多様な権利擁護をふまえた意思決定・表明支援のもつ、本人のエンパワーメント支援」を軽視しては実現できないものである。障害者が主体的に、能動的に生活をする人として、社会における様々な役割を演じながら生活し、それを支援していくシステムの構築が求められる。

　日本においては、ようやく地域生活を中心とした支援の充実が必要であると認識され、当事者主体の支援は始まったばかりである。まだまだ入所施設での生活が中心となり、当事者主体とは言えない現状を垣間見ることの方が多い。生活の場が施設から地域へと変われば、専門家と言われる職員主導の管理主義的な支援をただ受け身に受けるのではなく、当事者が主体となり、一人ひとりに合った支援を展開することが求められる。今後、障害者を生活者として捉え、生活支援を検討していく際、さまざまな関係諸機関や専門職が連携していく、生活支援のネットワークの構築と個別支援の強化が必要となる。

5　おわりに

　本章では、「障害者の地域生活支援体制の構築に向けて——スウェーデン・カールスタッド・コミューンにおける実践を手がかりに」（桃山学院大学社会学論集第49巻第2号）を基に、LSS法がスウェーデンにおける実践にどのように反映されているのかを2つのコミューンを通して概観してきた。障害者の生活の場が地域での生活となってから、より個別に焦点が当てられ、LSS法に規定されている個人の権利が強められていると思われる。また、障害の有無に関係なく、より正確な情報を相手に伝えることと相手の意思決定を支

援することが注目されるようになっている。さまざまな言語での翻訳や絵文字や写真を活用しながら、コミュニケーション支援に各コミューンも力を入れざるを得ない状況となっている。

　一方で、スウェーデンが抱えている課題は、財政課題や、難民や移民の増加に当事者の背景が複雑であるなど、ニーズも多様化し、これまで通りの体制ではうまくいかないケースにも直面している。当事者団体の要求を聴きながらも、充実したサービスを提供できるかどうかが今後注目されるところである。コミューンの障害福祉を担当する職員は、「今後、利用者にとって、LSS法は誰でもサービスを受けられるというよりは厳格な基準となるだろう。しかし、どのようなことがあっても権利法であるLSS法を廃止することはない。」と言及している。障害者の生活にとって、LSS法が必要不可欠であることは当然であるが、行政や現場で支援する側にとってもLSS法があるからこそ、当事者主体の支援を可能にしている部分もあるといえる。

　日本においては、障害者の権利条約への批准や、障害者差別解消法の施行に向けて、ようやく障害者の権利の保障や地域生活支援に向けて取組みが始まったばかりである。未だ当事者を主体と捉えず、保護の対象としか考えられていない面があり、「障害者＝かわいそうな人」として捉えられる傾向がまだまだ残っているのが残念である。しかし、今後、障害者をひとりの人として捉え、理念の具現化をしていく必要があり、その際、現在の権利擁護システムや地域生活支援の仕組みについて検討していくことが求められると考えられる。

　本章では十分に明らかにできなかったスウェーデンが抱えている課題の一つひとつについて、課題解決に向けての取組みについて研究を深めるとともに、スウェーデン社会の根底にある理念について明らかにしていくことを今後の課題としたい。

［注］
1　清原（2009）
2　清原（2010）
3　オーケ・エルメルほか編／清原舞訳（2010）

4　清原（2011a）
5　清原（2011b）
6　清原（2012）
7　清原（2016）
8　Magnus Tideman. ed.（2000）：20
9　Magnus Tideman.ed.（2000）：22。1757年からてんかん患者は法律で結婚を禁止されていた。そして1935年には不妊法が成立し、知的障害者には不妊及び断種手術が行われ、残念ながらこのような障害者の人権を無視した政策を解決するには、1970年代半ばまで待たなければならなかった。なお、スウェーデンの優生思想については、新聞報道を基にまとめた二文字理明ほか（2000）を参照されたい。
10　河東田（2009）：28-39
11　アドルフ D ラッカ／河東田博ほか訳（1991）：37-38。現在のパーソナルアシスタンス制度とは、障害者の生活全般にわたるニーズに対して提供される個別援助のことであり、雇用形態は、障害者本人が面談して雇う（家族であっても良いが、家族全員がパーソナルアシスタンスにならないように人数制限はある）。
12　NotisumsLagbok（スウェーデンの法律検索サイト）：http://www.notisum.se/（検索日：2016/07/17）を参照。
13　アドルフ・D・ラッカ／河東田博ほか訳（1991）：28
14　高島（2007）：125
15　同上書：125-126
16　同上書：130-131
17　清原（2016）：125
18　Bengt Olof Bergstrand（2005）：66-75
19　清原（2012）
20　ヤンネ・ラーションほか／河東田博ほか訳編（2000）：172
21　SverigesRiksdagen ホームページ：http://www.riksdagen.se/（検索日：2016/09/03）。
22　差別オンブズマン（DO）ホームページ：http://www.do.se/（検索日：2016/09/03）参照。
23　Magnus Tideman. ed.（2000）：346-347
24　清原（2011）
25　1983年12月、自立生活運動セミナーが3日間にわたってストックホルムで開催された。アメリカやイギリスからも当事者団体の設立者等が参加し、100人を超える参加者だった。参加者はパーソナルアシスタンス制度の必要性を訴えた。Adolf D Ratzka（2003）を参照されたい。
26　STIL（Stockholm Cooperative for Independent Living）は、アメリカの自立生活運動に大きな影響を受け、スウェーデンにおいて障害者の自立生活を展開する当事者団体として発展した。スウェーデンの障害者福祉政策に大きな影響を与えてきた当事者団体であると同時に、パーソナルアシスタンスを利用する障害者の協同組合の役割も担っている。（http://independentliving.org/docs3/stileng.html）参照。
27　The Fokus Society（フォーカス共同体）とは1964年に、重度の身体障害者に対して住居、ケアサービス等を提供することにより、地域での生活を可能にすることを目的として設立された。詳細は、清原（2012）を参照されたい。

28 清原（2011a）
29 ヴェルムランド県ホームページ：http://www.varmland.se/（検索日：2016/09/07）
30 コンタクトパーソンとは、専門職者ではなく、一般の人でこの仕事に興味のある人がコミューンと契約して、障害者（高齢者）本人の話し相手や相談相手、社会参加の手助けなどのサービスを提供する人のことである。
31 清原（2016）
32 Socialstyrelsen（スウェーデン社会庁）の統計。http://socialstyrelsen.se/ 参照。
33 筆者が2013年に訪問した際の、コミューンの障害福祉課の職員へのインタビューと資料による。
34 Storfors kommun（2015）：49-50
35 Attityd i Karlstad AB（2013）
36 国民の生活スタイルの変化や多様なニーズに対応すべく、社会福祉制度の見直しについての議論が1997年から始まった。①措置制度から契約制度への転換、②福祉サービスの質の向上と効率性の確保、③多様な事業主体の参入、④地域福祉の推進、⑤サービスの透明性の確保などを掲げ、2000年に社会事業法が社会福祉法に改正され、介護保険法、障害者総合支援法へと繋がっていく。
37 スウェーデン法律検索サイト：https://lagen.nu/1993:387#R1（検索日：2016/09/24）
38 日本でもLL本（エルエル本）として知られている。
39 ピクトグラムは、絵文字や絵単語とも言われ、広くコミュニケーションの手段として使用されている。
40 清原（2011a）：299-300
41 Bengt Olof Bergstrand（2005）：23-24
42 仲村優一ほか編（1998）：275
43 最高裁判所事務総局家庭局『成年後見関係事件の概況――平成27年1月から12月』

［参考文献］
Attityd i Karlstad AB 2013 *KBU LSS 2013 : Totalrapport.*
SCB（スウェーデン統計局ホームページ）：http://www.scb.se/（検索日：2015/10/15）
オーケ・エルメルほか編/清原舞訳 2010「スウェーデンの社会政策第6章「社会サービスとそれに関連するケアとサービス」」『桃山学院大学社会学論集』44巻1号
岡沢憲芙 2009『スウェーデンの政治――実験国家の合意形成型政治―』東京大学出版会
Karlstadskommun（カールスタッド・コミューンホームページ）：http://www.karlstad.se/（検索日：2016/08/08）
河東田博 1992『スウェーデンの知的しょうがい者とノーマライゼーション――当事者参加・参画の論理』現代書館
―――― 2009『ノーマライゼーション原理とは何か――人権と共生の原理の探究』現代書館
―――― 2013『脱施設化と地域生活支援――スウェーデンと日本』現代書館
木口恵美子 2014a「自己決定支援と意思決定支援――国連障害者の権利条約と日本の制度における「意思決定支援」」『東洋大学福祉社会開発研究』6号
―――― 2014b『知的障害者の自己決定支援――支援を受けた意思決定の法制度と実践』筒井書房

北野誠一 2015a『ケアからエンパワーメントへ――人を支援することは意思決定を支援すること』ミネルヴァ書房
─── 2015b「差別解消法とコミュニケーション等支援」『ノーマライゼーション　障害者の福祉』35 巻 10 号
清原　舞 2009「障害者の生活保障と生活支援――スウェーデンのコミューンでの事例研究に基づいて」『桃山学院大学社会学論集第』43 巻 1 号
─── 2010「日本におけるスウェーデン福祉研究」『桃山学院大学社会学論集第』43 巻 2 号
─── 2011a「知的障害者の権利擁護――スウェーデン全国知的障害者協会（FUB）の活動を手がかりに」『桃山学院大学社会学論集』44 巻 2 号
─── 2011b「21 世紀の障害者福祉政策の方向性――2000 年の行動計画とその総括」『桃山学院大学社会学論集』45 巻 1 号
─── 2012「身体障害者福祉政策の歴史的展開」『桃山学院大学社会学論集』45 巻 2 号」
グンネル・ヴィンルンド / 吉川かおり監修 2009『重度知的障害のある人と知的援助機器――自立の原点を探る』大揚社
最高裁判所事務総局家庭局 2016『成年後見関係事件の概況――平成 27 年 1 月から 12 月』
「施設変革と自己決定」編集委員会 2000『スウェーデンからの報告――施設、地域生活、当事者活動』エンパワメント研究所
Socialstyrelsen（スウェーデン社会庁ホームページ）：http://www.socialstyrelsen.se/（検索日：2016/08/25）
Storfors kommun（ストールフォーシュ・コミューンホームページ）：http://www.storfors.se（検索日：2016/05/28）
Storfors kommun 2015 *Årsredvisning 2015*
Sverigesriksdagen（スウェーデン国会ホームページ）：http://www.riksdagen.se/（検索日：2016/09/03）
高島昌二 2007『スウェーデン社会福祉入門――スウェーデンの福祉と社会を理解するために』晃洋書房
竹端　寛 2013『権利擁護が支援を変える――セルフアドボカシーから虐待防止まで』現代書館
DO（差別オンブズマンホームページ）：http://www.do.se/（検索日：2016/09/25）
寺本晃久ほか 2012『良い支援？――知的障害 / 自閉の人たちの自立生活と支援』生活書院
仲村優一ほか編 1998『世界の社会福祉――スウェーデン・フィンランド』旬報社
長瀬修ほか編 2012『障害者の権利条約と日本――概要と展望』生活書院
Notisumslagbok（スウェーデン法律検索サイト）：http://www.notisum.se/（検索日：2016/08/10）
二文字理明ほか 2000『福祉国家の優生思想――スウェーデン発強制不妊手術報道』明石書店
花村春樹 1994『「ノーマリゼーションの父」N.E. バンクミケルセン――その生涯と思想』ミネルヴァ書房
HandikappHistoriska Föreningen 2012 *Åratal- ur handikapphistorien*
Bengt Olof Bergstrand 2005　*LSS och LASS: stöd och service till vissa funktionshindrade 2005*Bokförlaget Kommunlitteratur
Magnus Tideman（red）2000 *Perspektiv På Funktionshinder & Handikapp.* Studentlitteratur.
Lagennu（スウェーデン法律検索サイト）：

https://lagen.nu/1993:387#R1 (検索日：2016/09/24).
Värmland（ヴェルムランド県ホームページ）：
http://www.varmland.se/（検索日：2016/09/07）.

Column

イギリス精神障害者地域生活支援における対人サービスの現況

浜島恭子

1　はじめに

　英国イングランド（以下、イギリス）は地方自治体が提供する社会サービス費を利用者に支払うダイレクトペイメンツ（以下、DP）制度を1997年に開始し、利用者が雇用者としてパーソナルアシスタンツ（以下、PA）を直接雇うことを可能にした。以来、DPの利用者範囲は拡大し、さらにPA雇用等のための個別予算を中心としたケア変革「パーソナライゼーション」が進行してきた（詳しくは本書の麦倉・小川両論文を参照されたい）。現在は2014年ケア法（Care Act 2014: 2015年4月施行）の下で、ケアラー（家族など無償介護者）支援施策、ウェルビーイング原則、予防重視、独立権利擁護者などを盛り込み医療及び社会ケア改革の一層の推進が図られているところである。一方で、2011年以降の財政緊縮財政（austerity）は公的手当改革や公共サービスの縮小・廃止をもたらし、障害者の生活に多大な影響が出ていることが報道されている。
　本稿は、このような状況下のイギリスで精神科病院を退院した精神科ユーザーが地域で暮らしていくために活用できる対人サービスはどのようになっているのかについて、今後の日本での障害者総合支援法及び精神保健福祉法の見直しに係る議論の参考に資することを目的とし、情報提供を行う。

2　精神保健福祉施策の概要

2-1　サービス申請の手続き

　精神保健福祉サービスは保健サービスと社会サービスの両方を含み、国

営のNHS（全国保健サービス）及び地方自治体の成人向け社会サービスを通じて提供される。NICE（英国国立医療技術評価機構）の診療指針（NICE 2011）によれば、ある人が何らかの精神科サービス（治療あるいは社会ケア）を必要とする場合、本人の属性（学生、被雇用者、失業者、ホームレス、既に精神科ユーザーであるなど）により相談窓口・担当部局が若干異なるものの、時系列的には一般に以下の過程をたどる。

- 一般登録医（GP）のアセスメントを受け、精神科医の診断・治療が必要な場合は地域精神保健医療チーム（CMHT）にリファー（サービスを利用するための紹介）される
- さらに入院治療が必要な場合は精神科のある病院にリファーされる
- 治療・退院後、ほとんどの患者は一般登録医に戻されるが、一部の患者は地域精神保健医療チーム（精神科医がいる）の管轄下に置かれ、担当キーワーカー（その多くは地域精神科看護師［CPN］）が付く
- 地域の精神保健及び社会ケアサービス（通所先であるデイセンター［デイケア］など）を利用する場合、一般登録医あるいは地域精神保健医療チームよりその事業所へリファーされる

2-2 指針が示す各種精神保健福祉サービス

王立精神科医学会（Rcpsych）ウェブサイトは、NHSが提供する治療及び支援の基準に基づき、精神科ユーザー・家族向け情報を紹介している。統合失調症の人のため「社会的支援とリカバリー（回復）」項目においては、以下のような支援プログラムが挙げられている。

- ○地域精神保健医療チーム（CMHT）：さまざまな職種のスタッフにより構成された精神保健を専門とするチームで、地域で活動する。キーワーカー（担当者）が、日常生活面での問題解決を手助けを行い、薬物療法や対話療法（心理療法など）治療を提供し、作業療法士は、生活面・職業面・社会面に必要な技術を身につけられるよう、援助する
- ○デイセンター：各種活動クラスや、学業や就労に関する助言、他の人々と過ごすための場所を提供する
- ○就労支援プロジェクト：仕事への復帰を支援する
- ○芸術療法：自己表現を支援する

○生活支援施設：滞在型の施設に入居している本人とともに、スタッフ（施設内に常駐していることも、訪問するだけのこともあります）が、日々の問題を解決しながら支援する

3　精神科ユーザー家族の事例にみる支援施策の例

　上記の支援プログラムのうち、施設入居者への支援・訪問は挙げられているものの、自宅に住んでいる精神科ユーザーへの対人支援については言及がない。そこで、ロンドン市W区で2012年3月に行われた精神障害者の家族へのインタビューから、本人が地域で生活する際に利用できる支援の事例を見てみよう。言及される各サービスについての解説は後述する。

3-1　家族（ケアラー）シェリル（仮名）の話　　（70代、女性、ロンドンW区）

　「息子は統合失調症と診断されている。精神科退院後はNPOが運営していたケア付き住居に住んでいたが、そこが閉鎖されたため自治体福祉局から新しい住居を紹介され、一人暮らしをしている。しかし新住居でトラブルになったため、他の住居を探してくれるよう自治体福祉局に苦情の手紙を書いた。このときW区ケアラーズ支援グループの家族支援ワーカーに手紙を書くのを手伝ってもらった。W区グループの存在は地域精神保健医療チームのソーシャルワーカーに聞いた。この地域の精神医療提供機関（NHS）では本人と家族のそれぞれの守秘義務を守りながら、治療に必要な情報をどこまで家族（主となる介護者）に伝えるかというガイドラインを持っている。また最近リカバリーカレッジを運営し、専門家・当事者・家族がそこで講師を務めている。薬との付き合い方の講座は特に好評だ。またここのNHSでは家族全体を訪問するメリデン・プログラムも一部取り入れている。医療スタッフがチームとして家族を尊重して接するという考えかたは非常に大事だと思う。息子が住んでいる自治体には必要なときに生活上の困りごとを支援してくれるフローティング・サポート・サービスがあり助かっている。しかし電話をかけても一向に出ない時もあり、寒いなか2週間も暖房なしで我慢させられた。前には息子は地域のデイセンターに昼間通っていて、そこの職員が薬の量が多すぎると気付いて主治医

に調整してもらえるよう交渉してくれとても助かった。しかしそのデイセンターは最近廃止され、知識のあるスタッフが去ってしまったことが残念だ。息子が引きこもりがちになってきたので友達ができるよう昼間行けるところがあればいいと思う。図書館でボランティアをしたらと勧めているが本人は乗り気ではない」。(本事例はW区ケアラーズ支援グループで聞いた数名の家族の事例を組み合わせたものである)。

3-2 事例にみる支援施策の概要

前項事例での精神科ユーザー及び家族を対象とした支援施策プログラムとして以下が挙げられる。

- ケア付き住居(自治体の委託を受けてNPOが運営)
- 自治体が紹介する住居(社会的住宅。公共賃貸住宅の待ちリストに障害者優先枠がある)
- デイセンター(自治体直営あるいは自治体の委託を受けてNPOが運営)
- リカバリーカレッジ(本人・家族・ケア提供者等を対象とするNHS提供の啓発講座)
- メリデン・プログラム(本人を含む家族全員を対象とするNHS提供の早期訪問支援)
- 家族支援ワーカー(1999年新設の専門職。W区ではNPOが自治体の委託を受けて運営するケアラーズセンターのスタッフ)
- ケアラーズ支援グループ(W区ではNHSプライマリケア・トラストと地方自治体の両方から資金が出ており、委託を受けた2つのNPOが共同運営している)
- 公共図書館ボランティア(直接、あるいはボランティア機会検索用do-itウェブサイト・地域のボランティアセンターを通じ応募する。センターの中には障害者のボランティア参加を促進するプログラムを持つ所もある)
- フローティング・サポート・サービス(地方自治体が提供する住居に関連した自立生活支援プログラムの1つ。後述)

なお、これらのプログラムはどの地域にも存在するわけではない。公共保健予算のうち地方自治体の精神保健福祉サービスに使われる予算はわずか1%であり(The Guardian 2015)、一般的に精神保健福祉は「シンデレ

ラ・サービス」(みずぼらしいサービス) と呼ばれる。家族シェリルの言葉によれば W 区は「恵まれている」地域である。

4 フローティング・サポート・サービス

以下では、前項事例で言及された地域における対人サービスである、電話一本で支援を提供してくれるというフローティング（漂い）サポート (Floating Support Service) について概要を見てみる。

4-1 フローティング・サポートの枠組み

フローティング・サポートは、コミュニティ・地方自治省の管轄下、従来の国のホームレス等支援施策を統合する形で 2003 年から施行されている「サポーティング・ピープル」(Supporting People) プログラムの 1 つである。地方自治体は脆弱な大人 (vulnerable adults) が地域で自立して暮らしていけるよう、住宅協会あるいは NPO 団体を通して必要な支援を提供するよう整備することを求められており、同プログラムがその資金の出どころになる。フローティング・サポートを通じ、一定期間（多くは 2 年間）、支援ワーカーによる自宅での支援を受けることができる。利用するには本人のニーズ及び資産調査など自治体のアセスメントを受け、提供事業者（自治体の委託を受けた NPO など）にリファーされる必要がある。

北アイルランド政府報告によれば、フローティング・サポートの内容には以下のサービスが含まれ得る。

- 居住者としての権利と責任に関する助言
- 福祉の権利についての助言、地元の資源に関する情報提供
- 各種手当（注：障害手当や失業手当、生活保護等、所得補償）申請手続、予算立て、各種請求書や借金支払い作業の手伝い
- 食事の献立作り、買い物、料理を学ぶこと
- 本人のニーズに合う専門家サービスや機関とのネットワーク作り
- 各種の書類への記入やお役所仕事に取り組む (tackling red tape) 際の助け
- 権利擁護
- 友人付き合い (befriending) と精神的支援 (emotional support)

提供されるサービスの範囲は自治体によって異なるものの「各サービスは個人のニーズに応じて適合（tailored）される」（NI 2012）とある。

フローティング・サポートを利用できる人として、ケント州のウェブサイトは、以下の経験をしている16歳以上の脆弱な大人としている：

・立ち退きに直面している
・家庭／関係内暴力から逃げている、あるいは嫌がらせを経験している
・施設を離れる

ケント州の場合は、彼らが自立生活を維持できるよう1年以内の短期間に限り、住居関連支援ワーカー（フローティング・サポート）がフレキシブルな支援を提供している。

4-2 サポーティング・ピープル・プログラム利用者の内訳

最新データとなる2010年4月から2011年3月までの1年間のイングランドの統計を見ると、サポーティング・ピープル・プログラム利用者のうち精神障害の問題を抱える人は2万2300人の約10％であり、単身ホームレス（26％）、DV被害者（11％）に続き利用者の第三位を占める（図1）。短期プログラム利用者が挙げるニーズと効果は①所得（手当受給を含む）（90％）、②住まい（73％）、③自信向上・自律（88％）であった。なお全サービスの利用者16万4000人中、半数の8万1300人がフローティング・サポートを利用している（表1。次点は支援付き住居の4万3200人[26％]）（DCLG 2011）。フローティング・サポートを利用している精神障害者数は入手できなかった。なおコミュニティ・地方自治省はサポーティング・ピープル・プログラムの利用データ収集を2011年以降、実施していない。同プログラムもまた財縮による規模縮小を免れず、今後の効果検証が危ぶまれる。

5　フローティング・サポートの日本への示唆

精神障害者が利用できるフローティング・サポートについての情報は、対象者の範囲が広くまた自治体毎に内容が異なることもあり、日本にはあ

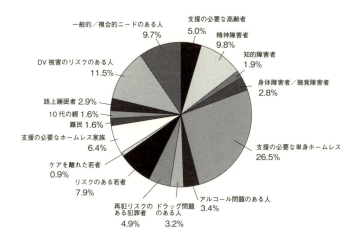

図1　サポーティング・ピープル・プログラム　利用開始者の内訳（%）
（イングランド、2010-2011年）

表1　サポーティング・ピープル・プログラム タイプ別利用開始人数
（イングランド、2010-2011年）

	人数	%
フローティング・サポート	81,300	49.6
支援付き住居	43,200	26.4
ダイレクトアクセス（ホステル）	18,300	11.1
難民女性	7,900	4.8
アウトリーチ・サービス	5,900	3.6
若年ホームレスシェルター	2,600	1.6
サービス再利用	2,600	1.6
16歳以上独身者ロッジ	1,200	0.7
10代親用住居	600	-
ケアホーム	300	-
アダルトプレイスメント（住居付き支援）	100	-
Total	164,000	100

出店：2011 Supporting People Client Records data, DCLG

イギリス精神障害者地域生活支援における対人サービスの現況

まり入っていない。イギリス各自治体のウェブサイトを見る限り、フローティング・サポート・サービスの活動範囲は地域のボランティアセンターが提供する話し相手・電球の取り替えの手伝いなどから、アドヴォケイトらが行う本人の権利擁護を含む自立生活支援までと多岐にわたっている。イギリスと日本の施策を比較した場合、フローティング・サポートは日本のホームヘルプ・サービスあるいは重度訪問介護（以下、重訪）を柔軟に使える制度に近いものと捉えることができよう。

　実際にイギリスでの退院後の地域生活支援においてフローティング・サポートがどのように活用されているかを知るには今後さらなる調査が必要であるが、「フレキシブルな対応」が可能になれば、日本において現存するサービスにアクセスできないでいる精神障害者の地域生活支援の壁を取り払う可能性があることを指摘したい。例えば閉じこもり気味や他人を警戒する傾向のある本人を訪問し、その警戒を解き人間関係を作ることから始め、やがて本人が自らサービスを利用できるようになるまで寄り添う等の、多くの精神障害者家族が求めているサービスが使えるようになることである。なお施策の不在のため、自分たちでこうした支援の仕組みを作ろうという試みとしては精神障害者家族会による川崎市の「窓を開けて友達をつくろう会」や杉並区の「小窓の会」などがある。また海外では本人の信頼を得るまで訪問に時間をかけるスウェーデンのパーソナル・オンブート（PO）の取り組みが知られている（ジェスパーソン）。

　上記の例に挙げるような関係づくり支援を可能にするためには、フローティング・サポートに似た柔軟なサービスが日本においても必要ではないか。具体的には、施設退所・退院から地域移行後の2年間など一定期間に限り、関係づくり支援活動等にホームヘルプや重訪の活動範囲が拡大できれば、精神障害者の利用は増え、地域生活支援を行う事業所も増え、脱施設化につながる支援となり得るのではないかと考える。

6　まとめに代えて

　イギリスでケアのパーソナライゼーション改革が進む一方で、高齢者・知的障害者・精神障害者など一定グループが取り残される傾向が懸念されるなか（Spicker 2012, The Guardian 2015 など）、精神障害者向けにはビデオ教材等を通した利用促進が図られている（SCIE 2014）。しかし、そこに出

てくる事例には個別予算をスポーツジム会費やパソコン・TV購入等に使われている様子が挙げられており、パーソナライゼーション導入時に謳われたPA活用支援の情報等は見出せなかった。またかつてはPA雇用費用が自治体サービス費からの支給額を超えた場合に自立生活基金制度が補填していたが、同基金は廃止（社会サービス費に統合）された。さらに緊縮財政の影響を受け、従来型デイセンターの規模縮小・廃止する傾向が進んでいる。

　昨今なかなか希望の持てる話を聞けないイギリスの状況ではあるが、サポーティング・ピープルプログラムの下院検証レポートに書かれているように「サービスユーザーは彼らが必要としているタイプのサービスにアクセスできているだろうか？」（HOC 2009：1）という視点から柔軟な対応を可能にするフローティング・サポートの概念は、日本の対人サービスに一定の示唆を与え得よう。すなわち、「フレキシブルな活動」を可能にする施策を行うことで、現在は事業所側の持ち出しにならざるを得ない「関係づくり支援」を可能にし、精神障害者への地域生活支援を拡充する可能性があることを指摘したい。なおフローティング・サポートはコミュニティ・地方自治省の財源による地方自治体の住宅関連施策の一部であり、対人サービスだけが独立したものではない。住居支援施策の不在が日本の長期入院者地域移行での課題の1つである（新井 2008）ことも忘れてはならない。

　最後に、本稿では触れられなかったが、イギリスの精神障害者への地域生活支援施策に関しては、措置入院（精神保健法3条による強制入院）患者の退院後の無料アフターケア（Aftercare）施策（同法117条）がある。同法2007年改正で導入された地域強制治療命令（CTO）の適用率増加の傾向と対人サービス不足は関連しているのではという懸念もあるが、この点については今後の調査・紹介を心掛けたい。

［文献］
新井信幸 2008「地方公共団体等による居住支援の概況——NPO等との連携による居住支援の取組み」ハウジング研究報告集 24巻：5-11
Department for Communities and Local Government 2011 "Supporting people: client records and outcomes April 2010 to March 2011 Official Statistics"

House of Commons. Communities and Local Government Committee 2009 "The Supporting People Programme: Thirteenth Report Session 2008-09"

ジェスパーソン、マース、長野英子仮訳「スエーデンの利用者運営のサービス 精神科の患者のためのパーソナルオンブード制度」: http://nagano.dee.cc/swedensd.htm

Kent City Counsel "Housing-related support workers (floating support) : http://www.kent.gov.uk/social-care-and-health/care-and-support/care-and-support-at-home/carers-and-assistants/floating-support-workers

National Institute for Health and Care Excellence 2011 "Service user experience in adult mental health" NICE clinical guidance 136

Northern Ireland Housing Executive 2012 " Effectiveness of Floating Support: Final Report"

Social Care Institute for Excellence 2014 "Integrating mental health personal budgets: Daniel's story" : https://www.youtube.com/watch?v=HJusafipF0E&list=PLxXjtx4-ZkqKx9cLthUieWONbsiS-Dtga

Spicker, Paul 2012 "Personalisation Falls Short" British Journal of Social Work Vol43 Issue7

Royal College of Psychiatrists「日本語版こころの健康ガイド」: http://www.rcpsych.ac.uk/healthadvice/translations/japanese.aspx

The Guardian 2015.06.6 "Why are personal budgets not used more in mental health?"

The Guardian 2015.06.01 "Councils spending just 1% of health budgets on mental health"

第Ⅲ部

パーソナルアシスタンスの展望
―― 障害者権利条約時代の日本で

第8章　日本においてパーソナルアシスタンスへの道は切り拓けるか
――意思決定に基づく暮らしとその支援に関する日英の制度比較からの検討

小川喜道

1　はじめに

　2006年国連において障害者権利条約が採択され、その全ての条項において障害者にとって欠くことのできない重要な内容が含まれている。今後、日本の障害者運動はこれら一つ一つの条項に具体性を持たせるべく、政府、行政に働きかけていくことになるだろう。そのなかでも、本章がとりあげるのは第19条「自立した生活及び地域社会への包容」の部分である。この条文の日本政府公定訳（2014年1月20日公布）によれば、「(b) 地域社会における生活及び地域社会への包容を支援し、並びに地域社会からの孤立及び隔離を防止するために必要な在宅サービス、居住サービスその他の地域社会支援サービス（個別の支援を含む。）を障害者が利用する機会を有すること。」[1)]となっている。ここで「個別の支援」とはいわばサービス提供者、専門職からみた視点を想定させるものである。条約の原文は「including personal assistance」[2)]であり、「パーソナルアシスタンス」という明確な用語が使われている。障害者の自立生活の項においてパーソナルアシスタンスが明記されたことは国際的な障害者運動が求めてきたことの表れとして評価される（東俊裕監修 2007: 68）。このパーソナルアシスタンスは、日本においても広範な障害者に活用されることが必要なことは以前より提起されている（松井・川島 2010: 99）。本章では、パーソナルアシスタンスが障害者の地域生活を実現する一つのキーワードであることを、歴史的経過をたどりながら検証

していきたい。

　その方法として、日英の障害者にみる自立生活の経緯を比較することで、日本においてパーソナルアシスタンス制度を実現する上での課題及び可能性についての検討素材を提供する。ちなみに、パーソナルアシスタンスは先進諸国において実施されており、イギリスはその一例として理解していただきたい。

　イギリスにおいて、自立生活、ダイレクトペイメント、パーソナルアシスタンスなどがどのように生まれ展開してきたかを示すと共に、各節ごとに日本における関連した諸活動に触れ、その考え方の共通点、相違点を示す。さらには日英の障害者福祉の制度的な特徴の比較を通して、日本の障害者のこれからの暮らしにおいてパーソナルアシスタンスの道が切り拓けるかを考えてみたい。

2　イギリスにおけるパーソナルアシスタンスの誕生

2-1　イギリスにおける障害者の隔離収容型施策からの脱却

　18、19世紀の産業革命により、イギリスの社会・経済的状況は"健常貧民"という言葉に象徴されるような状況となり、障害者は生活上の困難を強いられていた。一般労働者も過重労働で健康を維持できない中、家族は障害者を支える力を失っていった。救貧法は、こうした溝を埋め合わせようとするものであり（エリザベス救貧法1601）、障害者の生活に対する国家による公的援助の必要性について認めた法と言えるが、貧困にさらされている人や労働者の運動も激しくなっていった。

　この状況のもと、重度障害者を施設に隔離する政策が強まる。病院や保護施設での長期収容が始まり、1834年の新救貧法において、援助の均一性の原則、院外での援助の否定（院内救済の原則）、劣等処遇（最低生活水準より低い処遇）の原則が打ち出されると、19世紀の終わりには施設収容される人々は急激に増加した。産業革命がさらに進み、労働能力が重視され、障害者は労働から疎外され、院外救済ではなく、施設収容に拍車をかけることになったのである（Barnes 1991: 14）。

　イギリスの障害学者コリン・バーンズ（Colin Barnes）は、障害者の歴史を記述する中で、優性思想に基づく社会的ダーウィニズム批判、すなわち、

適者生存という考え方が障害者の存在を否定的に捉えることに対する批判を行っている (Barnes 1991: 19)。そして障害者の社会からの疎外、差別の象徴的な出来事として、第二次世界大戦でのナチスによるヨーロッパの障害者に対する残虐な迫害を明記している（Barnes 1991: 20）。日本障害者協議会の藤井克徳も現地取材を踏まえてナチスの障害者虐殺を述べているが（藤井 2015: 6, 2016: 6)、このナチスの行為は、表面には出てこないがイギリスの一部の人々にはいまだに支持を得ていてその考え方が残っていると、英国障害者団体協議会 BCODP[3] は問題視している。

隔離から地域への動きは、主として戦傷者のための福祉制度、職業訓練制度を含む、障害者雇用法（Disabled Persons [Employment] Act 1944）、国民扶助法（National Assistant Act 1948）に始まる。とりわけ、1950 年代後半から地域を基盤としたサービスが提供され、用語「コミュニティケア」は、1954 年～ 57 年の精神疾患に関する委員会報告の中で使われたと言われている（Morris, J. 1993: 3）。そこでは、大規模病院が患者に対して自宅や生活施設で暮らせるようにサービスを行うべきだと提言している[4]。1963 年、保健省より「保健と福祉：コミュニティケアの発展」(Health and Welfare: The Development of Community Care) が出され、1968 年のシーボーム報告では、障害者については地方自治体が受け持つとある。この報告は、地方自治体社会サービス法（Local Authority Social Services Act 1970）、慢性疾患及び障害者法（Chronically Sick & Disabled Persons Act 1970）で具体化される。

こうして障害者をめぐる状況は、施設に隔離されていた第二次世界大戦前に比して改善されてはいたが、障害者は自分自身では決定できず必要なサービスや援助を自分では選べない存在となっていた[5]。これらを変革していく力は、イギリス障害者運動が礎となって生まれていく。

先に示した英国障害者団体協議会 BCODP は、イギリス障害学の先駆者でもあるマイケル・オリバー（Michael Oliver）、ジェーン・キャンベル（Jane Campbell）らによって 1981 年の国際障害者年に発足し、1989 年に自立生活委員会を設置している。それに先立って自立生活ヨーロッパネットワーク（European Network on Independent Living: ENIL）が組織されており、パーソナルアシスタンスの用語もこの頃から積極的に使われ始めた[6]。

そして、最終的には国民保健サービス及びコミュニティケア法（National Health Service and Community Care Act 1990）に、「コミュニティケアとは、人々が最大限の自立と自らの生活をコントロールすることを達成するためサポートの適正なレベルを提供すること」と定義されている（Greaves, I. 2014: 209）。

2-2 「自立生活」の考え方とイギリス障害者運動

　このようにイギリスでは隔離政策からコミュニティ政策へと行政的にも変化しているが、そこには障害者運動の大きなうねりが存在していた。その核となるのが障害者の「自立生活」概念である。自立生活の要素として、イギリスでの自立生活運動の中心的存在であったフランシス・ハスラー（Frances Hasler）らは、次のような項目を挙げている（Hasler,F., Campbell,J., Zarb, G. 1999: 6）。すなわち、情報、ピアサポート、アドボカシー、アクセシブルな住宅、アクセシブルな交通、アクセシブルな環境、福祉機器、パーソナルアシスタント、収入、雇用機会である。これらの項目こそが国連・障害者権利条約の各項目に該当していることに気づく。例えば、障害者権利条約の前文、第2条（定義）の中の「意思疎通」「言語」「障害に基づく差別」「合理的配慮」「ユニバーサルデザイン」に含まれる要素であり、第3条一般原則、第4条一般的義務にも抽象的な表現で含まれている。以下、19条（自立した生活及び地域社会への包含）、20条（個人の移動を容易にすること）、21条（情報の利用の機会）、27条（労働及び雇用）、28条（相当な生活水準と社会的な保障）、30条（文化的な生活、レクリエーション、余暇及びスポーツへの参加）などが直接的に自立生活に該当し、さらには権利条約の全ての条項が「自立生活」を実現する要素となっている。

　前節で示したように、障害者が施設から出る試みのルーツがまさに「自立生活」運動の起点となっているが、以下のことが各種文献に登場する（Morris 1993:17; Davis 1993: 16; Campbell 1997:82）。施設収容中心となっていた1960年代～70年代にかけてレオナルド・チェシャー・ホームの居住者によって発行された機関誌「チェシャー・スマイル」には、自分たちの生活を自ら管理できるよう要求する内容が含まれていた。2人の障害者がスウェーデンのフォーカス制度[7]に触発され、施設を出てフラットでの生活を始め、2階にパ

ーソナルアシスタントが住みながら介助に入る形をとった。これが1970年代のことである。

1980年代に入ると障害者の自立生活の考え方はますます広がりを見せ、ハンプシャー障害者連合会やドービジャー障害者連合会が、それぞれ名称は異なるが自立生活センターを立ち上げ、少し遅れてグリニッジにも設置された（Living Autonomy 1995: 5）。

コリン・バーンズは『私たち自身が選択する』（Barnes edt. 1993）と題して自立生活とパーソナルアシスタンスに関する冊子を編集しBCODPから発行しているが、その中で筆者の一人は「1980年代から90年代にかけて、自立生活の概念が夢から現実へと向かっていった」と表現している（Bracking 1992: 11）。1981年に発足したBCODPは、前述した通り1989年に「自立生活に関する委員会」を発足させており、市民権法案（Civil Rights Bill）の成立に向けて精力的に活動がなされていた。そして、当時、もう一方の活動としてパーソナルアシスタンスを活用する資料を各種発行している。前述の冊子『私たち自身が選択する』の他、冊子『パーソナルアシスタンス・サービスをコントロールする』（BCODP 1995）などである。

前節で述べたように、障害者の収容隔離という非人道的施策に対抗するには、障害者の人権を保障する必要があり、そのためには市民権法（実際には障害者差別禁止法［1995］として成立）が必要であり、その下で自立生活の概念が存在し、その実現にはパーソナルアシスタンスが必要になるという構図になる。

2-3　日本における"自立生活"への意識と実践

本稿の目的は日英を比較し、日本のパーソナルアシスタンスの可能性を探ることにある。読者には日英を行き来させてしまうことになるが、お許しいただきたい。本節に日本の事情を挟み込むのは、イギリスの同時期に比した時の日本の障害者運動の存在と、それが今日の自立生活の基盤になっていることを示すためであり、単にイギリスの経緯を知るに留まらず、日本での障害者運動を合わせて理解することが、今後の改革のヒントとなると考えたからである。

イギリスでは1960年代から70年代にかけて施設そのものの問題が議論され、地域に移行して暮らす事例が出てくる。日本の"自立生活"運動が表に

出てくるのも、実は同時期の1960年代から70年代と見られる。光明養護学校の卒業生からスタートした青い芝の会（1957）が、同窓会的な親睦団体から、次第に脳性まひ者の全国的な集まりとなり日本の"自立生活"運動を最初に牽引した（樋口2001: 13）。1970年には重症児であるわが子を殺した母の減刑嘆願を批判する運動を展開するが、これは社会に起因した障害を巡る親子関係の問題であり[8]、障害者の存在そのものを問う問題であった。さらには、ナチスドイツがユダヤ人大量虐殺と同時に同民族の中の身体障害者、知的障害者を虐殺したことにも触れながらの運動でもあった（横塚1975: 35）。青い芝の会は他者と同等の利用を要求した1972年の川崎でのバス篭城闘争（白石2010: 32）等も行っている。また新田勲らによる府中療育センター闘争は、1970年、1972～3年に展開された障害者の移転問題に伴う闘争であったが、運動の核になったのはセンター解体ではなく、脱医療そして人権と自立生活を求める障害者の声であった[9]。

　運動は激化したが、行政との関係は今日よりも溝は深くなかったように思われる。厚生省内に16人の委員のうち6人が当事者という脳性まひ者等全身性障害者問題研究会が設置され、1982年には報告書をまとめている。これはさらに発展して障害者の生活保障問題検討委員会となっていった。行政の中に障害者の側に立って正面から向き合う姿勢をもつ人間が存在するか否かは、障害者の自立生活を進める上で大きな要素となる。

　さらに、アメリカの自立生活運動には、日本の運動には関わってこなかった専門家も高い関心を持ちその紹介に努めるようなる。原田政美（原田1981: 352）、三ツ木任一、中村優一、板山賢治[10]らの働きが大きい。こうした中、地域社会において主体的に生きる全一的な人格者としてその自己実現をはかることこそが、障害者の本当の自立であるという考え方に至るのである。

　当時、家庭奉仕員の派遣は、在宅障害者に対して平均週2回、1回あたり2時間程度であった。1982年の改正後も原則1日4時間週6日、週当たり延べ18時間が上限であった（河野1984: 24）。白石清春は、24歳の頃、福島市内のアパートを借りて暮らし始めるが、生活保護の障害者加算の枠内に他人介護料があることを知ったのはだいぶ後のことである。白石は次のように語っている。

> 「障害者自身が介助者の労働力を買うという観点から、障害者、介助者が
> 対等な関係をもちうることができるという点で重要な意味があります。」
> （白石 1984: 37）

　これは、図らずもイギリスのパーソナルアシスタンス機関「インディペンデント・リビング・オールタナティブ（Independent Living Alternatives）」の代表デイブの発言と共通するところがある。デイブは「単に身辺援助や家屋管理の手伝いをしている対象としてではなく、お互いに対等で力を高めていく関係でもある」と述べている（金子 1997: 82）。

　また、北海道・札幌いちご会の小山内美智子は、二四時間ケアについて、実際には「二四時間ケア」というよりも「不定時ケア」といったほうがいい、と述べている（小山内 1984: 239）。いわばパーソナルアシスタンスの多様な活用を暗に示している。小山内は、周りの障害者からの話として「ボランティアに頼らざるを得ないが、いつやめられるかもわからないという不安、その一方、それでもただ生かされているだけの施設の生活よりは、いいというのです」と語っている。

　日本では 1970 年代から 80 年代にかけて、外国からの輸入ではなく、それぞれの障害者自らが自立した暮らしを追及していた。後に、アメリカ障害者自立生活セミナーなどが行われるようになるが、それを待つまでもなく日本独自の障害者の主体的暮らしが見られたのである。ただし、この段階での法的な保障はあまりに低かったということは否めない。

3　パーソナルアシスタンスの進展

3-1　パーソナルアシスタンスを推進したダイレクトペイメント

　イギリスにおいて 1980 年代後半から 1990 年代に確立されていくパーソナルアシスタンスは、障害者運動の一つの軸であった。

　障害者が自ら望む生活支援を受けるには、その費用を直接管理することが最も適切だと主張し、国民扶助法（1948）では介護費用の直接支払は認められていなかったため、信託組織を設けたりするなど第三者機関を通して現

金を給付する方法が試みられた。そして、自立生活基金（Independent Living Fund）が、1988年、政府により創設される。これは当然ながら障害者団体のロビー活動の成果であり、諸手当に関する仕組みを保守政権のもとで改革させたことになる（Glasby, J. & Littlechild, R. 2016: 13）。当初重度の障害者250人でスタートした基金は、国民保健サービス及びコミュニティケア法が施行された1993年には、2万2000人が受給対象となっていた。

　この基金は、自立生活を促進するためにパーソナルアシスタントを雇用する障害者個人に対して直接資金を支払うものである。基本的には家庭内のことに限られていたが、現実には外出時の車の運転などでもパーソナルアシスタントを雇用していた。

　1993年の国民保健サービス及びコミュニティケア法の施行によって、自立生活基金はあらたな形態に作り変えられた（小川 2005: 16）。詳細はここでは割愛するが、それまで基金の事務局と交渉していたものが、自治体の社会サービス部によるアセスメントの手続きを踏んで自治体からの支給で不足する分を基金が補うという形となった。

　その後、BCODPや全国自立生活センター協議会（NCIL）などの運動の結果、コミュニティケア（ダイレクトペイメント）法（Community Care [Direct Payments] Act [1996]）が成立、1997年4月より施行され、本格的にダイレクトペイメントが実施される。これによってパーソナルアシスタンスが制度的な位置づけを正式に確立したと言える。パーソナルアシスタンスの対象が、身体障害者からそれ以外の障害への広がりがここから始まったのである。

　パーソナルアシスタンスを利用するには、障害者の側に求められることもある。例えば、対人関係や生活上の指示、自己決定したことを遂行するための要求が必要であり、そのためには経験も必要となり、そうした権利を自分たちが持っていることを十分認識することが大切な要素となる。これらを理解し生活に反映するための支援機関が次第に増えていったのが、1990年代だった。自立生活センターや各地の障害者団体連合会がその役割を担うことも多かった。

　実は、コミュニティケア（ダイレクトペイメント）法の施行前から、各障害者団体によって、障害者自らが意志を決定しながら生活する試みがなされ

ていた。例えば、ロンドン障害者協会では、『あなたの権利を知ろう』（GLAD 1995）がテキストとして活用されていた。すなわちその指導者も障害当事者である。また、脊髄損傷協会からも『前進——脊髄損傷者の生活ガイド』（SIA 1995）という数百ページに及ぶマニュアルが出されており、パーソナルアシスタンスの利用についても詳細に示されている。この当時は、身体障害者の自立生活が中心で、脳性まひ者協会 SCOPE（旧称 Spastics Society）の当時の紹介冊子『生活を支援するスコープ』（SCOPE 1994）においても「自己選択」の項で、施設や家庭内の依存的スペースではなく自らの選択によるスペース（暮らし）が必要であると述べられ、そのためのアドボカシー・トレーニングが提供されていた。

つまり、ダイレクトペイメントの法律施行以前に、身体障害者を中心とした各団体によって自立生活に向けた実践が行われており、パーソナルアシスタンスは特別なものではなく、活用している人たちが多く存在していたことになる。

3-2 本人中心のプランニング

パーソナルアシスタンスは、当初身体障害者の運動から発したが、知的障害、精神障害、発達障害のある人へと広がっていく。

意思決定になんらかの支援が必要となる知的障害を中心に、本人中心のプランニング（Person-Centred Planning: PCP）が強調されるようになったのは、保健省の白書『価値ある人々——21世紀における知的障害者への新たな支援方策』（DoH: Valuing People: A New Strategy for Learning Disability for the 21st Century〔2001〕）以降である。その後、『価値ある人々の今：知的障害者に対する新3か年支援策』（DoH: Valuing People Now: a new three year strategy for people with learning disabilities〔2009〕）、『価値ある人々の今：2010-2011サービス提供計画』（Valuing People Now: The Delivery Plan 2010-2011〔2010〕）、『本人中心のプランニングを通してのパーソナライゼーション』（DoH: Personalisation through Person-Centred Planning〔2010〕）と、立て続けに、意思決定支援が必要な、知的障害者、精神障害者、認知障害などをもつ人の自立に向けたコミュニティケアのプランニングの促進が図られた。

ここでいう"本人中心"は、その人がしたい方法でものごとをすることを

意味する。そして、そのプランニングとは、生活を遂行する計画の中心にその人を置くことを意味する。すなわち、生活をする上で何を望んでいるかを聞くことであり、今、したいことは何か、将来したいことは何かについて考えることを手助けすることである。そして、家族、友人、専門家と共にサービスを稼動させることである。

この「本人中心のプランニング」では次のような支援を受けることになっている。

・生活を通してしたいこと、夢、望みについて考えることを支援する
・彼らが自分についてよい感じをもつこととより自信をもつことを支援する
・問題を解決することを支援する
・彼らがしたい方法でいかに人々をサポートできるかを理解することを支援する

イギリス保健省の各白書及び実践手引書（Best Practice Guidance）には次のような記述がある。

・よりサポートを必要とする人々について考慮しなければならない
・自分のしたいことを主張できる人々のためだけの本人中心のプランニングではない
・多くの知的障害者は自分のしたいことを説明できるわけではない
・自分の選択により生活をする権利を持っている

保健省は2001年の白書『価値ある人々』にしたがって、当時、次のような地域移行の計画を進めた。2003年までに、長期療養型病院にいる人たち、児童のサービスから成人のサービスに移行する青年。2004年までに、大きなデイセンターに通っている人たち、家族と同居している人、特に介護者が70歳以上になっている人、古い長期滞在病院の敷地に建てられた居住ホームあるいは新しい敷地に移住している人たち。

こうして、収容型生活を送っている人に対する地域移行を本人中心のプランニングの手法で実現していくことになった。かつては身体障害者が対象となっていた"自立生活"について、知的障害のある人々へ支援を広げていくことになった。家族、友人、地域住民は、知的障害の人たちが選ぶ生活をサポートするために一緒に行動するのであり、ものごとが本当に変わるには専門職とサービスもまた変わる必要があると、政府自らが述べている。
　白書に示された知的障害パートナーシップ委員会（Learning Disability Partnership Boards）は、自治体社会サービス部に委ねるだけではなく、本人中心のアプローチがケアマネジャーによって活用されることを確実なものにするための働きかけを行った。

・人々が本人中心のプランニングの意味が何であるかを知るようにサポートする
・本人中心のプランニングを行う方策を作り上げる
・知的障害者と家族が自分たちで決めることを確かなものにする
・専門職が本人中心のプランニングのもとで機能することをサポートする
・サービスが本人中心の方法で機能することをサポートする

　ここで重要なことは、知的障害者本人とその家族が、本人中心のプランニングを発展する上で最も重要な存在であることを認識することである。
　なお、この本人中心のプランニングは、ダイレクトペイメントを利用しパーソナルアシスタントを雇用するということで全てが順調に進展しているわけではなく、いくつかの問題があるとの指摘もある（Cambridge, P. & Carnaby, S. 2005: 172）。例えば、自治体に対して強制力がないため進展しない、丁寧な案内や適切なデモンストレーションで示す試みなどを欠いている、柔軟性や創造性を欠いている、同意することの理解やマネジメントの力を欠いている、などといったことである。
　ダイレクトペイメントに限らず、後に述べるパーソナルバジェットに関しても、知的障害のある人にとって個別化された支援、すなわち本人中心のプランニングの進捗にはまだまだ問題があることを示す文献も見られる（Duff,

S. 2012a: 111; Duffy, S. 2012b: 18; Callanan, C. 2012: 8）。

3-3　日本における1990年代から2000年代にかけての障害者福祉の動向

　イギリスでは、1993年にコミュニティケア法が施行され、1997年からダイレクトペイメントがスタートし、それまでの基金利用者に認められていたものが、全ての障害者にも認められ、その後、高齢者、介護者もこの制度が活用できるように拡大していった。

　その時期、日本ではどのような動きがあったのだろうか。

　1993年に心身障害者対策基本法を改正して障害者基本法が成立、それに伴って1995年に「障害者プラン――ノーマライゼーション7ヵ年戦略」が示され、数値目標をもって市町村ベースの障害者福祉施策が進められることになった。しかし、義務化されていない計画策定で、全市町村が計画立案を達成したわけではなく、また、市町村レベルでのいわゆる三障害（身体・知的・精神）に対応していくための形式的な基盤作りに留まっており、2003年度からの支援費制度の伏線とも言えるものだった。相談助言を行う機関として期待されている市町村障害者生活支援事業の設置数は、当初目標の半分にも満たない状況であり、事業の補助金さえも打ち切られることになった。

　1998年、中央社会福祉審議会・分科会から報告された「社会福祉基礎構造改革の基本的方向」では、①利用者と提供者の対等な関係、②地域での総合的な支援、③多様な主体の参入、④質と効率性の向上、⑤透明性の確保、などが挙げられていた。市町村をベースに利用者が諸種の事業者のサービスを購入し、その事業者には質を確保するための義務を課すと示されている（厚生省1999）。

　そして、1999年に出された障害者関係3審議会の「今後の障害福祉施策の在り方について」（意見具申）（身体障害者福祉審議会・中央児童福祉審議会・公衆衛生審議会 1999）において、①利用者本位の福祉制度の構築、②社会福祉事業の推進、③地域福祉の充実、などが示され、それを受けて2000年6月に「社会福祉法」が制定されている。そこには、「利用者と事業者が対等な関係に立って、福祉サービスを自ら選択できる仕組みを基本とする利用者本位の社会福祉制度の確立を図り、障害者等のノーマライゼーションと自己決定の実現を目指すため、社会福祉事業法等の改正を行ったものである。」

(2000.7.7.厚生省資料)と記されている。これに基づいて、厚生労働省は次のように「支援費の基本的考え方」を説明している。

　　「支援費制度においては、障害者の自己決定を尊重し、利用者本位のサービスの提供を基本として、事業者との対等な関係に基づき、障害者自らがサービスを選択し、契約によりサービスを利用する仕組みとしたところである。」(支援費制度の事務大要の総括 2001.8.)

　これらの内容をみると、前節で記述したイギリスの本人中心のプランニング、自己決定尊重の「考え方」と同様であることがわかる。すなわち、日本でも「自己決定・サービス選択」「利用者本位のサービス提供」「事業者との対等な関係」を法に基づいて履行させていけば、イギリスと同等かそれ以上の支援の仕組みとなるはずであった。
　ところが、2003年から始まった支援費制度は、障害者の生活支援に関する予算が不足することから急遽、見直しが図られることになる。全国都道府県の予算の平均化を図るため、低きに合わせる作業として「障害程度区分」を設定するなど締め付けの動きが出てくる。社会保障審議会障害者部会は、2004年に「今後の障害保健福祉施策について（改革のグランドデザイン案）」を示して、後ろ向きの福祉施策を提示した。障害者運動はここで結束し活発な活動を行い、当事者団体を委員構成に組み込んだ「障害者（児）の地域生活支援のあり方に関する検討会」を発足させた。しかしながら、結局は2006年に障害者自立支援法が「応益負担」という障害者差別の一例と言える内容を含んで施行された。
　それまで自ら介助者を決定し、自立生活を送っていた人も2006年の障害者自立支援法により「重度訪問介護」に組み込まれる。ここで、障害者の手から行政の手に渡った部分もある。例えば、①報酬支払いのための講習受講による担保、②介助を身体介助、家事、移動支援など内容で切り分ける制度、③対象を障害によって限定する制度、④障害程度区分により利用適否の線引き、などである。したがって、重度訪問介護は、いわゆるパーソナルアシスタンスとは、ほど遠い形態になっていると言える。

4 パーソナルバジェットによるパーソナルアシスタンスの推進

4-1 パーソナルバジェットの普及状況

イギリス保健省の白書『将来に向けたケア：ケアとサポートの改革』（Caring for our future: reforming care and support［2012］）における「ケアとサポートプラン」の章で、パーソナルバジェットが示されている。目的は、個々のニーズに対応する経費を地方自治体が設定すること、予算を計算するプロセスを可視化することにある。

たしかに、自分の受けるサービスにいくら金が使われているかを知らなければ、事業者がどのように使用しているかを利用者すなわち障害者はモニターすることができない。今日、イギリスでは、他の公的資金、例えば、パーソナル・ヘルス・バジェットの包含も行われている。

パーソナルバジェットは現金給付として要求する権利があり、そのダイレクトペイメントは（手続きに面倒過ぎることがない状態で）適切なチェックと定期的な検討会議をもって進められる。すなわち、パーソナルバジェットはケアニーズに対応しつつ、次のような選択肢をもっている（Greaves, I. 2016: 230）。

①地方自治体によって行われる経費管理
②第三機関によって行われる経費管理。これはしばしば「個別サービス基金」（individual service fund）と呼ばれる
③ダイレクトペイメント
④「ミックス・パッケージ」、サービスのいくつかを上記の方法を混合して利用すること

地方自治体には、パーソナルバジェットを設定したならばその決定を計画書に記録し、できる限り柔軟性をもち自己決定ができるよう実施することが求められている。

表1は、2014年度の障害別、及び65歳を境とした年齢層別にみた支援

形態の統計を示している[11]。支援要件のカテゴリー分けが日本とは違うが、ある程度パーソナルバジェットとダイレクトペイメントの利用状況、自治体による直接サービス提供との割合を想定して読み取ることができる。知的障害、精神障害のある人たちの利用人数は肢体不自由の人たちには及ばないが、相当数が利用していることがわかる。また、ダイレクトペイメントも利用されているが、金銭管理よりも自らの生活における自己選択、決定を重視してパーソナルバジェットを利用している事例も多いことがわかる。また、参考までに表2に自閉症関連のダイレクトペイメント等の利用状況を示しておく。ちなみに、ナーシングホームや居住ホームも残っていることが見て取れる。

　また、ダイレクトペイメントの利用者推移をみると図1のようになっており、年次推移は増加傾向にあることがわかる。表1とは、数字は一致しないが、法の施行以降ダイレクトペイメントが使われてきており、しかも漸増傾向にあることは証明される。なお、図のうち2007/08は欠落しているが、傾向を把握できないわけではないので、そのまま掲載した。

　当初は、知的障害者の利用は少なかったが、パーソナライゼーションの理念[12]に基づき、サービスの個別化、サービス利用の方法の多様化などと共に、個人の主体性、意思決定を重んじるため、セルフアセスメントなども実施されるようになった。こうして本人主体のケアサービスの実施において、パーソナルバジェットのシステムが進められてきたと言える。パーソナライゼーション（DoH 2008: 1）の理念に基づけば、個別化された本人中心のプランニング、すなわち、意思決定に支援が必要な人を含めて経費の明確化を当事者と共に検討することになる。ダイレクトペイメントの考え方を現金給付によらなくても可能にする方法の一つとして、パーソナルバジェットが実施されたとも言える。

4-2　ケア法に基づくパーソナルアシスタンス

　2014年に成立したケア法（Care Act [2014]）は、2015年4月より施行され、これまで理念のとしてのパーソナライゼーション、実質上行われていたパーソナルバジェットを法に基づくものにし、また、自立生活基金についても法外に出すのではなく制度に明確に取り込んで実施することとなった。こ

表1　2014年度における障害別・年齢層別支援形態

	18-64歳						65歳以上					
	ナーシング	居住ホーム	ダイレクトペイメント	一部ダイレクトペイメント	パーソナルバジェット	自治体提供	ナーシング	居住ホーム	ダイレクトペイメント	一部ダイレクトペイメント	パーソナルバジェット	自治体提供
総数	6,840	41,050	65,190	23,585	97,360	52,610	79,200	153,315	37,955	17,335	253,050	62,030
主な支援要件												
移動	560	955	8,375	1,640	5,960	1,865	4,510	11,160	5,265	1,775	28,485	8,720
身体介助	2,910	4,265	22,530	5,860	24,980	5,600	50,530	81,465	25,355	11,375	176,775	38,445
視覚障害	25	130	1,165	250	670	290	640	1,755	610	250	3,190	925
聴覚障害	15	75	350	60	290	180	350	840	235	115	1,710	685
重複障害	15	85	235	60	155	50	265	390	165	75	790	225
記憶・認知障害	360	600	605	200	965	250	14,005	34,040	2,640	1,770	18,410	3,420
知的障害	1,265	26,975	21,580	13,265	49,150	12,000	845	6,000	620	505	5,920	1,430
精神障害	1,595	7,395	8,630	1,740	12,950	31,100	7,205	15,540	2,190	1,005	11,360	6,760
薬物依存	30	290	110	40	390	570	45	365	20	10	205	100
その他	70	275	1,600	475	1,855	705	805	1,760	855	455	6,210	1,325

本データは、152自治体の総計で、概数である。
Health and Social Care Informatin Centre, Adult Social Services Statistics

表2　2015年3月31日現在のアスペルガー症候群等の制度活用形態

	18-64歳						65歳以上					
	ナーシング	居住ホーム	ダイレクトペイメント	一部ダイレクトペイメント	パーソナルバジェット	自治体提供	ナーシング	居住ホーム	ダイレクトペイメント	一部ダイレクトペイメント	パーソナルバジェット	自治体提供
自閉症(アスペルガー、高機能自閉症を除く)	105	2,630	2,440	1,295	4,020	890	35	180	20	15	225	50
アスペルガーシンドローム高機能自閉症	10	855	1,065	455	1,845	285	10	55	5	5	55	10

Health and Social Care Informatin Centre, Adult Social Services Statistics, 2015

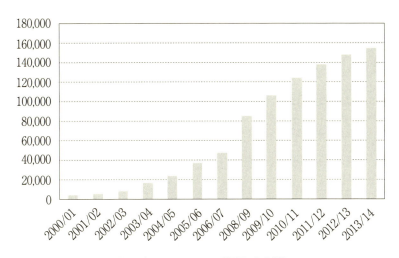

図1 ダイレクトペイメント利用者の年次推移
出典：Glasby, J & Hittlechild, R. 2009:43;, 2016:47

のケア法（2014）により1988年から自立生活を支援してきた自立生活基金は終結することになった（ILF 2015）。これは、イギリスの障害者福祉・高齢者福祉における大きな制度的枠組みの作り変えである。

ケア法（2014）について保健省は430ページに及ぶ実践的ガイドを発行しているが、その中では次のような内容が述べられている（DoH 2014: 7）。

この法のキーワードは「ウェルビーイング（Wellbeing）」であり、「自立生活（Independent Living）」である。障害者にとっての豊かな暮らしの核には自立生活がある。ケア法を通してウェルビーイングを実現するというのが、この法の基本的な考え方となっている。そこで、ニーズアセスメントというものがフィルターとなるが、それは「望むアウトカム（desired outcomes）」を達成することである。最低限の生活を保障するケアではなく、望む、あるいは好む暮らしや、何を生きがいとするかに沿った、まさに「本人中心のプランニング」でなければならない（DoH 2014: 70）。

また、自治体は、「セルフアセスメント」をサポートすることも必要であり、意思決定法（Mental Capacity Act [2005]）にしたがって個人の意思決定能力を確定することが必要となる（DoH 2014: 78）。意思決定支援として自治

体から独立したアドボケイトの存在があるが、適切な経験があること、トレーニングを受けていること、支援上の能力、清廉潔白で好ましい性格の持ち主であること、自治体から独立して働く能力、定期的なスーパービジョンを受けられること、などが条件となっている（DoH 2014: 101）。

　ケア法の 26 条にはパーソナルバジェットの内容が示されており、パーソナルアシスタンスは本人中心に基づくケアシステムのキーになっている。パーソナルアシスタンスは、前述した通り、①自治体が管理、②第三者機関が管理、③ダイレクトペイメントで自らが管理、④それらを複合、これらが選べることになっており（DoH 2014: 157）、とりわけダイレクトペイメントに力点が置かれている（31, 32, 33 条）。しかし、この法が実際に成果をあげられるか否かについて結論付けるのはまだ性急と考えられる。

4-3　日本におけるダイレクトペイメントへの切り口

　イギリスでは少なくともダイレクトペイメントは右肩上がりで増加（図1）しており、本人の管理に基づくサポートシステムが作り出されているが、一方、日本の動向はどうなっているだろうか。

　日本の障害者福祉は、措置制度、支援費制度、障害者自立支援法後の障害者総合支援法と制度的な変遷をたどっているが、それと並行して 2000 年に介護保険法が施行となり、ケアマネジャー主導のシステムが確立されてきた。ケアマネジャーは、高齢者の介護度認定に基づき、決められた金額の枠組みの中で定められた事業者のサービスを組み合わせる作業を行う。ここで注意すべきは、介護保険においても支援費制度においても、事業者は本人に代わって「代理受領」を行政から行う、となっていることである。「代理受領」は、本人が受領して事業者に渡すことが本筋であり、それを代理で受け取るという意味でダイレクトペイメントの考え方とつながると理解できなくはない。しかし、厚生労働省の説明は否定的、拒否的であり、以下の説明からそれがわかる（支援費制度に関する厚生労働省発行の Q&A より）。

　　「代理受領方式は、①障害者本人がサービスの提供にかかる費用を一時
　　的にせよ立て替える必要がなく、低所得の障害者にもサービスの円滑な

利用を可能とするものであること、②事業者・施設にとっても、利用者に代わって市町村から支援費を受け取ることで、サービスの提供に要した費用を確実に取得できるものであること、③市町村にとっても、個人に支払うよりも事業者に一括して支払う方が効率的な事務執行につながることから、利用者、事業者、市町村それぞれの利便に資する方式であるとして採用した。」

　また、代理受領によらず、支援費を本人に支給することは可能かとの問いに対する回答としては、

　「市町村は、居宅生活支援費として、居宅支給決定身体障害者に支給すべき額の限度において、当該居宅支給決定身体障害者に代わり、指定居宅支援事業者に支払うことができる」（身障法第17条の5第8項等）とされていますので、個々の市町村の判断により、代理受領によらず支援費を本人に支給することは可能です。ただし、この場合、市町村は次に掲げる要件を満たす必要があります。
①当該利用者が償還払いを望んでいること
②受給者証の特記事項欄への記載などにより、当該利用者が代理受領ではなく、償還払いであることが事業者にとって判断できるようにしておくこと
　この場合、事業者は「サービス提供証明書」や領収書を利用者へ交付するとともに、利用者はこれらの書類を申請書に添付して請求することになります。」

　つまり、足かせをつけてダイレクトペイメントを拒否していると解釈できる。障害者自立支援法成立に際して、障害者団体は、衆参両院の付帯決議の中にバウチャー制度を盛り込むよう求めたが、それについて今日まで具体的な論議がされていない。障害者総合支援法の付帯決議からはその言葉さえも消えている。
　2013年に施行された障害者総合支援法においても重度訪問介護、行動援

表3 日英の障害者福祉サービスの計画実施にみる相違点

	日本のサービス等利用計画関連	イギリスの本人中心プランニング関連
対象	診断による障害者手帳取得が前提となる	手帳制度はないが、諸手当・給付を受ける上で自治体社会サービス部に身体機能などが登録されている場合がある かかりつけ医の診断、場合によっては二次医療機関の医師の診断が必要となる
受給に関わる区分	「障害支援区分」認定によりサービス項目が限定される	手当には障害のレベル分け（2-3段階）があるが、社会サービスは「望む暮らし（アウトカムアセスメント）」「ニーズアセスメント」に基づいて提供する
ニーズの考え方	障害者のもつ問題点が優先して検討される傾向にある	障害者のストレングスを優先し、どのような暮らしを望むかを聞き取ることを優先して検討が行われる
サービス計画	サービス等利用計画、及び事業により個別支援計画が義務付けられている	プランニングは、地域生活を送る障害者の「自立生活」に関わるマネジメントとして作成される
サービス項目	許可された事業者による定型的なプログラムが中心となる	個々人に合わせた柔軟な生活形態を支援する
計画の作成作業	行政に示すための形式的計画を作成しがちである	本人が作成の主体となり、自らの生活に関わる内容として作成する。予算配分の課題がある。
セルフプラン	提供者と行政の手にあり、セルフ・マネジメントは単一サービスであったり、親に依存する傾向がある	本人の手にあり、セルフ・マネジメントが促進される
エンパワメント	個別支援計画がエンパワメントのツールになりにくい	プランニングがエンパワメントのツールとして使われる
方向性	生活困難の支援になり、自立支援になりにくい	日常生活動作の支援にとどまらず、生活の質を高める支援に向かう

護などは障害支援区分から導き出され、必要としている全ての障害者には届いていない。また、サービス計画は障害者のもとにあるというよりも、相談支援事業者、通所・入所事業者の人員不足の中で形式的に作られるきらいがある。本来、計画はサービス利用者側にあるべきであり、障がい者制度改革推進会議総合福祉部会骨格提言（2011）が反故にされているのが実情である。イギリスにおけるケア法のニーズアセスメントは「望むアウトカム」（"支援を利用する結果として望む暮らしを獲得できる"）ことに基づく。表3は、日英の障害者の支援計画における項目別の特徴を示したものである。イギリスにおいても現実の実施状況は経済的な課題もあり、障害者団体からみれば批判も多いところではあるが、日英の支援の考え方の違いを知る上での参考に供

するため、分類を試みた。

　日本のパッチワークのように組み上げられてきた制度では、本来の「人としての多様な暮らし」が保障されない。"支援費用の確認"などに主体性を持つことは求められよう、しかし、用語「ダイレクトペイメント」にとらわれることなく、むしろ生活の主体的管理を実現することの重要性、その支援方策としてのパーソナルアシスタンス制度の可能性と解決すべき課題を検討することが重要である。

　地方自治体に働きかけて実現してきた事業が、国の法に含まれることによって全国的に波及していくことはマイナスではないが、自薦からはずれ介護者派遣事業によるかつての不特定ヘルパー派遣に戻ってしまうようなことはなかっただろうか。

　「重度訪問介護」は、その前身である全身性障害者介護人派遣事業や自薦ヘルパー制度にみられた自治体レベルの施策を、国レベルにあげた。それは障害者運動により勝ち取ってきたことがわかる。「重度訪問介護」は「重度の肢体不自由者で常に介護を必要とする人に、自宅で食事や入浴、排泄の介護、外出時における移動の支援などを総合的に行う」とされている。つまり、物理的介助の必要のみに視点に置いているのである。

　「重度訪問介護」の対象は、「障害程度区分が4以上で、障害程度区分の認定調査項目のうち『歩行』『移乗』『排尿』『排便』のいずれも『できる』以外と認定されていること、の両者を満たしている者」と規定されている。暮らし方の選択が障害程度で決められている、とも言える。これは行動援護でも同様で、「知的障害者、精神障害者、障害児。区分3以上で、調査項目のうち行動関連項目（11項目）などの合計点数が8点以上の者」となっている。環境要因など別の側面は考慮されず、点数でサービス受給の可否が決められている。

　障害支援区分は診断的「専門性」を保持しようとしているものであり、社会サービスを必要としている人にとっては依存を迫られ、ネガティブな自己像を作り上げることになりかねない。

　生命の保持という最低限のレベルから、望む暮らし、生きがいというキーワードをもとにした支援に向かうためには、パーソナルアシスタンスの考え

方を取り入れたフレキシブルな介助体制を保障することが求められる。

5　おわりに——"暮らし"に必要な社会サービスと、その意思決定権

障害学者マイケル・オリバーは、著書『障害の理解』の「コミュニティケアの再考（Re-thinking community care）」の中で、市場は、売り手と買い手の力のバランスのもとに成り立つが、不幸にも福祉市場にはそのようなバランスは存在しないとして、これらのサービスを提供する専門家によって独占されてきた歴史がある、と述べている（Oliver, M. 1996: 55）。また、ディビス（Davis 1993: 16））はサービス提供における専門家の継続的独占について次のようにコメントしている。

> 「この重大な時期に、我々の生活は今だ専門家の手に置かれたままである。彼らは、彼らのほとんどの決定とその実践結果を決めている」

また、コリン・バーンズは、第二次大戦前よりよくなっているとはいえ、サービス提供団体によって、障害者が「依存の文化」（culture of dependence）に吸い込まれるというリスクがあると述べている（Barnes, C. 1991: 23）。障害者は無力で自分自身では決定できなく、必要なサービスや援助を自分のために選べない人であるという仮定に基づくものであり、障害の伝統的、個人依拠的、医療的に影響された定義に明白にあるいは暗黙の内に支持されてしまっているということである。

日本の経緯をみても専門家主導、行政主導となっており、障害当事者が手を緩めればどこまでも引きずられていく。障害者運動が自らの好みや望みを失わず自立生活を強く求めていくことが必要である。

障害のある人がふつうの"暮らし"を求める時に、生活行為を分割してそれぞれモザイクのように社会サービスを当てはめている障害者総合支援法。その下では、生活を遂行する上での困難を、居宅介護、重度訪問介護、行動援護、移動支援などに分類し、それぞれに障害を当てはめ、その上で生活すべてが計画的・規則的に行われなければならないという支給方法がとられている。

知的障害や発達障害のある人、高次脳機能障害や精神障害のある人は、援助にあたる人との関係性を重視する必要がある。しかし、それらが資格という「専門性」をもって提供者側の主導で行われているのである。そこでもっとも大切なことは、障害のある人自身が主導権を持ち、決定・選択できることである。それを無視することは、専門職の優位性、障害のある人の社会サービスにおける従属性につながってしまう。社会サービスの利用者主導を獲得するため、そして、望むアウトカムを達成するため、一つの選択肢としてパーソナルアシスタントがすえられなければならない。

　章末に日英のパーソナルアシスタンス及び関連する福祉の法制度などについての比較表を示した。荒い内容の年表であるが、外観してみると次のように示すことができる。

　第二次世界大戦後、1980年代までに日英ともに障害者関連の法が成立していくが、イギリスでは入所施設ケアからコミュニケティケアの施策が示され、自立生活基金の創設やパーソナルアシスタンスが生まれる。一方、日本では限定的な家庭奉仕員制度を超えて、一部自治体で介護人派遣事業、自薦ヘルパーが始まり、両国とも障害者運動の進展が伺える。

　1990年は、イギリスも日本も福祉政策の転換期と言える。イギリスは、コミュニティケア法が成立し、日本は社会福祉八法改正となり、いずれも社会サービスの民営化、市場化へと進むこととなった。そして、日本でも障害者の権利、自己決定と選択による利用者本位を主張するようになり、行政における審議会、検討会などにおいてもそれらの用語が使われている。同年代のイギリスにおいても障害者団体は協働してロビー活動を行い、自立生活が進展する。

　さらに、2000年も次の転換期といえる。日本では介護保険制度スタートし、支援費制度が破たん、その場しのぎのグランドデザインを出していたが、このころイギリスは白書『価値ある人々』が実践に移り、意思決定に支援が必要な障害者、介護家族の望む暮らしに向けたケアプランニングを受けることが法的に裏付けられることになる。

　日本では今後、障害者総合支援法をはじめ諸法を障害者権利条約に基づき総合的に見直し、誰もが自らの意思決定の権利に基づく暮らしを築いていける支援を創出していくことが求められる。

表4 日英のパーソナルアシスタンス等障害者福祉関連事項の経緯

	イギリスのパーソナルアシスタンス関連事項		日本の介助者関連事項
1948	国民扶助法【National Assistance Act 1948】（救貧法を廃止し、イギリスとしての"福祉国家"を形作る一つの法制度。この法では現金給付は認めていない。）	1947	児童福祉法
		1949	身体障害者福祉法
		1960	精神薄弱者福祉法
		1965	精神衛生法改正
1970	慢性疾患及び障害者法【Chronically Sick & Disabled Persons Act 1970】（コミュニティサービスの権利に関する改革の基盤で、諸サービスが具体的に示されている。）	1967	身体障害者福祉法改定（「身体障害者家庭奉仕員」が規定。非課税世帯に限定、公務員身分のヘルパー）
		1970	心身障害者対策基本法
1986	障害者（サービス、協議、代理）法【Disabled Persons (Services, Consultation and Representation) Act 1986】（障害者が地域で暮らすためのサービスの提供を自治体の責任で行う。）	1972	身体障害者福祉法改定（障害者の範囲拡大、重度障害者施策の法制化）
		1974	東京都身体障害者（1人暮し障害者）（重度脳性麻痺者）介護人派遣事業
		1980年代	障害者地域生活支援としての介助者派遣要求運動が高まる
1988	グリフィス報告（地方自治体によるサービス購入者と提供者の分離、ケアマネジメントの重要性など、1990年のコミュニティ法の基盤となる報告）	1982	家庭奉仕員派遣制度改正（必要な世帯に対して派遣回数、時間数の拡大、勤務形態の弾力化、課税世帯も有料で可。しかし、都道府県、市町村レベルでは「週18時間枠」として実質上限となる。）
1988	自立生活基金【Independent Living Fund】（国民扶助法では現金給付を認めていないが、この基金を通して重度身体障害者に現金給付が実施される。）	1986	東京都重度脳性麻痺者介護人派遣事業（市区町村に障害者自身が推薦登録をし、介護時間に応じて介護者の銀行口座に介護料が振り込まれる。1回、1日単位）
1989	児童法【Children Act 1989】（子どもの福祉の原則を定めて、親の養育、保護の責任、等を定めており、公的機関の家族への支援を示している。）		1980年代後半から1990年代 各自治体にて自薦登録ヘルパー制度が広がる
1990	国民保健サービス及びコミュニティケア法【National Health Service and Community Care Act 1990】（1993施行、ケアマネジメント手法導入）	1990	社会福祉八法改正
		1990	厚生省通達（「ホームヘルパー派遣事業」と名称変更、上限枠の撤廃）
		1993	障害者基本法
1993	新自立生活基金【Independent Living (Extension) Fund】【Independent Living Fund 1993】創設（前者は旧来の受給者の継続。後者は、重度障害者の一定所得以下など条件によりコミュニティケアの上乗せ基金として現金給付する。）	1993	市町村ホームヘルパー派遣事業が拡大・普及。民営化・市場化に向かう。一方、障害当事者が自らの介護人に主体的に生活支援を指示していける制度としては、国は認めていなかったので、各自治体に働きかけ動いていった経緯がある。
1995	障害者差別禁止法【Disability Discrimination Act 1995】（障害者運動は市民権法を望んだが、この法として成立した。）	1995	精神保健福祉法
		1995	社会保障制度審議会勧告（普遍性、公平性、総合性、権利性、有効性）
1996	介護者（認知及びサービス）法【Carers (Recognition & Services) Act 1995】（介護に当たる家族の権利を擁護し、アセスメントに基づいてサービスを入れることができる。）	1995	障害者の係る介護サービス等の提供の方法及び評価に関する検討会設置
1996	コミュニティケア（ダイレクト・ペイメント）法【Community Care (Direct Payments) Act 1996】（18-64歳対象。身体障害、感覚障害、知的障害、精神障害、その他の疾病等を対象にしている。）	1996	同検討会・身障部会「身体障害者ケアガイドライン案」
		1998	第1回障害者介護支援専門員養成指導講習会
		1998	社会福祉基礎構造改革について（中間まとめ）公表（措置から利用、競争原理で質と効率）
1997	同法施行	1999	障害者3審議会合同企画分科会公表（自己決定と選択による利用者本位の利用制度の提起）

年	英国	年	日本
2000	介護者及び障害児法【Carers & Disabled Children Act 2000】（ダイレクト・ペイメントをケアラーに拡大）（65才以上への適用：DoH: Authority Circular: Community Care (DP) Amendment Regulations 2000）	2000	介護保険制度スタート
		2000	社会福祉増進のための社会福祉事業法等の一部を改正する等の法律制定（2003より支援費制度を確定）厚生労働省「支援費制度Q&A」公表「支援費制度に係る事務大要」提示
2001	白書『価値ある人々－21世紀における知的障害者への新たな支援』Valuing People-: A New Strategy for Learning Disability for the 21st Century		
2001	保健及び社会ケア法【Health and Social Care Act 2001】	2002	第2回支援費制度担当課長会議開催 2002.10～支給申請受付、決定、受給者証交付の開始
2003	In Control（ボランタリーセクター）と自治体で本人主導サポート Self-directed support を開発	2004	4月より支援費制度開始（H.14.10.から受付開始）その時点で行政から指定事業者への支援費の支払を「代理受領」と表現している。
2004	介護者（機会均等）法【Carers (Equal Opportunities) Act 2004】（地方自治体に介護者への助言、支援を義務付けた）	2004	10.12. 第18回社会保障審議会障害部会「今後の障害保健福祉施設について（改革のグランドデザイン案）」（厚生労働省自体が排除していた精神障害者を福祉制度に組み込むことを利点として強調していたが、むしろ障害程度区分などにより財源制約を図ることが意図された。）
2005	介護者と障害児法と介護者（機会均等）法の統合政策ガイダンス【Carers and Disabled Children Act 2000 and Carers (Equal Opportunities) Act 2004 Combined Policy Guidance】		
2005	緑書『自立、幸福選択－イングランドにおける成人社会サービスの将来的ビジョン』【Independence, well-being and choice】	2006	障害者自立支援法施行（自薦ヘルパー制度や重度障害者介護人派遣事業など一部自治体の事業を「重度訪問介護」として法の中に位置づけた。）
2005	意思決定法【Mental Capacity Act 2005】（基本的に全ての人が意思決定が可能という前提）	2009	障がい者制度改革推進会議設置（内閣総理大臣を本部長として、障害者権利条約の締結に必要な国内法の整備のために集中的な改革を行うことが目的とされた。構成員には障害当事者が多く任命され、議長、議長代理は障害当事者が務めた。）
2005	白書『私たちの健康、ケア、声』【Our health, our care, our say】		
2006	政府、関係機関でPutting People First設置（イングランドの社会ケアを改善する新たな方策ビジョン、障害者の選択とコントロール、すなわちパーソナライゼーションを推進する。）		
2007	ケアラーズUK（Carers UK）"Choice on Chore"（ケアラーのダイレクトペイメントの体験）	2010	障害者自立支援法改正（上記障害者制度改革推進本部の検討を踏まえた施策見直しまで、利利用者負担の見直しを行う「応益負担」から「応能負担」を原則にするなど、微調整の内容となっている。
2008	保健及び社会ケア法【Health and Social Care Act 2008】		
2009	コミュニティケア、ケアラー及び児童のサービス（ダイレクトペイメント）（イングランド）施行規則 Community Care, Service for Carers and Children's Services (DP) (England) Regulation2009（アセスメントの目的は"望むアウトカム"（desired outcomes）であり、本人中心のアセスメントを行う。	2010	障がい者制度改革推進会議総合福祉部会設置
		2010	障がい者制度改革推進会議差別禁止部会設置
		2011	障害者虐待防止法
2009	ダイレクトペイメント法規則の変更 Direct Payments legislation change（ダイレクトペイメントの拡大（意思決定法の定義）で能力を欠く人もダイレクトペイメントに含める 成人の社会ケアのビジョン DoH: A Vision for Adult Social Care-Capable Communities and Active Citizens	2011	障がい者制度改革推進会議総合福祉部会「障害者総合福祉法の骨格に関する総合福祉部会の提言－新法の制定を目指して－」（提言の中の「個別生活支援」の中でパーソナルアシスタンス制度の創設を明示し、利用者主導、個別の関係性のもと包括性と継続性を備えた生活支援であると結論づけている。）
2010	保健省実践ガイダンス『本人中心のプランニングを通してのパーソナライゼーション』(Personalisation through Person-Centred Planning)	2011	介護サービスの基盤強化のための介護保険法等の一部を改正する法律」公布（ヘルパーの吸引行為などが認められる）

2010	平等法【Equality Act 2010】（障害者差別禁止法が他の差別禁止法に統合される）	2012	障害者総合支援法成立（重度訪問介護の対象拡大を示しているが、重度の肢体不自由者等であって常時介護を要する障害者として厚生労働省令で定めるもの、としている。ここからは意思決定支援などを伴う支援を含む表現は見られず、安全など医学モデル的な面の支援をイメージさせる。）
2010	Think Local Act Personal（50の団体の連合、パーソナライゼーションの推進、ケア法に向けての情報提供や助言、自己管理による生活サポート（Self-directed support）とパーソナルバジェットの啓発）		
2010	白書『将来に向けたケア：ケアとサポートの改革』【Caring for our future: reforming care and support】（全ての人にパーソナルバジェットを提供する法を定める計画を示した白書）	2013	障害者総合支援法施行
		2013	障害者差別解消法成立（関係省庁、公的機関は対応要領、対応指針を作成しているが、障害者に対する不当な差別的取扱いをしないこと、社会的障壁を取り除くための必要かつ合理的な配慮を行うとしている。）
2011	第2回パーソナルバジェット調査		
2012	第3回パーソナルバジェット調査		
2014	ケア法【Care Act 2014】		
2014	ケア及びサポートの公的ガイダンス【Care and Support Statutory Guidance】	2016	障害者差別解消法施行
		2016	障害者雇用促進法改正施行

［注］

1 外務省・障害者の権利に関する条約（日本政府公定訳）：
　http://www.mofa.go.jp/mofaj/files/000018093.pdf
2 外務省・障害者の権利に関する条約（英文）：
　http://www.mofa.go.jp/mofaj/files/000018094.pdf
3 British Council of Organisations of Disabled People の略であるが、その後に British Council of Disabled People と名称を変え、さらに現在では UKDPC（United Kingdom Disabled People's Council：http://www.ukdpc.net/site/home）
4 「コミュニティケア」の定義に関しては、『オックスフォード・ソーシャルワーク及びソーシャルケア辞典』）（Harris, J. & White, V.: Oxford Dictionalry of Social Work & Social Care, Oxford University Press, 2013: 97-98）において、モリスの言うように大規模精神病院からの地域移行に関して使われ始め、1960年代に政策的な方向性となり、今日のパーソナライゼーションなどの考え方につながると解説している。
5 Evans, J.: The Independent Living Movement in the UK, Indepenent Living Institute, 2003 (http://www.independentiving.org/docs6/evans2003.html)
6 『パーソナルアシスタンス・サービス：政策と実践に関するガイド』（World Institute on Disability: Personal Assistance Services: A Guide to Policy and Action, 1991）によれば、1989年4月12-14日ストラスブルグ（フランス）にて「パーソナルアシスタンス・サービスに関するヨーロッパ会議」開催。参加は、オランダ、イギリス、デンマーク、イタリア、スイス、スウェーデン、フランス、オーストリア、フィンランド、ベルギー、アメリカ、ハンガリー、西ドイツ、ノルウェーから100人以上の障害者で、会議の決議文は、パーソナルアシスタンスは障害者の自立生活の基本的要素であること、そして国連の人権宣言に含まれている完全参加と平等という基本的権利を遵守することを述べている。そして、パーソナルアシスタンス・サービスは、（利用者に費用負担させることのない）人権・市民権であること、サービスの多様な選択ができること、利用者が全ての

生活部面において参加できる、すなわち、家庭・職場・学校・レジャー・旅行・政治生活など。これらのサービスは、24時間、週を通して長期的に利用できると共に、短期間あるいは緊急時においても同様に利用できることなどを唱っている。

7　1964年、スウェーデンで障害者の生活環境改善をめぐりテレビのキャンペーンが行われ、それを契機に募金活動が行われ、フォーカス協会がつくられ、その後には地方自治体にこの型の住宅とサービスを提供する法的責任が課せられた。この障害者の住環境の研究や設計に取り組み中で、障害者の権利として次のような理念が掲げられ、それがイギリスに影響を与えている。

・自分が選ぶ地域で生活できること
・信頼できる個人的サービスがえられ、安全な環境のなかで生活できること
・健常者と同じ条件、同じ機会のもとで生活できること
・自分に適した職業を選ぶことができること
・満足のいく余暇活動を楽しめること
・望むところに行く交通手段が得られること

　このフォーカスアパートに関する文献は、河野康徳：フォーカスアパート、仲村優一・板山賢治編：自立生活への道－全身性障害者の挑戦、全国社会福祉協議会、1984: 307-311、及びアドルフD. ラッカ著、河東田博・古関・ダール瑞穂訳：スウェーデンにおける自立生活とパーソナル・アシスタンス――当事者管理の倫理、現代書館、1991: 49-53から引用した。

8　障害児を"抱えた"親という構図ではなく、障害のある本人と家族、それぞれの自己実現、つまり障害者自身の自立ということを実現する上で、介護する家族に対する独立した法的支援を作ることは一つの方策と言える。イギリスには、障害児者の家族を中心に構成している全国介護者協会 Carers Association（現在は Carers UK）があり、議員に対するロビー活動も盛んである。イギリスでは介護する家族をケアラーと呼び、自分たち自身の生活保障を要求した。ケアに当たっているのは大半が女性であること、そして、介護する家族への生活支援は行き渡っていなかったこと、そうした状況からケアラーの孤立が問題となって介護者（認知及びサービス）法 Carers (Recognition and Services) Act 1995（その後、介護者（機会均等）法 Carers (Equal Opportunities) Act 2004 等関連法が制定）の要求運動を発展していた。いわばケアラー運動とも言える。障害者本人とその家族がそれぞれの権利と自立が保障されことを求める全国キャンペーンが繰り広げられた。家族介護が犠牲や依存というネガティブな状況から解き放っていくことを示した。したがって、パーソナルアシスタントは、家族のいる世帯にも入っている。なぜなら介護がいるのはその本人であって、世帯単位の問題ではないからである。（ケアラーの問題は日本では表だっておらず介護すべき存在となっているが、イギリスではケアラーの課題として議論されている。日本ではケアラーの要求は本人に対して強く述べられているが、介護している家族、兄弟姉妹などの自らの自立、自己実現についての要求は弱いように思われる。なお、イギリスにおいてもいまだに障害児を自分の中に抱え込んでいる親は多いと言われている。

9　府中療育センター闘争と障害者運動については、次の文献に詳しい。廣野俊輔：府中療育センター闘争の背景――なぜ、この施設で闘争は起こったのか、福祉社会科学2号、大分大学大学院福祉社会科学研究科、2013: 33-55

10　中村優一と板山賢治編による『自立生活への道』は、当事者と専門職が執筆している当時最も新しい「自立生活」の総合的案内書であった。
11　Health and Social Care Information Centre: Adult Social Services Statistics, 2015
12　イギリス保健省による自治体関係部署の長に宛てた通知（LAC〔2008〕）に示されているが、それまでの緑書、白書を踏まえて、パーソナライゼーションとは障害者がもつニーズをどのような方法で解決するかを選択したりコントロールする力を障害者自身に与えることであり、自らでサポートプランを作り出すこととされている。

［引用文献］
Barnes, C. 1991 Disabled People in Britain and Discrimination, C. Hurst & Co.: 14, 15-16,15-20,23
Bracking, S. 1992 An Introduction to the Idea of Independent Integrated Living, Barnes, C. edt: Making Our Own Choices: Independent Living, Personal Assistance and Disalbed People, BCODP Publication,: 11
Callanan, C.2012 Managing money for someone who lacks capacity, Community Care, 26(1): 8-9
Cambridge, P. & Carnaby, S. edt. 2005 Person Centred Planning and Care Management with People with Learning Disabilities, : 172-181
Campbell, J. 1997 'Growing Pains' Disability Politics – The Journey Explained and Described, Barton, L. & Oliver, Mike edt: Disability Studies: Past, Present and Future, Disability Press,: 82-83
Davis, M. 1993 Personal Assistance – Notes on the Historical Context, Barnes, C. edt.: Making Our Own Choices,: 16
DoH(Department of Health) 2014 Care and Support Statutory Guidance Issued under the Care Act 2014,: 70-72,78-79,101,157-58
────── 2008 Local Authority Circular Transforming Social Care,: 1-8
Duffy, S. 2012 Personal budgets: whose money is it?, Community Living, 25(4),: 18-19
────── 2012 The limits of personalization, Tizard Learning Disability Review, 17(3): 111-123
GLAD(Greater London Association of Disabled People) 1995 Know your rights-An exploration of disability equality through the development of self advocacy, GLAD
Glasby, J. & Littlechild R. 2009 Direct Payments and Personal Budgets-Putting Personalisation into practice (First Edition), Policy Press,: 47
────── 2016 Direct Payments and Personal Budgets-Putting Personalisation into practice (Second Edition), Policy Press: 13-14,43
Greaves, I. 2017 Disability Rights Handbook-41st Edition April 2016-April 2017, Disability Rights UK, : 209,230
Independent Living Fund 2015 twenty-seven
Living Autonomy 1995 Independent Living through Personal Assistance-A Practical Guide to the Alternatives, Living Autonomy,: 5

Morris, J. 1993 Independent Lives? Community Care and Disabled People, Macmillan,: 3
―――― 1993 Independent Lives? Community Care and Disabled People, Macmillan,: 17-18
Oliver, M. 1996 Understanding Disability-From Theory to Practice. Macmillan Press Ltd.: 55-56
SCOPE 1994 SCOPE for life
SIA(Spinal Injuries Association) 1995 Moving Forward – The Guide to Living with Spinal Cord Injury, SIA
東俊裕監修・DPI 日本会議編集 2007『障害者の権利条約でこう変わる Q&A』解放出版社：68-69
小川喜道 2005『障害者の自立支援とパーソナル・アシスタンス、ダイレクト・ペイメント――英国障害者福祉の変革』明石書店、2005: 16-18
小山内美智子 1984「ケアつき自立生活を求めて――札幌いちご会の歩み」、中村優一・板山賢治編『自立生活への道――全身性障害者の挑戦』: 239
金子寿 1997『電動車椅子で見たイギリス――イギリスにおける障害者のパワーと実践』F.L.C.: 82
厚生省 1999「中央社会福祉審議会宛諮問書「社会福祉の増進のための関係法律の整備等に関する法律案(仮称)制定要綱」
河野康徳 1984「自立生活を考える手がかり――全身性障害者の状況と課題」中村優一・板山賢治編『自立生活への道――全身性障害者の挑戦』: 24-25
白石清春 1984「所得保障」中村優一・板山賢治編『自立生活への道――全身性障害者の挑戦』: 37-38
白石清春 2010「38 年間にわたる障がい者関連運動の思い出」あいえるの会編『白石清春氏・橋本広芳氏還暦祝い記念誌』: 32-34
身体障害者福祉審議会・中央児童福祉審議会・公衆衛生審議会 1999「障害者関係 3 審議会意見具申等について」セルプ通信: 15-27
中西正司ほか 2000『セルフマネジドケアハンドブック』: 23-30
原田政美 1981「自立生活」ジュリスト増刊号「障害者の人権と生活保障」: 352-355
樋口恵子 2001「日本の自立生活運動史」全国自立生活センター協議会編『自立生活運動と障害文化』現代書館: 13
藤井克徳 2015「フォーカス戦争と障害者・ドイツ編」『すべての人の社会』No.424: 6-7
―――― 2016「フォーカス戦争と障害者・ドイツ編」『すべての人の社会』No.428: 6-7
松井亮輔・川島聡 2010『概説障害者権利条約』法律文化社: 99-106
横塚晃一 1975『母よ！ 殺すな』すずさわ書店: 35-38

［参考文献］
Barnes, C. edt. 1993 Making Our Own Choices: Independent Living, Personal Assistance and Disabled People, BCODP Publication
BCODP 1994 Cashing in on Independence, BCODP Publication
―――― 1995 Controlling Your Own Personal Assistance Services, BCODP Publication
Care Act 2014 Her Majesty's Stationary Office
Lewycka, M. 2002 Caring for someone with a sight problem, AGE Concern England: 168-170

Watch, L. 2015 In celebration of the closure of the Independent Living Fund, Disability & Society, Vol.30, No.9,: 1434-1438

大澤真理 1986『イギリス社会政策史――救貧法と福祉国家』東京大学出版会

河東田博・孫良ほか 2002『ヨーロッパにおける施設解体――スウェーデン・英・独と日本の現状』現代書館

菅富美枝 2010『イギリス成年後見制度にみる自律支援の法理――ベスト・インタレストを追及する社会へ』ミネルヴァ書房

中村優一・板山賢治編 1984『自立生活への道――全身性障害者の挑戦』全国社会福祉協議会

パット・セイン著、深澤和子・深澤敦監訳 2000『イギリス福祉国家の社会史：経済・社会・政治・文化的背景』ミネルヴァ書房

第9章　ポスト障害者自立支援法のパーソナルアシスタンス
── カリフォルニア州のサポーテッドリビング・サービスを手がかりとして

岡部耕典

1　はじめに

　本章では、米国・カリフォルニア州で展開されている知的障害者の自立生活支援システムを手がかりとし、ポスト障害者自立支援法のパーソナルアシスタンス制度の在り方について検討を行う。

　本章の構成は以下のとおりである。まず、障害者権利条約第19条を参照しつつ、支援費制度から障害者総合支援法3年後の見直しに至る知的障害者の自立生活／居住支援政策の変遷及びその射程と問題点を概観する（第2節）。続いて、現行制度を批判的に再構築するための参照軸として、米国・カリフォルニア州における知的障害者の知的障害者の自立生活支援システムであるサポーテッドリビング・サービス（Supported living services）及びそれを支えるサービス権利法であるランターマン法（Lanterman Developmental Disabilities Services Act）の概要とポイントを確認する（第3節）。最後に、第2節、第3節の考察を踏まえ、これからの日本のパーソナルアシスタンスのあるべき姿とそれを支える制度の在り方を提起する（第4節・第5節）。

2　障害者権利条約の要請と障害者総合支援法の課題

2-1　権利条約第19条と知的障害者の自立生活支援 [1]

　2007年12月に国連で採択された「障害のある人の権利に関する条約とその選択議定書（以下「障害者権利条約」）第19条 自立した生活［生活の自律］

表1　障害者自立支援法における知的障害者の自立生活支援の課題

権利条約第19条の要請	対応する知的障害者自立支援の課題
(a) どこでだれとどのように暮すかの自由の確保	入所施設でも親元でもない「支援付き地域生活」の場が、グループホーム／ケアホームしかない。
(b) パーソナルアシスタンスを含む地域自立支援サービスの確保	身体障害者には存在する重度訪問介護等の長時間見守り型居宅介護の支援類型が存在しない（知的障害者に対するパーソナルアシスタンス制度の実質的な不在）。
(c) 一般住民向け地域社会サービス及び施設の利用保障	日中活動の場として想定されているのは障害者のみが通う通所施設（デイサービス）である。

及び地域社会へのインクルージョン」は、パーソナルアシスタンスの必要性に直接言及した条文として、これまでの章でも繰り返し言及されているが、改めてその含意を以下のように読み解いておきたい。

　まず、「この条約の締結国は、障害のあるすべての者と平等の選択の自由をもって地域社会で生活する平等の権利を認める」ことが求められている。さらに、その権利の確保のために必要な措置とは、「(a) 障害のある人が、他の者と平等を基礎として、居住地及びどこで誰と生活するかを選択する機会を有すること、並びに特定の生活様式で生活するよう義務づけられないこと」「(b) 障害のある人が、地域社会における生活及びインクルージョンを支援するために並びに地域社会からの孤立及び隔離を防止するために必要な在宅サービス、居住サービスその他の地域社会の支援サービス（パーソナルアシスタンスを含む。）にアクセスすること」「(c) 一般住民向けの地域社会サービス及び施設 [設備] が、障害のある人にとって他の者との平等を基礎として利用可能であり、かつ、障害のある人の必要 [ニーズ] に応ずること」[2] の三点である。

　「地域社会で生活する平等の権利」を保障されなくてはならないのは、いうまでもなく「障害のあるすべての者」である。しかし、西欧諸国と比して現在でも極めて高い比率で入所施設での生活を余儀なくされているという現実に照らせば、これからの日本において自立生活／生活の自律が特に焦点化されなくてはならないのは、知的障害者ではないだろうか。第19条の各項に対照するかたちで、障害者自立支援法における知的障害者の自立生活支援の課題をまとめると表1のようになる[3]。

　肢体不自由者だけでなく、日常生活と社会参加に「常時介護／支援を要す

る」知的障害者においても、(a)(c)が求める地域で自立し自律して社会資源を活用し暮らすことは、(b)の個別生活支援（＝パーソナルアシスタンス）があってはじめて実現可能なものとなる。それゆえ、北欧や英国・北米においては、肢体不自由者だけでなく知的障害者に対するパーソナルアシスタンスがすでに制度化され実施されているのである。

その意味では、障害者権利条約批准[4]を控えた日本の障害者福祉において、知的障害者も含む常時介護／支援が必要な者すべてに対してパーソナルアシスタンスを利用可能とすることは、ポスト障害者自立支援法の最大の「残された課題」のひとつであったことを、まず確認しておきたい。

2-2 障害者自立支援法までの知的障害者を対象とする居宅介護の状況

2000年の法改正によって知的障害者の居宅介護制度でも身体介護、家事援助に加えて余暇活動等の社会参加外出に使える移動介護（ガイドヘルプサービス）が利用可能となった。ただし、その実施方法が市町村への委託事業であったため、2003年の支援費制度の開始まではその実施率は全国の基礎自治体の30%程度に留まっていた。

支援費制度となって利用が大きく急増した背景には、①利用制度化にともない事業所の開設が市町村による委託方式から都道府県の指定方式以下に変更され事業開始が容易になったこと、②利用者が成人の場合は扶養義務者の範囲が配偶者と子に限定されたため、兄弟や親の負担がなくなり、利用しやすくなったこと、③対象が障害児にまで拡大されたこと、④グループホームの利用者であっても身体介護や移動介護に居宅介護を利用できるようになったこと、などの理由が考えられる。（柴田 2004）

支援費制度が発足した2003年から2004年2月までの8ヵ月間で、居宅介護費の総計は前年度比で知的障害者では1.8倍、障害児全体[5]では2.5倍と大幅に増加した。ただし、支援費制度に先行して開始された介護保険制度でも、制度開始後2年間の在宅介護に利用実績は対前年比53%増、110%増と伸びている。その意味では利用の増加は、従来の制度的制約によって潜在化していた知的障害者の地域生活支援の需要が顕在化しただけ、ともいえる。しかし、それにもかかわらず、それは「ニーズ爆発」[6]であると喧伝さ

れ、知的障害者の移動介護を筆頭に居宅介護全体にきわめて利用抑制的な政策がとられたのである。(岡部 2006b: 12-15)

2005年4月には、居宅介護全体に対する大幅な報酬単価改定が行われ、1.5時間を超える身体介護及び身体介護を伴う移動介護の単価は家事援助の単価まで引き下げられた。同時に、のちの障害者自立支援法の制度を先取りするかたちで「行動援護」という知的障害者・児を対象とする[7]新たな介護類型が創設される。

行動援護とは、知的障害者・児の「外出時及び外出の前後」に際して、問題行動を未然に防止する「予防的対応」、問題行動を起こしてしまったときに本人や周囲の安全を確保しつつ問題行動を収める「制御的対応」、外出中の排便・食事・衣服着脱等の際の「身体介護的対応」を便宜の内容とする居宅介護類型とされているが、実質的にはそれまでの高単価の身体介護を伴う移動介護の代替策といってよい。ただし、利用者は10項目からなる基準表に基づいて判定される「行動上著しい困難がある者」に限定[8]、かつ、一日の利用時間は5時間[9]に制限され、身体介護を伴う移動介護に準じた高単価も利用時間が増えるに従って逓減する単価体系となっていた。加えて介護者には厳しい資格要件が課せられたため、サービス利用・供給の両面において利用の拡大は限定的なものとなった。(岡部 2005)

身体障害者の長時間見守り型介護類型であり、支援費制度において実質的なパーソナルアシスタンス制度として利用されていた日常生活支援は、障害者自立支援法となっても重度訪問介護と名を変えて継続されるが[10]、「知的障害者に特化した介護」としては行動援護があるとの理由で、知的障害者が重度訪問介護を利用することは障害の程度に関わらず認められなかった。しかし、行動援護は基本的には移動のための介護類型であり、前述のような利用時間の制限もあって独居の知的障害者の長時間見守り介護を行うことは困難であった。それゆえ、障害者自立支援法のもとで、知的障害者に対してパーソナルアシスタンス中心の自立生活支援を行う場合は、行動援護と家事援助や身体介護、さらには支給決定の体系も異なる移動支援までも組み合わせて行うしかなかったのである。

2-3　重度訪問介護の対象拡大

　障害者自立支援法施行後も、重度肢体不自由者のみを対象とした重度訪問介護の対象者を知的障害者まで拡大することを求める支援の現場の声は根強くあった[11]。それが「重度訪問介護の対象拡大」という政策課題として浮上したのが、2010年4月から2012年2月まで開催された障がい者制度改革推進会議総合福祉部会である。

　2011年8月に発表された「障害者総合福祉法の骨格に関する総合福祉部会の提言」(以下「骨格提言」)[12]では、(1) 利用者の主導（含む・支援を受けての主導）、(2) 個別の関係性、(3) 包括性と継続性というパーソナルアシスタンスの基本要件を確認したうえで、「パーソナルアシスタンス制度の創設に向けて、現行の重度訪問介護を充実発展させる」こと及び「対象者は重度の肢体不自由者に限定せず、障害種別を問わず日常生活全般に常時の支援を要する障害者が利用できるようにする」ことが謳われている。

　骨格提言の射程は、重度訪問介護の対象を拡大することの延長に、パーソナルアシスタンスを核とし、居宅介護を含む日本の障害者福祉の体系全体の改革・再編を求めるものであった。

　これに対し、厚生労働省は、人材の効率性や財政制約を理由として、個別生活支援（パーソナルアシスタンス）ではなく、相談支援／ケアマネジメント体制によるサービス利用のコントロールとグループホームを居住の場とする地域生活／地域移行を前提とする専門家／援助者主導の障害者自立支援法体制を堅持しようとする。

　その帰結として、新法を見据えた当初の「厚生労働省案」では、「ケアホームとグループホームの一元化」が特出しされる一方、「重度訪問介護」や「パーソナルアシスタンスの制度化」は一顧もされていなかった。

　しかし、当時の政局と運動のせめぎあいのなかで、厚生労働省の想定に反し「重度訪問介護の対象拡大」は実現してしまう。2003年に起こったいわゆる「ホームヘルパー上限問題」(岡部 2003)以降、知的障害者介護の「ニーズ爆発」に対して大きな危機感を抱いてきた厚生労働省は、対象拡大を実質的にはきわめて限定的なものに留めるため、拡大される対象者を「知的障害又は精神障害により行動上著しい困難を有する障害者であって常時介護を

表2 重度訪問介護利用者数の障害種別（知的障害・精神障害）推移 （人）

障害種別	14年4月	7月	10月	15年1月	4月	7月	10月	16年1月
知的障害	316	325	345	354	392	412	435	458
精神障害	47	46	50	45	48	51	51	53
合計	36	371	395	399	440	463	486	511

利用者数は厚生労働省に確認

有する者」に限定し、さらに相談支援事業者と行動援護事業者を制度利用抑制のためのゲートキーパーとして配置したのである[13]。

2-4 利用の伸び悩みとパーソナルアシスタンスの施設化／療育化の懸念

2014年4月より重度訪問介護の対象拡大が実施され、少なくとも制度的にはパーソナルアシスタンスを中心とする知的障害者の自立生活支援を行うことが可能になった。知的障害者や精神障害者についても長時間見守り型の介護を受けられる制度的担保がついたこと、また、すでに重度訪問介護の資格をもち、自立生活センター等で重度肢体不自由者の自立生活支援を担ってきたヘルパーたちが別資格を取得しなくてもその自立生活支援にかかわることができるようになったことの意義は大きい。

ただし、前述のとおり、その利用者の範囲はきわめて狭く規定されており、「行動障害はない／軽いが常時介護が必要な者」はその対象者とは認められていない。制度開始以降の知的・精神障害当事者の重度訪問介護の利用者数の推移は（表2）のとおりであり、利用の絶対数も伸びもきわめて遅々としたものとなっている。　さらにもうひとつの懸念として、生活支援の施設化／療育化（岡部2015）がある。

対象拡大された重度訪問介護利用のゲートキーパーとなった行動援護であるが、そのルーツは障害児（者）地域療育等支援事業とレスパイト事業にあり、親元での同居やグループホームでの居住を前提として行う日中の身体付き移動介護として理解されるべきものである。

また、その利用を可能とするための判定基準は、入所施設におけるいわゆる強度行動障害の判定基準を流用したものであった。

行動援護と強度行動障害処遇事業の直接のつながりはないが、その実践や

研修の制度化の過程において、TEACCHプログラムや応用行動分析などの療育の理論や技法が取り込まれていったところは共通している。

対象者が拡大されたとはいえ、知的障害者や精神障害者の重度訪問介護利用は、「行動援護事業者等によるアセスメントや環境調整を経る必要」がある。また、重度訪問介護の従事者研修には従来の研修に加えて行動障害研修課程という別プログラムが新たに設けられることとなり、知的障害者や精神障害者の介護に従事する場合は、「利用者の状態に即した研修の課程を修了していることが好ましい」[14]とされる。さらに、この行動障害研修過程は障害者福祉施設職員の基礎研修として位置づけられる強度行動障害支援者養成研修（基礎研修）とほぼ同一の内容となっていることも確認しておきたい。

このようにして、重度訪問介護の対象者と利用の拡大を抑制しようとする政策的対応が、結果として、支援の環境も理念もまったく異なる入所施設での処遇と専門職主導・医学モデルの援助理論が重度訪問介護に密輸入されてしまった。今後それが当事者主導という重度訪問介護の基本的性格を侵食・変質させていくことが懸念されるところである[15]。

2-5 障害者総合支援法「3年後の見直し」の射程と今後の課題

附則において規定されていた障害者総合支援法の3年後の見直しの検討は、社会・援護局長が主催するワーキンググループ[16]のかたちで進められ、「パーソナルアシスタンスの制度化」をめぐる議論は、作業チームでの検討を含めそのかなりの時間を掛けて行われた。

それにもかかわらず、その結果を踏まえて決定された社会保障審議会障害者部会の報告書[17]では、パーソナルアシスタンスに関する記載は、「常時介護を要する障害者等に対する支援について」という論点の以下のような記述のみである。

「パーソナルアシスタンス」について
障害者の地域生活を支える仕組みとして、「パーソナルアシスタンス」の制度化を望む声もある一方、サービスの質の確保、ダイレクトペイメント、財政面等に関する課題も多いのではないかとの指摘がある。その目指

すところは、利用者本人のニーズに応じた柔軟な支援を可能とすべきとの趣旨ではないかと考えられる。

　このような「パーソナルアシスタンス」に対する消極的対応の帰結として、2016年5月に成立した障害者総合支援法の見直し法においては、骨格提言が提言した「重度訪問介護の発展的継承によるパーソナルアシスタンス制度の創設」にかかわる対応は、「重度訪問介護を入院時も利用可能とすること」のみとなった。
　かわりに改正法の目玉とされたのは、65歳を超えた障害者が介護保険制度に移行しやすくするために介護保険利用の1割負担を減じる仕組みを設けることであり、また、入所施設やグループホーム利用者がアパートなどに移り一人暮らしすることを前提とした定期・随時巡回訪問型の相談支援である「自立生活援助」の制度化である。
　改めて確認しておきたいが、、総合福祉部会骨格提言で示された「パーソナルアシスタンス制度化」のためのスキームは、重度訪問介護を発展継承し、①対象者の非限定②利用制限の撤廃③OJT中心の研修制度を実現させることだったのである。しかし、障害者総合支援法はその3年後の見直しを経た段階でも、①は行動援護対象者に限定した対象拡大、②は入院時のみの利用制限緩和にとどまり、③に至ってはOJTとは真逆の専門家主導の研修制度への誘導へと後退している。
　高齢障害者の介護保険利用に対する自己負担の減免は、高齢障害者の重度訪問介護利用の変更を迫る圧力となることも見逃すことはできない。また、「自立生活援助」という新たな巡回型相談援助の枠組みの創設及びそれにともないグループホームを重度障害者向けにシフトさせていこうとする政策動向は、「軽度は相談支援、中度・重度はグループホーム」という枠組みによって「パーソナルアシスタンスの制度化」を代替し、親元やグループホームでの暮らしの補完を大前提とする従来型の介護の体系へ重度訪問介護を組み込むことを志向しているようにも見える。自立生活援助の開始は2018年4月からであり、今後の政策の方向性と制度の在り方を注視する必要がある。

3 カリフォルニア州・ランターマン法に基づく知的障害者自立生活システムの概要 [18]

3-1 サービスシステムにおける支援のエンタイトルメント [19]

　カリフォルニアにおける知的障害者 [20] 支援システムの根拠法はランターマン法（Lanterman Developmental Disabilities Services Act） [21] と呼ばれ、カリフォルニア州福祉法（California Welfare and Institution Code）の第4500条から第4905条までから構成されている。その目的は、知的／発達障害者 [22] が家族や地域から引き離され施設へ入所することを防止しコミュニティで自立した生活を送ることを実現することであり、そのために必要な「サービスと支援（service and support）」を受ける権利とカリフォルニア州の提供義務が規定されている。

　「サービスと支援」とはたんなる福祉サービスの提供ではなく、障害の認定、ニードのアセスメント、ニードを満たす個別のサービスの提供までの一連のプロセスである。またその提供は①年齢や障害の程度に関わらず、②それぞれのライフステージにおいて、③地域でともに暮らすための支援であり、④個人のニーズや選択を完全に満たすものでなくてはならない [23]。

　ランターマン法の実施を担うのは、知的障害者支援を統括する州の公的機関であるカリフォルニア州発達障害局（the California Department of Developmental Services：以下DDS）及びDDSとの契約のもとで活動を行う民間非営利組織であるリージョナルセンター（regional center：以下RC）である。この両者が協働して知的障害者に「人生を通して最も適切な形で施設やサービスへのアクセス」を提供するシステムであるが、公設民営機関であるRCが相談援助と支給決定、サービスの購入のすべてを担うところが日本の障害者制度と大きく異なっている [24]。

　「サービスと支援」の対象となるのは、ランターマン法に書かれたdevelopmental disabilityの定義に当てはまる人たちである。具体的には、精神発達遅滞、脳性マヒ、てんかん、自閉症を主な障害としてもつ人たちであるが、「精神発達遅滞に密接に関係のある障害をもたらすような状況下に

ある人、あるいは、精神発達遅滞のある人に必要な支援に近い対応を必要とする人」[25] も対象となる [26]。

ランターマン法では「サービスと支援」は以下の5つの枠組みから構成されている。

①知的障害者の権利

「他のカリフォルニア市民と同じ権利を持っている」[27] ことを筆頭に、「自分の生活を決める権利」[28]、「選択をするのを助ける情報を理解できる形で得る権利」[29]、「自分の能力を最大限引き出すためのサービスや支援を使う権利」[30]、「最も制約の少ない環境の中でそうしたサービスや支援を受ける権利」[31] などの知的障害者が地域で暮らすときに必要な権利が明記されている。

②リージョナルセンター（RC）

知的障害者に対するサービスのコーディネート及び提供はDDSと契約したRCが行い [32]、その実施をDDSがモニタリングする。サービスを実施する主体はRCであるが、DDSもその実施を担保する責任がある [33]。

③個別支援計画（IPP）の作成とサービスの提供

RCは利用者と一緒に個人サービス計画（Individual Program Plan: 以下IPP）を作成する [34]。IPPに書かれたサービスと支援はRCがコーディネートし、あるいは購入して提供することに責任をもち、カリフォルニア州はその費用を提供する義務を有する。

④公聴会及び不服申立てシステム

利用者の権利を擁護するために公聴会（Fair Hearing）や不服申し立て手続き（Appeal Process）を設置する [35]。RCの利用を断られたり、求める支援がIPPに書き込まなかったりした場合は公聴会や不服申し立て手続きが利用できる。また、利用者は自分で不服を申し立てることもできる [36]。

⑤行政から独立したアドボカシー・サービス

当事者権利推進センター（The Office of Clients' Rights Advocacy: 以下 OCRA）やプロテクション・アンド・アドボカシー（the Protection & Advocacy, Inc: 以下 PAI）[37] などの当事者職員のいる独立したアドボカシー・サービスを利用可能とする。また、地域住民が参画するエリア・ボード（Area Board）を設け、施設入所者のための当事者権利推進員（Client Rights Advocate）やボランティアの当事者権利コーディネーター（Volunteer Advocacy Coordinator）を置く。

3-2 PC-IPP とリージョナルセンター・システムによる支給決定[38]

支給決定の鍵となるのは IPP（Individual Program Plan）である。IPP とは、RC を利用する知的／発達障害当事者が地域で自立した生活を送るためにどのような「サービスと支援」を望み必要としているか、誰がどのようにしてそれを提供するかについて書かれた当事者と RC の間の契約書である[39]。RC からの一方的な支給決定通知ではないため、利用者本人ないし本人の代理人が同意し署名していない IPP は有効ではない[40]。

IPP に記載された「サービスと支援」は、当事者のニーズに沿ったものでなくてはならない。そのために、IPP の作成と契約はその当事者の目標（goal）、選択、ニーズについて話し合う IPP ミーティング（IPP meeting）という形式で行われる。

IPP はインテーク面接から 60 日以内に書かれなくてはならないが、複雑なニーズがある場合や利用者本人が望む場合は、IPP ミーティングを 2 回以上開くことができる。IPP は最低でも 3 年に一度見直しがされなくてはならない。また、利用者が希望すればいつでも見直しを要求することができる。施設入所者の IPP 作成は入所施設の職員が中心となって行われることになるが、その場合でも将来の地域移行に備えるために最低 1 名の RC 職員の参加が義務づけられる。

以下に、IPP の主要な概念について、今後の日本の制度構想に対する示唆に富む点を中心に整理しておく。

〔本人中心〕

IPP ミーティングは「本人中心（person-centered）」でなくてはならない。ミーティングでは、どこで誰と住みたいか、自分の時間を誰と一緒にどのように過ごしたいのか、誰とどこで働きたいのかといったその人固有のニーズが具体的に焦点化される[41]。

〔作成チーム〕

利用者の目標や夢を達成するための方法を作り上げていく協働的なプロセス（collaborative process）が IPP ミーティングであり、それを担うのは利用者及びその関係者、そして RC スタッフを含めた作成チーム（planning team）である。どのような「サービスと支援」を IPP に記載するのかは作成チームが合議して決定する[42]。作成チームの構成メンバーは、利用者本人、利用者が指定する代理人、親（利用者が未成年の場合）もしくは後見人（利用者が被後見人の場合）、利用者が出席を希望する支援者[43]、サービス購買担当者等の RC 側の責任者[44]、作成チームによる「サービスと支援」の決定を担保する権限を持つ RC スタッフ、それに加えて施設入所者の場合は入所施設の職員であるが、作成チームの中心となるのはあくまで利用者本人とされている。

〔当事者参画〕

利用者抜きで支給決定のプロセスを進めることはできない。IPP ミーティングにおいて利用者は自分の使う「支援とサービス」について決定権を持つ RC 職員と直接話す権利がある。従って、IPP ミーティングには利用者本人の参加が必須条件であり[45]、その開催は利用者本人の都合の良い場所・都合のいい時間に行われなくてはならない[46]。また、利用者の参画だけでなくサービス購買担当者やスーパーバイザーなどの RC 側の「決定権者（decision maker）」の参画も必須とされ[47]、もし IPP ミーティングに不参加だった場合、利用者は権限を有する職員が参加した IPP ミーティングを 15 日以内に開催することを要求できる[48]。

利用者本人が知的障害により「会話ができない（do not talk）」場合でも

「人間にはそれぞれのコミュニケーションの方法があるので」[49] 参加は意味があり必要であるとされる。また手話などのコミュニケーション支援や英語以外の言語の使用も権利として保障されていることも言うまでもない[50]。

〔アセスメント〕

IPP ミーティングでまず行われるのは、利用者が有する潜在能力（capability）と現在問題となっていること（problem）に対するアセスメントである[51]。利用者の生活の目標や能力、長所、好み、目標を達成する上でのバリアなどを明らかにするため、ミーティングの冒頭でアセスメントに十分な時間をかけることが推奨されている。全体像を明らかにするためアセスメントは利用者本人、利用者の家族、友人、アドボケイト、サービス提供者などの広範な範囲を対象とすることが求められている[52]。

〔目標と課題〕

人間関係を深め地域の一員となるために利用者が希望し選択する生活の在り方が目標（goal）である。たとえば、「友人を作り、仲間との関係を高める」「仕事を持つ、地域で暮らす、学校へ行く、楽しい活動を行う」「どこで、誰と、どのように暮らしたいかを決める」「レクリエーションのグループやピープルファーストの地区部会、地域活動団体などに参加し地域の一員となる」「お金の扱い方や料理、バスの乗り方などを学ぶ」など利用者の住みたいところや参加したいレクリエーション活動、したい仕事などが幅広く対象とされる[53]。

課題（objective）とは、「目標を達成するのに役立つ、具体的で時間を区切った活動」[54] である。IPP の実施状況をモニタリングする必要上からも、課題は可能な限り具体的かつ期限や回数等を定めて記入されなくてはならない。課題達成のために必要となる「サービスと支援」はその当事者の生活や人生の目標（goal）、選択、ニーズを実現するために不可欠な援助である。それゆえ、RC は IPP に記載された「サービスと支援」を直接購入するのか他の機関や地域資源からの提供をコーディネートするのかのいかんにかかわらず確保する法的義務を有する[55]。

なお、RC が直接・間接の提供義務を負う「サービスと支援」は IPP に内容・支給量・提供者が具体的に記載されたもののみである。従って、適切かつニーズをきちんと反映した支給決定を受けるためには、利用者側も IPP ミーティングのための事前準備を行い、「好きなこと嫌いなこと、ほしいもの、必要なものについてのリスト」だけでなく「ニードを満たすために役立つ『サービスと支援』のリスト」も用意しておくことが推奨されている[56]。

　RC には事業者からのサービス購入を行うための個別の POS[57] があるが、それを理由として IPP により利用者個々にエンタイトルメントされた「サービスと支援」の提供を拒否したり支給量を制限したりするような内容とすることはできない[58]。同様にして、購買予算の不足を理由とする拒否や制限もできない[59]。　また、RC は、費用対効果（cost-effectiveness）[60] を考えて「サービスと支援」の購買を行う義務があるが、これは要する費用に対して最も良い効果が得られるようにせよという意味であり、必要なコストに差があることを理由として IPP で決定される「サービスと支援」の種別が左右されることは認められない[61]。

　RC 以外の公的機関が IPP に記載された「サービスと支援」を提供することができる場合には、RC 自身が購入するのではなくそうした他の機関のサービスをコーディネートする[62]。ただし、そのことによって必要とされる「サービスと支援」が低下してはならない。また、直接提供かどうかに係らず IPP によりエンタイトルメントされた「サービスと支援」の最終的な提供義務は RC にある。

　利用者の家族、友人、そして生活の中で定期的に会う人たちからできたボランティア・グループとして、経験を分かち合ったり、自立や地域への関わりを進めたりする人たちは「支援の輪（circle of support）」と呼ばれる[63]。「支援の輪」を作ることも RC がコーディネートできるナチュラル・サポートのひとつとして重視されている。ただし、それは利用者の社会参加の促進のためであって、RC が提供する「サービスと支援」の代替として「支援の輪」を強制することはできないことになっている。

　RC による「サービスと支援」の提供方法には以下の 4 つの方式がある。

①サービス事業者から購入して提供する

　RCが契約しているサービス事業者（service provider[vender]）[64]から「サービスや支援」を購入する方式。最も一般的な提供方式である。なお、契約済みの事業者や個人がIPPに記載された利用者のニーズを満たすことができない場合、RCは対応可能な新規事業者を探す責任を有する[65]。

②「一般的な機関」から提供させる

　利用者が公立学校、メディ・カルやIHSSなどの「一般的な機関（generic agency）」からサービスを入手することを支援する方法[66]。「一般的な機関」から提供させる「サービスと支援」には、特別教育、医療、生活扶助（Supplemental Security Income: SSI）、居宅介護（IHSS）などが含まれる。

③バウチャーを提供する

　必要なサービスや機器を購入するための「バウチャー（voucher）」を提供する方式[67]。バウチャーにはレスパイト、移動サービス、デイケア、居宅介護、おむつなどの種類がある。

　バウチャーを使うと、利用者が選択した事業所や個人からのサービス購入が可能となる半面、サービス提供者を探し、「雇用主‐被雇用者」の関係を作る責任が利用者に課せられる[68]。雇用主として利用者は、雇用、解雇、賃金の報告、源泉徴収と納税、労災などに関する州法及び連邦法を遵守しなくてはならない。ただし、RCにはそのための技術的な支援、指導、研修を行う義務を有し、自ら「サービスと支援」を購入して提供する代わりに一方的に利用者へのバウチャー使用を強要することはできない[69]。

④RC・DDSが直接提供する

　緊急時の介入的サービスはRCも直接対応を行う。また稀なことではあるが、どうしても必要な場合[70]はDDSも直接「サービスと支援」を提供することができる。

　いずれにせよ、RCはIPPを実施するためにあらゆる可能な方法を用いる

義務があり[71]、サービス資源の有無に係らず、RCにはIPPに記載された「サービスと支援」を実施しないという選択権はない。従って、RCがIPPに記載された「サービスと支援」が入手できないとか提供できないという場合は、利用者はその決定に対して公聴会や不服申し立て手続きを通して申し立てを行うことができる。

なお、サービス事業者の選定にあたっては利用者や利用者の家族が選びたいと思っている事業者が検討対象に含まれなくてはならない[72]。また、単に安いからというだけで質が劣るサービスや利用者が望まない事業者を強制することはできない。サービス提供を継続する条件として、利用者がサービスに満足し、IPPの課題（objective）が着実に達成できていることが必須とされている[73]。

3-3 サポーテッドリビング・サービスによる地域自立生活支援[74]

サポーテッドリビング・サービス（SLS: Supported Living Services）とは、親や後見人と同居ではなく住居を所有／賃借してコミュニティに暮らす知的／発達障害者に対して、「(A) 自分自身の家での生活 (B) 地域活動への参加 (C) 個人の可能性の実現を目的としてライセンスをもつSLS事業者によって提供されRCによって購入される支援サービス」[75]である。カリフォルニア州における知的障害者の自立支援システムはこのサポーテッドリビング・サービスを中核として構成されているといっても過言ではない。

[サービスの概要]

SLSは、1980年代半ばから開始され、1995年に正式に制度化されたカリフォルニアの知的障害者の居住支援サービスである。開始以降急速に拡大し2013年度の総利用者数及び総サービス提供費用は、それぞれ4万298名・6億620万ドルに達している[76]。

SLS以外の主たる知的障害者に対する居住支援サービスとしては、Independent LivingとResidential Facility（Community Care Facility）があり、具体的には、前者は社会スキルを身につけるためのトレーニングを受けるデイプログラム、後者はいわゆるグループホーム／ケアホームの支援を指

す。SLS は「住居の提供と支援サービスが完全に分離され、利用者は自分の住居に対して所有者／賃借者として障害のない者と同等のコントロール権をもつ支援」と定義され、グループホーム支援とは明確に区別されている。

　SLS の基本方針については、根拠法であるランターマン法第 4689 条（a）項において、以下のように記されている。
①利用者は、障害のない者の通常の生活様式において支援をうける。
②利用者のニーズが変われば支援サービスも変更される。
③だれとどこで暮らすのかは利用者が決める。
④自分の家の環境をコントロールするのは利用者自身である。
⑤サービス提供は、その利用者が自分自身の生活の在り方を選択し、他の者へ従属することなく永続する関係を築きあげることへの支援を目的とする。
⑥サービスは、利用者のニーズや選好に合わせて柔軟に調整される。
⑦サービスは、最も効果的な時期に、利用者が暮らす場所で、日々の活動に際して提供される。
⑧障害の種別や重さを理由としてサービスの提供から排除されることはない。

　また同条（c）項には、「この範囲に限定されるものではない」と断わったうえで、以下のようなサービスの概要が例示されている。
・利用者のニードのアセスメント
・自分の家を探し、改装し、維持することに対する支援
・コミュニティにおける無償のナチュラル・サポートを増やすための支援の輪（circles of support）の促進
・アドボカシーとセルフ・アドボカシーの促進
・雇用上の目的の達成
・社会／行動／日常生活スキルのトレーニングと支援
・24 時間の緊急対応
・生活必需品や備品の確保と維持
・パーソナルケア／支援者（IHSS[77]）のヘルパー、隣人による有償援助、有償のルームメイト等を含む）の募集・教育・雇用

　以上のような条文における詳細かつ具体的な記述を踏まえて、DDS のホームページ[78]では、SLS とは「利用者が日常生活を自分自身でコントロー

ルし、意義ある選択ができるように支援することを通じ、人間関係の促進／コミュニティへの完全な参画／長期にわたる人生のゴールの達成を援助することであり、その利用者の生涯にわたり、専ら障害の程度には依らず、必要なとき必要なだけ、利用者の必要（ニード）の変化に応じてフレキシブルに提供されるサービス」であることが確認されている。また同様にサービスの概要についても、以下のようなことがらに対する支援を含み、個別支援計画（IPP）作成のプロセスで利用者と協議し決定されるものと説明されている。

・住居を選択し引越する。
・パーソナルアテンダントやハウスメイト[79]を決める。
・家事や身の回りの整理をする。
・あたりまえの日常生活を送り緊急時に対処する。
・コミュニティの活動へ参加する。
・金銭を管理する。

［サービス提供方式］

　LSの提供は認可を受けたSLS事業者（SLS provider）がおこなうが、支援費制度以降の日本とは異なり、事業者と契約するのは利用者ではなくRCであり、サービス費用の支払いと同時に提供されるサービスの直接責任を負っている。IPPミーティング（IPP Meeting）と呼ばれる支給調整プロセスの結果、確定したサービス提供が記載されたIPPにRCの代表者と利用者の双方が署名することでそのサービス提供に係る費用はランターマン法によりエンタイトルメントされる[80]。

　支給決定者とサービス購買者を兼ねるRCは毎年予算管理のためにこれまでの購買実績と決定されているIPPに基づきサービス総購買量のフォーキャストを立てDDSに提出する。DDSは各RCからのデータを取りまとめ州議会に対して予算請求を行う[82]。

　SLSにおいて提供される支援の具体的内容はIPPミーティングを通じて「個別に」「テイラーメイドで」決められるので、おおまかなサービス提供のガイドラインがあるだけで、日本の居宅介護のようなサービス類型の細分化／提供する便宜内容の細かい縛り／一律かつ厳格に求められる公定単価とい

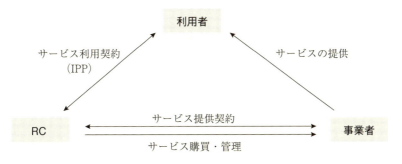

図1 RCによるサービス提供システム[81]

ったものは存在しない。DDSと各RCの間には提供が可能な事業者を選択決定し個別のサービスプランに基づいてその購入費用を協議調整するためのおおまかな目安となるレート（標準価格）は決められているが、それはあくまでフレキシブルかつネゴシアブルなものであり、利用者ひとりあたりの支給量の上限も設定されていないのである[83]。

[サービスの特徴]

実際の有償生活支援者は、大別すると主として日中の時間帯で当事者に付き添って支援をおこなうパーソナルアテンダント（personal attendant）と家賃をシェア、もしくは負担してもらって暮らすハウスメイト（house mate）に大別され、その中間的形態として、夜間のケアも担当するハウスメイトである「住み込みアテンダント（living attendant）」という形態も存在する[84]。パーソナルアテンダントは、狭義の介護だけでなく日中の移動支援や金銭管理等の手伝いも行い、マンツーマンの就労支援をおこなうジョブコーチを兼ねることもあるというフレキシブルで個人的／包括的な援助者である。また、日本の介護保険における巡回型介護や事業所が都度決めたヘルパーが派遣される移動支援等とは異なり、長時間の生活支援／同居を一定期間に亘って行うことを前提とする自分のアテンダント／メイトを選定するのは基本的に知的／発達障害をもつ利用者本人である。

コミュニティ生活に必要な「支援の輪（circle of support）」を形成するた

めに有償のアテンダントに加えてコミュニティにおける通常の有償・無償のリソースやナチュラル・サポートを使うことは奨励されており、また家事援助等のために部分的に IHSS などの他類型のサービスを組み合わせることもできる。このようにして利用者と相談しながら SLS のアテンダント／メイトを束ね、さらにコミュニティの支援を含むサービス調整をおこなうのが事業所のコーディネーター（coordinator）[85]の役割である。

なお、アテンダント／メイトが 24 時間対応することは特別なことではなく、①医療的ニーズ②コミュニケーション③判断能力④服薬等の自己管理能力⑤問題行動などにより必要と認められればそのような IPP が作成されるという。また入所施設から地域移行するときにはサービス支給量についても特に充分な配慮がなされる[86]。

4　ポスト障害者自立支援法のパーソナルアシスタンス

ランターマン法を根拠とし、サポーテッドリビング・サービスとして提供される知的障害者の自立生活支援のしくみは、障害者総合支援法 3 年後の見直しでは手を付けられることのなかった「重度訪問介護の発展的継承によるパーソナルアシスタンス制度の創設」推進のための大きな手がかりを与えてくれる。

4-1　支援の権利性に基づく給付と予算の確保

ランターマン法では地域生活とそのために必要な支援に対して明確なエンタイトルメントがなされている。具体的には、知的障害者が他の者と平等に地域生活を送ることは政府が確保しなくてはならない本人の権利であり、それゆえ、①そのために必要であるとアセスメントされた支援を支給決定すること、②支給決定された支援を実際に提供すること、③財政状況に関わらず支給決定された支援の費用を調達し支弁すること、もまた政府の義務とされている。

障害者総合支援法においてはその第 1 条（目的）に「障害者及び障害児が基本的人権を享有する個人としての尊厳にふさわしい日常生活又は社会生活を

営むことができるよう、必要な障害福祉サービスに係る給付、地域生活支援事業その他の支援を総合的に行い」と謳われてはいるが、現実的には個別の給付に対する個人の権利性が明確に担保されない反射的利益にとどまっているところがランターマン法とは大きく異なる点である。

　障害者自立支援法以降、在宅福祉の費用負担も「国の義務的経費になった」ことは、利用者の権利性の観点からは評価できる。しかし、それは自己負担分を除くサービス単価のおおむね 90% × 50%=45% に相当する部分に限定されたものであり、かつ、別途定めた国庫基準の範囲という制約をうけている。国庫負担基準は特に重度訪問介護による長時間見守り型介護の給付抑制を焦点化したものであり、「重度訪問介護の発展的継承によるパーソナルアシスタンス制度の創設」を見据えれば看過できないメカニズムである。

4-2　国庫負担基準の廃止と完全な義務的経費化の実現

　受給権を完全にエンタイトルメントするためには、国庫負担基準を廃止し完全な義務的経費化を実現しなくてはならない。自治体間の財政格差については、国庫負担基準によるシーリングではなく国の上乗せ負担によって是正されるべきであろう。具体的には、人口当たりの重度訪問介護利用者数等を基準とし、過度の負担となる自治体に対しては通常より国庫負担比率を引き上げるといったしくみなどが考えられる[87]。

　完全な義務的経費化が予算不足に帰結しないためには、徹底したニーズ積み上げ型の予算策定を行うことが必須である。前述のように、受給権が完全にエンタイトルメントされたカリフォルニア州では、DDS は各 RC にオンラインでフォーキャストの提出を求め、DDS はその集計結果をエビデンスとして州議会に対する予算概算要求を行う、というしくみができている。

　日本でも、国保連の支給実績データと計画相談で把握されたニーズを活用することで、現行の障害福祉計画において基礎自治体に 3 年ごとに自治体に義務付けられている障害福祉サービスの見込み量の策定を毎年へと変更し、それを厚生労働省が集計して次年度国家予算概算要求の根拠とすることは、少なくとも論理的には可能である。

4-3　当事者参画と支給決定プロセスの見直し

　障害者総合支援法における支給決定は、まず利用者が利用したいサービスを選んで市町村に申請し、障害程度区分による一次判定と市町村審査会による二次判定の結果を踏まえて市町村が支給の要否を判断するというプロセスとなっている。ランターマン法のもとでの支給決定プロセスと異なるのは、①利用者が申請前に利用を希望するサービスを決めておかねばならないこと、②認定調査の面談後は当事者不在のブラックボックス[88]のなかで判定作業が進められること、③支給は市町村の職権に基づく行政処分であり、支給の是非の判断主体は市町村である[89]こと、などである。

　ランターマン法が規定するPC-IPPにおいては、①申請はあくまでRCの利用資格（eligibility）を確認するためのステップに過ぎず、②支給内容は当事者・アドボケイト・ケースワーカーにより構成され「利用者の目標や夢を達成するための方法を作り上げていく協働的なプロセス（collaborative process）」であるIPPミーティングにおいて協議され、③その結果合意したIPPに当事者とRCの責任者の双方が署名したものに記されたサービス内容がすなわち支給決定となる。

　障害者総合支援法の支給決定プロセスの最大の問題点は、サービス利用に係る相談支援（計画相談）が支給の権利性を有さない単なる「プラン」の作成に過ぎず、支給決定のプロセスが受給者と支給決定を行う自治体ケースワーカーの協議調整がシャットアウトされたブラックボックスとなっていることである。

　これに対して、PC-IPPでは、当事者・支援者・ケースワーカーの「全員参加型」「協議調整型」のプロセスのなかで、「客観的にできないこと」ではなく「本人の主観的な訴え」を対話的に聞きとり、その「夢や希望」を適えるために必要な「支援とサービス」を相応の合意形成を図りつつ組み上げていくという方式がとられている。

　知的障害者に限らず、利用者本人の主観的な満足も含めて主体的に適切なサービスを選択及び決定し、さらに有意義に使いこなすためのシステムとして、どちらが優れているかは明らかであろう。

　現行の総合支援法の支給決定プロセスをPC-IPPと同様のものとすること

をめざすのであれば、最終的には障害支援区分や計画相談の廃止にまで踏み込んだ根本的な制度改革が必要となるだろう。とはいえ、現行制度のもとでも、支給決定の最終段階で自治体ケースワーカーと受給者本人及びその支援者との協議調整の場を確保することに特に制度的な困難があるとは思えない。

　もし人員体制等の物理的な問題があるのであれば、まずは、「非定型」として認定審査会の審査を受ける長時間の重度訪問介護の受給者に限定してもよいだろう。そもそも、受給者が自分自身の望む暮らしとそのために必要な支援の確保を直接支給決定権者に対して訴え、合意形成を得ることは、受給者に対する応答性のみならず納税者に対する応責性の観点からも求められるストリートレベルの官僚の責務である。

4-4　個別性・包括性・関係性が担保される当事者主体の支援システム

　サポーテッドリビング・サービス（以下 SLS）[90] は、(1) 利用者の主導（含む・支援を受けての主導）、(2) 個別の関係性、(3) 包括性と継続性というパーソナルアシスタンスの基本要件を確保しつつ、「介護」や「居住支援」、「相談」といった枠組みに分断されないフレキシブルでシームレスな自立生活支援であり、重度訪問介護の延長線上に障害種別を超えたパーソナルアシスタンスの制度化を構想する際に、知る限りもっとも参考になる支援システムである。

　SLS の目的は、(A) 自分自身の家での生活 (B) 地域活動への参加 (C) 個人の可能性の実現である。その支援の中核にあるのはパーソナルアシスタンスであるが、それはあくまで、利用者自身が誰にも従属せず地域で自立して望む暮らしをするための手段であり、アシスタントとの 1 対 1 の生活が自己完結することがめざされているわけではない。前述のとおり、そのサービスの概要には、地域における「支援の輪」の促進やジョブコーチ的な役割も含めた就労支援、有償・無償の支援との連携等の〈つなぐ〉機能が積極的に謳われ、また実践もされている。

　そこで提供される支援は狭義の「介護」に留まるものではなく、日常生活における意思決定支援や金銭の利用・管理などが支援内容として法にも明記されている。こういった支援は近年の日本の障害福祉の体系では「相談支

援」や「成年後見」の役割として位置づけられていく方向にあるが、それらを介護や家事援助、居住支援と一体的に提供するところがSLSの大きな特徴である。

なお、SLSの利用はあくまで「自分自身の家での生活」であり、親元の暮らしや、グループホーム内での支援として利用することはできない。SLSとグループホームは制度上厳格に区別され、DDSはSLSへの移行を推奨しているため、知的障害者の地域移行の受け皿はグループホームからSLSに緩やかにシフトしつつある[91]。

障害者総合支援法3年後の見直しでは、90年代以降の知的障害者生活援助政策のメインストリームとなっていた「グループホーム中心主義」にも変化の萌しがみられた。前述のように、グループホームに代わる地域生活の受け皿として「自立生活援助」というサービス類型が創設され、同時にグループホームの利用を重度障害者中心にシフトさせていくという方針が打ち出されたのである。

自立生活援助は、「施設入所支援又は共同生活援助を受けていた障害者その他の厚生労働省令で定める障害者が居宅における自立した日常生活を営む上での各般の問題につき、厚生労働省令で定める期間にわたり、定期的な巡回訪問により、又は随時通報を受け、当該障害者からの相談に応じ、必要な情報の提供及び助言その他の厚生労働省令で定める援助」[92]と定義される。

制度の開始は法案成立の2年後の2018年度のため、関連の政省令を含む制度の詳細は明らかではないが、その支援内容は、「定期的に利用者宅を訪問し、食事、洗濯、掃除などに課題はないか／公共料金や家賃に滞納はないか／体調に変化はないか／通院しているか／地域住民との関係は良好か、などについて確認を行い、必要な助言や医療機関等との連絡調整を行う」「定期訪問だけではなく、利用者からの相談・要請があった場合は、訪問、電話、メール等による随時の体対応も行う」ことであるとされている[93]。そこで描かれているのは、いわゆる随時巡回アウトリーチ型相談支援事業であり、少なくとも現状では介護、家事援助、金銭利用支援、夜間の居住支援といった支援を包括的に提供することは想定されていないようにみえる。

おそらく厚生労働省は、自立生活援助を、障害者権利条約第19条b項に

謳われる「地域社会における生活及び地域社会への包摂を支援し、並びに地域社会からの孤立及び隔離を防止するために必要な在宅サービス、居住サービスその他の地域社会支援サービス」[94]のひとつを念頭において創設したではないかと思う。その可能性を否定するものではないが、少なくとも地域で自立して生活する「常時介護を要する」知的障害者において、介護や家事援助と一体化しないアウトリーチ型の相談援助がパーソナルアシスタンスの代替とはなり得ないことは確認しておかねばならない。

5 「重度訪問介護の充実発展」と 「パーソナルアシスタンス制度の創設」

5-1 「常時介護が必要な」知的・発達障害者を排除しない地域移行のために

　総合福祉部会骨格提言が求めたのは、「パーソナルアシスタンス制度の創設に向けて、現行の重度訪問介護を充実発展させる」ことであり、「対象者は重度の肢体不自由者に限定せず、障害種別を問わず日常生活全般に常時の支援を要する障害者が利用できるようにする」ことである。パーソナルアシスタンスのための費用を利用者に直接払いするいわゆるダイレクトペイメントは骨格提言では求められていない[95]。

　それにもかかわらず、障害者総合支援法3年後の見直しのための論点整理ワーキンググループ[96]及びそこで設けられた「常時介護を要する障害者等に対する支援」を検討する作業チームでは、「パーソナルアシスタンスの制度化」すなわち「重度訪問介護のダイレクトペイメント化」であると想定した議論に多くの時間が費やされ、知的障害者が支援を「主導」することや、長時間見守り介護の費用問題を含め、さらなる対象者の拡大や重度訪問介護の充実発展に対して終始ネガティブな論調で議論が展開されていったのである。

　結果として、「常時介護を要する障害者等に対する支援」に関する3年後の見直しは、「病院入院中に重度訪問介護の利用を可能にする」ことのみにとどまった。

　新たに開始される自立生活援助の担い手として想定されているのは、主

として相談支援やグループホームを運営する事業者であろう。〈ハコのない施設〉や〈地域の施設化〉につながる可能性に（若干の）懸念を抱きつつも、自立生活援助が新たな地域自立生活支援の受け皿となる可能性には大いに期待したい、とも思う。しかし、自立生活援助がその支援のレパートリーに、介護や家事援助、金銭利用支援、夜間の居住支援等を含まないのであれば、「常時介護を要する」知的・精神障害者の日常生活を廻していくことは難しい。

そもそも、重度者向けにグループホームをシフトさせるとしても、「重度者向けグループホーム」を受け皿として「常時介護を要する」知的・精神障害者障害者の完全な地域移行は実現できるのだろうか。

「地域移行」で名を馳せたかつての大規模コロニーである長野県の西駒郷では、2003年当時437名だった入所者を計画実施後5年目には247名までほぼ半減させたが、「重度者向けグループホーム」への移行は必ずしも成功せず、結果として、2016年4月現在でも102名の施設入所者がいる[97]。

グループホームや新たに新設される自立生活援助のみで、すべての知的・精神障害者の地域移行と地域自立生活を支援することは困難である。本論冒頭において確認してきた障害者権利条約の批准、特に第19条の要請を踏まえれば、これまで実質的に「地域移行」から排除されてきた「常時介護が必要な」知的・精神障害者に対して対象者が拡大された重度訪問介護の利用促進を図っていくことが必要であり、また、その利用から「激しい行動障害はないが常時介護が必要な」知的・精神障害者が排除されるべきではない。

行動障害の有無にかかわらず、すべての「常時介護を要する」知的・精神障害者に対して重度訪問介護の利用を可能にすることが求められている[98]。

5-2 「パーソナルアシスタンス制度の創設」とSLSからのインプリケーション

最後に、カリフォルニア州のSLSを手がかりとし、「常時介護を要する」知的障害者も利用可能な障害者権利条約時代の新・支援システムとしての重度訪問介護の在り方についていくつか提案をしておきたい。

「常時介護を要する」知的障害者も利用可能な重度訪問介護の構想においてまず期待されるのは、意思決定支援や成年後見制度のオルタナティブとし

ての役割である。

　3-3で示したように、SLSとは「利用者が日常生活を自分自身でコントロールし、意義ある選択ができるように支援することを通じ、人間関係の促進／コミュニティへの完全な参画／長期にわたる人生のゴールの達成を援助する」ことであり、住居や支援者の選択等も含む日常生活の意思決定及び金銭管理の支援がその支援の重要な柱となっていることは前述のとおりである。「常時介護を要する」知的障害者は、同時に「常時意志決定支援を要する」のであり、その役割を日常的・具体的な支援と切り離された成年後見人等の専門家が担うことは難しい。「常時の意思決定支援」とは、その人をよく知る介護者が当事者と日々の生活を共にし、かつ個々具体的な場面において行う支援と一体化した共同意思決定であり、それが金銭や人間関係のトラブルの回避も含む日々の持続的な権利擁護としても機能することからは、介護・家事援助・移動支援と一体化した意思決定及び金銭管理・利用の支援を提供するこのようなSLSの在り方は非常にリーゾナブルで現実的な「常時介護を要する」者の支援であるといえる。

　対象拡大後の重度訪問介護においても、利用者による指示、見守り／待機が中心となる肢体不自由者の利用に対し、知的・精神障害者においては日常生活における個別具体的な意思決定に対する支援や金銭利用／管理などに対する「自律支援」（岡部 2010b: 155-156）が不可欠である。そのことを改めて確認し、重度訪問介護が提供する便宜の内容として意思決定支援と金銭管理・利用の支援を明記する必要がある。

　3年後の見直しの議論[99]では、〈常時介護／意思決定支援を必要とする者〉を〈介護者の管理能力が劣る者〉とみなし、常時介護を行う際の密室性やそこでの権利侵害の可能性を懸念する委員の意見もあった。しかし、それは、重度訪問介護の調整を行うサービス管理責任者（介助コーディネーター）に対する介護者の虐待や不正に対する監督管理の役割と責任を明確化し、かつそれを報酬上でも評価することで基本的に――少なくとも施設における虐待防止や権利擁護と同等程度以上には――対処することが可能ではないだろうか。

　「常時介護／意思決定支援を必要とする者」に対する重度訪問介護を使っ

た自立生活支援を、あくまで当事者の主体性（イニシアティブ）と個別の関係性にもとづく支援であることを大前提としつつ、当事者の指示待ちの介護ではなく当事者を中心とした介助者とコーディネーターによる有機的なシステムとして構想することで、支援の包括性と継続性を当事者個人の管理能力に過度に左右されずに安定して確保することが可能となる[100]。そのような重度訪問介護は、一方的な当事者の指示ではなく〈関係性に基づく支援〉を求めるすべての肢体不自由者にも使いやすい制度になるだろう[101]。

SLSにおいて提供されるサービスが、ハウスメイトや住みこみアテンダントなども含むテイラーメイドかつ包括的なものであり、報酬も時間単位ではなく一定のガイドラインに従いフレキシブルに決められることは、長時間の包括的な支援を行う重度訪問介護の報酬体系を再検討する際に大いに参考になる。

そもそも重度訪問介護は基本的に8時間以上の利用を前提とした単価設定となっている。それを制度的にも担保するためにも、その介護報酬や介護者の給与を1時間単位ではなく、たとえば8時間以上+4時間単位の「枠」を基本とした体系とするのが合理的かつシンプルである。また、自治体側に抵抗が強い夜間の支給決定については、SLSに倣い、医療的ケアを含む常時介護が必要な支援、見守りながら断続的な介護が必要な住み込みアテンダントの支援、基本的に介護は行わず、「同居人」（ハウスメイト）として待機する支援に分けてそれぞれ異なる報酬単価を設定することも有効な選択肢であると思われる。

「常時介護を要する」知的障害者の利用を視野にいれ、SLS等の先進的取り組みを参考にすることによって、様々な重度訪問介護の可能性が見えてくる。「パーソナルアシスタンス制度創設に向けて、現行の重度訪問介護を充実発展させる」ために今必要なのは、地道で具体的な制度のブラッシュアップであり、そのプロセスを共同して歩むことを可能にする政策側と当事者側の信頼関係の再構築が求められている。

［注］
1 表を含め、岡部（2010b: 50-51）。詳しくは岡部（2010a: 95-98）も参照のこと。
2 条約訳文は、長瀬・東・川島編（2008: 207-297）の「川島聡＝長瀬修仮訳（2008年5月30日）」に準拠する。
3 岡部（2010b: 51）表 3-1 の表題を修正。
4 2014年1月20日に批准。
5 厚生労働省では障害児の居宅介護利用については障害種別の統計がとっていない。
6 当時の行政官僚や一部の研究者によってしばしば使われた表現である。
7 障害者自立支援法となって対象は精神障害者まで拡大されたが、当初は知的障害者・児のみが対象だった。
8 10項目20点満点の10点以上が対象者。その後、行動援護の利用者数の伸び悩みもあって、8点以上に変更され、さらに障害者総合支援法では障害支援区分の行動関連項目12項目で10点以上の者が対象者とされている。
9 その後 8 時間まで延長された。
10 ただし、障害程度区分 5 以上の「四肢麻痺」という条件がつき、利用資格は厳しくなった。
11 寺本・岡部・末永・岩橋（2008）など。
12 文は、以下。http://www.mhlw.go.jp/bunya/shougaihoken/sougoufukusi/dl/0916-1a.pdf
13 本節についての詳細は、岡部（2014a）及び岡部（2016a）を参照のこと。
14 2014年3月7日障害保健福祉関係主管課長会議資料より。当初の厚生労働省の意向は行動援護事業者に限定することであったが、修文の過程でかろうじて「等」の文字が入った。また、従来からの重度訪問介護従事者研修を修了した者も知的障害者や精神障害者の重度訪問介護に従事することは制度的には問題ない。とはいえ、このような通知が自治体に与える影響はきわめて大きい。
15 本節の詳細は、岡部（2015）及び岡部（2016）を参照のこと。
16 2014年12月15日から2015年4月20日まで10回開催。http://www.mhlw.go.jp/stf/shingi/other-syougai.html?tid=234694
17 社会保障審議会障害者部会報告書「障害者総合支援法施行 3 年後の見直しについて」（2015年12月14日）
http://www.mhlw.go.jp/file/05-Shingikai-12601000-Seisakutoukatsukan-Sanjikanshitsu_Shakaihoshoutantou/0000107988.pdf
18 第 2 節は、岡部（2010c）第 2 章（82-93）をアップデイトし、加筆・修正を行ったものである。
19 岡部（2010b: 84-86）「法と制度の概要」に準拠。
20 米国カリフォルニア州における person with developmental disability の定義は、「発達初期に神経系の継続する障害を受け、知的障害者のためのサービスを必要とする者」であり、日本の発達障害者支援法に定義される「発達障害者」と区別し、さらに本論が扱う知的障害福祉に関連するサービスの対象者であることを明確にするために「知的障害者」と表記することとする。詳細については、岡部（2010b: 65-66）の注5）を参照のこと。
21 Frank D. Lanterman 上院州議員の提案によって 1969 年に成立したことからこの名で呼ばれる。その後数回の改正が行われている。

22 ランターマン法の対象者は我が国の発達障害者福祉法における「発達障害者」とは異なるので、本稿ではこの表記を用いる。詳細については、第2章及び岡部（2009:44）脚注5を参照のこと。
23 第4501条。注ではランターマン法の条文には法律名は付さない。
24 RCが日本の委託相談支援事業所と大きく異なるのは、予算及び支給決定権をもっている公設民営の福祉事務所とでもいうべき機関であるところである。
25 "persons with a disabling condition closely related to mental retardation or who require treatment similar to that required by a person with mental retardation"「第5区分（fifth category）」と呼ばれる。この第5区分を含め利用資格の詳細は岡部（2010b: 92-95）「利用資格」を参照のこと。
26 加えて、「発達障害のある子どもを生むリスクが高い人たち」及び「将来発達障害をもつ可能性がある3歳までの乳幼児」も対象とされる。
27 第4502条。
28 第4502条（j）。
29 第4502.1条。
30 第4502条（a）。
31 第4620条。
32 第4620条。
33 第4416条、第4434条。
34 第4646条。
35 第4700条以下を参照のこと。
36 第4731条不服申し立て（Section 4731 Complaint）。
37 現在の名称はDisability Rights California（DRC）。
38 岡部（2010b: 95-104）「IPPの作成と実施」の要約。詳細については原文を参照のこと。
39 第4646条、第4647条。
40 第4646条（g）　なお、合意できない場合、あるいは求める「サービスと支援」が受け入れられない場合、利用者は速やかに公聴会（fair hearing）を開催することを要求できる。
41 第4502条（j）。
42 第4646条（b）。
43 支給決定のプロセスに本人のみならず本人が希望する第三者（本人の生活をよく知る支援者）も参加可能であることは特筆すべきところであろう。なお、利用者が望めば、懇意にしている近隣住民に電話で参加してもらうこと等もできる。（第4章 p.6）
44 サービスを決定するだけでなく、事業者と契約し、購入するのもRCの役割である。それゆえ、IPPミーティングにはサービスを調整し購買する担当のRC職員も参加することが義務付けられている。（第4646条（d））。
45 第4512条（i）、第4646条。
46 第4646条（a）　利用者の自宅、利用するデイセンター、RC事務所などが例示されている。
47 第4646条（d）。
48 第4646条（f）。

49 第4章:10-11。
50 第4512条 (b)。
51 第4646.5条 (a) (1)。
52 第4646.5条 (a) (1)。
53 PAI (2006) 第4章:14。
54 第4645条 (a) (2)。
55 第4648条。
56 加えて「生活の質についてのアセスメント」も重要な手がかりとなる (P.4-17)。なお、ランターマン法に記載されている「サービスと支援」の名称はあくまでカテゴリーであり個別のサービス名ではない。実際のIPPに記入されるのは、具体的にどのような支援を行うかの具体的な内容である。
57 サービス購入指針 (Purchase-of-Service policy)。
58 たとえば、「自立生活技能訓練の上限を2年としている場合」(第4章:20) などが例示されている。RCごとにPOSは異なるが、DDSの確認と承認が義務付けられている (第4434条 (d))。また、POSを理由としてIPPにより決定された「サービスや支援」を拒否された場合は利用者は不服申し立てをすることができる。
59 Association for Retarded Citizen v. DDS, 38 Cal.3d 384 (1985)。
60 第4512条 (b)、第4646条 (a)、第4648条 (a) (1) (6)、第4651条 (a)、第4685条 (c) (3)。
61 「たとえば、グループホームの方がコストが安いからといって、サポーテッドリビング・サービスを認めないということがあってはならない」PAI (2006) 第4章:21。
62 第4648条 (a) (8)。
63 第4512条 (c)。
64 事業所 (agency) の場合も個人 (individual) の場合もある。
65 第4648条 (a) (3) (B)。
66 第4646.7条 (a)、第4647条 (a)。
67 第4648条 (a) (4)。
68 第4512条 (i)、第4648条 (a) (4)。
69 PAI (2006) 第4章:29-30。
70 「サービスと支援を提供するシステムに差が認められる場合や、IPPに書かれたサービスや支援を提供する事業者がいない利用者がいると認められる場合」(第4648条 (g))。
71 Assoc. for Retarded Citizen-Calf. V. Dept. of Developmental Services, 38 Cal.3d 384,388 (1985)。
72 第4648条 (a) (6)。
73 第4648条 (a) (7)。
74 図を含め、岡部 (2010b: 52-57)「サポーテッドリビング・サービス (SLS)」に準拠。
75 Title 17,54302 (a) (66)。
76 Fact Book 12th Edition (Department of Developmental Services2015) より。なお、同年度におけるDDS提供のサービスの総利用者数は26万1792人、総費用は38億6580万ドルである。
77 In-Home Supportive Serviceとは米国のいわゆる障害ヘルパー制度。DDSではなく、カ

リフォルニア州社会サービス局（California Department of Social Services）の所轄である。
78 http://www.dds.ca.gov/LivingArrang/SLS.cfm
79 3-3[サービスの特徴] 参照。
80 署名された IPP は個別支援計画であると同時に利用者と RC 責任者の双方が合意した支給決定通知書となる。
81 岡部（2010b: 56）図 3-1
82 各 RC と DDS 間の予算管理及び購買管理はオンライン化されている。なお、RC 及び DDS 双方への聞き取りによれば、サービス購買責任者とケースワーカーがたてたフォーキャストの精度は高く、予実績の狂いが問題になったことはほとんどないという。また DDS による支給の抑制や財務当局による予算案の減額などについても DDS と RC の責任者の双方に別々に突っ込んで質問してみたが、IPP で合意されたサービスの提供はランターマン法によりエンタイトルメントされているので支給抑制は不可能であり、手続きにのっとって請求された予算が減額されることはあり得ず現実にもないとの説明で一致していた。
83 2008 年の現地聞き取り調査の際には、RC ごとにレートが異なる理由としてロスアンゼルス地区等の物価の高い地区を考慮することが例示されており、給地調整的な意味合いが主たる理由のようである。また、一人当たりの利用量についてはサクラメント市郊外の SLS 事業所 S.T.E.P. が実際に提供している SLS 受給額は、一人当たり最低 2500 ドル／月〜最高 2 万ドル超／月であり、24 時間かつアシスタント 2 人体制の利用者もいるとのことであった。なお、同じパーソナルサービスであっても IHSS は公定の定額単価に基づく時給制である。同じパーソナルサービスであっても、いわゆるヘルパーサービスは公定単価の時給制、SLS のようなフレキシブルな生活の支援には費用は月額制を基本としているところは、今後の日本の居宅介護の制度において長時間見守り型の介護を立ち上げる際にも示唆に富むところである。
84 現地で訪問した SLS 利用者 N 氏の場合は、平日午前 8 時〜午後 2 時半までがパーソナルアテンダントを利用し、午後 2 時〜午後 10 時及びそれ以降はリビングアテンダント、さらに週末はアテンダント休養のためローテーションで別シフトを組むということであった。
85 日本でいえば居宅介護事業所のコーディネーターと相談支援事業所の相談支援員の両方の機能を一体的に果たしているような存在である。
86 DDS における聞き取りによれば、最後の「問題行動」にはいわゆる強度行動障害や触法行為などが含まれるようだが、「これは具体的には（入所施設での長期にわたる拘禁や虐待に起因する）『施設病』のことです」と説明を受けたのが印象的であった。
87 スウェーデンのように一定額以上をすべて国が負担するのではないので、私見では自治体側にも適切な支給管理のモチベーションを与えることができるのではないかと思う。
88 認知症高齢者と同じく、重度の知的障害者の場合は認定調査の聞き取りですら家族からのみで済まされてしまうことが多い。
89 障害者自立支援法／総合支援法の場合、「契約による福祉の受給」とはあくまで受給権を得たのちにどの事業所を利用するかの段階においてのみの話であり、制度的には受給そのものについては依然として反射的利益であることは措置制度のときとなんら変化はな

90 SLS の制度的概要は、本章第3節の他に、岡部（2012b）第3章（49-79）、第4章（83-118）に詳述している。
91 米国ではグループホームは residential faculty あるいは community care faculty と呼ばれ、制度上は施設に分類されている。SLS との制度的位置づけの違い、利用の伸び等については、岡部（2010b: 53）及び注12,13を参照のこと。
92 改正障害者総合支援法第5条第16項
93 「資料13（共通）」p.14（2016年3月17日「障害福祉サービス等に係る事業者説明会（保健福祉局高齢障害者部障害福祉サービス課）
94 障害者権利条約日本政府公定訳。
95 筆者は、骨格提言におけるパーソナルアシスタンス（個別生活支援）の項目をとりまとめた総合福祉部会訪問系作業グループの副座長であり、その立場からも明言できる。
96 障害福祉サービスの在り方等に関する論点整理のためのワーキンググループ（2014年12月から2015年4月20日まで10回開催）議事録及び資料は以下に掲載されている。http://www.mhlw.go.jp/stf/shingi/other-syougai.html?tid=234694
97 計画半ばでそのことが予想されたため、新たな入所棟が建設されている。
98 寺本・岡部・末永・岩橋（2008）では、重度知的／自閉の人たちの地域自立支援の実践を踏まえ重度訪問介護対象拡大を強く主張し、拡大後の課題については、寺本・岡部・末永・岩橋（2015）に詳述したので参考にしてほしい。
99 障害福祉サービスの在り方等に関する論点整理のためのワーキンググループ（2014年12月～2015年4月20日）http://www.mhlw.go.jp/stf/shingi/other-syougai.html?tid=234694
100 具体的には、寺本・岡部・末永・岩橋（2015: 316-322）及び同: 319の図「長時間の介護を利用し自立生活をしている知的障害者の生活はどのようになりたっているのか」を参照のこと。
101 SLS は知的障害のない脳性麻痺当事者にも HISS などよりも使い勝手のよいサービスとして評判がよい、という。

［参考引用文献］
岡部耕典 2005「ホーム・ヘルプ」日本発達障害者福祉連盟編『発達障害者白書2006年度版』日本文化科学社：139-141
――― 2006『障害者自立支援法とケアの自律――パーソナルアシスタンスとダイレクトペイメント』明石書店
――― 2010a「自立生活」松井亮輔・川島聡編『概説 障害者の権利条約』法律文化社
――― 2010b『ポスト障害者自立支援法の福祉政策――生活の自立とケアの自律を求めて』明石書店
――― 2010「知的障害者にも「生活の自律」を可能とする自立支援制度のために――アメリカ・カリフォルニア州の制度と実践を踏まえた制度提言」『厚生労働科学研究費補助金『障害者の自立支援と「合理的配慮」に関する研究――諸外国の実態と制度に学ぶ障害者自立支援法の可能性（H20―障害――一般―001）』平成20～22年度総合研究報告書：77-101

ーーーー 2014a「「重度訪問介護の対象拡大」の経緯と「パーソナルアシスタンス制度創設」の課題」『賃金と社会保障第 1620 号』旬報社: 4-16
ーーーー 2014b「「自己決定」とソーシャルワークーー障害学の視角から」『精神保健福祉 voi.45』日本精神保健福祉士協会
ーーーー 2015「自閉症スペクトラムと支援の本質ーー重度訪問介護の対象拡大と生活支援の療育化／地域の施設化」『精神医療』79 号批評社: 53-61
ーーーー 2016a「自立生活支援のブレークスルー？」『支援 vol.6』生活書院: 123-136
ーーーー 2016b「成年後見制度の利用縮小に向けてーーパーソナルアシスタンスと日常生活支援事業の活用」『季刊福祉労働 151 号』現代書館: 78-84
ピープルファースト東久留米 2010『知的障害者が入所施設ではなく地域で生きていくための本』生活書院
PROTECTION AND ADVOCACY, INC. 2006 " RIGHTS UNDER THE LANTERMAN ACT：Regional Center Services for People With Developmental Disabilities REVISED EDITION 2006"
柴田洋弥 2004「ホーム・ヘルプ」日本発達障害者福祉連盟編『発達障害者白書 2005 年度版』日本文化科学社: 149-150
寺本晃久・岡部耕典・末永弘・岩橋誠治 2008『良い支援？ーー知的障害／自閉の人たちの自立生活と支援』生活書院
寺本晃久・岡部耕典・末永弘・岩橋誠治 2015『ズレてる支援！ーー知的障害／自閉の人たちの自立生活と重度訪問介護の対象拡大』生活書院

おわりに

　10年ほど前、施設から地域への移行を高らかに宣言し、それを計画的に実行したことでその名を知られた県立コロニーを訪問したことがある。そこではグループホームを主たる受け皿とした地域移行が10年計画で進められ、当初400人以上いた入所者を5年後には半減させていた。しかし、すでにその段階で、計画の最終年に100人程度の入所者が残ることが明らかになっており、訪問時には新たな入所棟の建設が進められていたのである。当時行ったヒアリングでは、地域移行に取り残されてしまう人たちの多くは、いわゆる強度行動障害を有する重度知的障害・自閉症者であるということだった。

　2016年7月26日の相模原市の津久井やまゆり園入所者大量虐殺事件の背景や亡くなった方たちの状態像は本稿執筆時点では明らかではない。しかし、この施設が同じく県立コロニーをその出自とし、地域移行の受け皿としてその傘下に多くのグループホームを抱え、かつ強度行動障害支援を事業のひとつの柱にしている施設であるという外形的事実からは、殺害された19名を含む現在の入所者には、少なくともかなりの割合で、グループホームを受け皿とすることでは地域移行が困難な「常時介護を要する」人たちが含まれていることが推測できる。

　事件後、神奈川県は「ともに生きる社会かながわ憲章」を作り、「この悲しみを力に、ともに生きる社会を実現します」と謳い、「誰もがその人らしく暮らすことができる地域社会を実現」することを宣言した。その言葉を違えず実現するのであれば、まずこのような国の地域移行政策から取り残されてしまった人たちが地域で「その人らしく暮らす」ことのできる支援の充実を図ることが優先順位第一となるべきであろう。

　そのために必要となるのが、重度訪問介護の活用である。

　「グループホームで暮らすことは難しいが、重度訪問介護による長時間の見守り支援が行えるのであれば地域で暮らすことのできる入所者は何人もいる」。私の問いかけに対し、重度の知的障害／自閉の入所者を抱える入所施設の複数の施設長はかつて異口同音に語っていた。しかし、当時はそれに続

くのは、「でもそんなことは制度的に無理ですよね」というあきらめの言葉であったのである。

　2014年度からの重度訪問介護の対象者の拡大により、彼らの夢は（少なくとも制度上は）現在は実現可能である。しかし、その利用者はまだほんとうにわずかである（第9章表2：［274ページ］参照）翻って、欧米諸国では知的障害者の自立生活支援にもパーソナルアシスタンスを活用することはすでにあたりまえのことになっており、日本よりその対象者の範囲もはるかに広く、提供される便宜の内容も、意思決定支援や金銭管理・利用の支援までを含む広範でフレキシブルなものであることは本書で繰り返し詳述してきたとおりである。

　知的障害者の脱施設・地域移行だけでなく、パーソナルアシスタンスの利用についても周回遅れとなっている日本の現状がある。しかし、それを嘆くだけでなく、重度訪問介護の対象者と利用者のさらなる拡大を地域移行の閉塞を拓く鍵として活用していく政策の推進を求めていかねばならない。

　その道は、本書でも繰り返し示してきたように、パーソナルアシスタンスを意思決定支援や成年後見制度のオルタナティブ／ひとつのかたちとすることや、いわゆる「介助者手足論」や「自己決定による自立」を超える当事者主体の共同決定／共同責任という新たな支援論にも接続されている。骨格提言が求めた「重度訪問介護の発展的継承によるパーソナルアシスタンス制度の創設」がそのような営みとなることを著者一同大いに期待していることを改めて確認しておきたい。

　本書出版のきっかけとなったのは、2014年度障害学会第11回大会にて研究報告を行っていた小川喜道、鈴木良、中根成寿、山下幸子の各氏をお誘いして2015年より始めた私的な研究会の開催であった。その後この領域で研究をすすめている研究者や実践者にも参加の声がけを行い、名称も「パーソナルアシスタンス研究会」と定めて継続的に研究会を開催し、2016年度からは主要メンバーによって文部科学省科学研究補助金も取得して現在に至っている。

　本書の構想はこの研究会において練られ、執筆は研究会メンバーによって

行われた。本書はパーソナルアシスタンス研究会の中間報告として位置づけられるべきものであり、平成28年〜30年基盤研究（C）（一般）16K04158「知的障害者の地域自立生活支援とパーソナルアシスタンスの制度化に向けての総合的研究」の成果の一部である。

　最後になるが、出版業界、とくに学術出版に対して強い逆風が吹いている現在、本論集の刊行をふたつ返事で引き受けてくださった生活書院の髙橋淳さんには、感謝の言葉もない。あらためて深く御礼申し上げます。

2017年1月10日

　　　　　　　　　　　　　　　　　著者を代表して　　　岡部耕典

執筆者紹介

岡部耕典（おかべ・こうすけ）＊編者
　1955 年生まれ。東京大学文学部社会学科卒業、東京都立大学大学院社会科学研究科博士課程修了。博士（社会福祉学）。早稲田大学文化構想学部准教授を経て、現在、早稲田大学文化構想学部教授。元障がい者制度改革推進会議総合福祉部会構成員。重度訪問介護を使って自立生活を営む知的障害／自閉の息子がいる。
　主な著書に、『障害者自立支援法とケアの自律——パーソナルアシスタンスとダイレクトペイメント』（2006 年、明石書店）、『ポスト障害者自立支援法の福祉政策——生活の自立とケアの自律を求めて』（2010 年、明石書店）、『良い支援？——知的障害／自閉の人たちの自立生活と支援』（共著、2008 年、生活書院）、『ズレてる支援！——知的障害／自閉の人たちの自立生活と重度訪問介護の対象拡大』（共著、2015 年、生活書院）など。

山下幸子（やました・さちこ）
　1975 年生まれ。大阪府立大学大学院社会福祉学研究科博士後期課程修了（社会福祉学博士）。現在、淑徳大学総合福祉学部教授。
　主な著書に、『健常であることを見つめる——一九七〇年代障害当事者／健全者運動から』（2008 年、生活書院）、『障害者福祉』（共著、2014 年、ミネルヴァ書房）、論文に、「障害福祉制度と介護保険制度の関係——障害者総合支援法 3 年後見直し議論から」（2016 年、『賃金と社会保障』1654 号）など。

中根成寿（なかね・なるひさ）
　1976 年生まれ。立命館大学大学院社会学研究科応用社会学専攻博士課程修了。博士（社会学）。現在、京都府立大学公共政策学部准教授。
　主な著書に、『知的障害者家族の臨床社会学——社会と家族でケアを分有するために』（2006 年、明石書店）、論文に、「重度訪問介護支給決定時間から見る障害者の地域生活支援制度の検討——京都府における重度訪問介護支給決定時間に関する調査から」（2012 年、『福祉社会研究』13 号）、「日本におけるパーソナルアシスタンス制度導入にむけた課題整理—— 札幌市パーソナルアシスタンス制度調査から」（2012 年、『福祉社会研究』13 号）など。

圓山里子（まるやま・さとこ）
　1970 年生まれ。修士（社会福祉学、東京都立大学）、社会福祉士。自立生活センター・立川ヒューマンケア協会で調査研究等に協力。法政大学現代福祉学部、自立生活センター新潟、新潟市障がい者 IT サポートセンター、新潟医療福祉大学を経て、現在、西武文理大学サービス経営学部専任講師。
　主な著書に、『障害者福祉』（共著、2014 年、ミネルヴァ書房）、論文に、「障害者の自立生活を支える介護形態の検討」（1997 年、『社会福祉学』38 (1)）など。

深田耕一郎（ふかだ・こういちろう）
　1981年生まれ。立教大学大学院社会学研究科博士後期課程修了。博士（社会学）。2005年から、自立生活を営む人びとの介助者に。現在、女子栄養大学栄養学部福祉社会学研究室専任講師。　主な著書に、『福祉と贈与――全身性障害者・新田勲と介護者たち』（2013年、生活書院）など。

白井誠一朗（しらい・せいいちろう）
　1983年生まれ。生後1年で先天性ミオパチーの診断が確定。大学卒業後、難病当事者として活動をはじめる。大学院では「制度の谷間」をテーマにした研究論文をまとめ修士号（社会福祉学）を取得。現在、DPI日本会議事務局次長、障害連事務局次長。
　主な著書に、『知っていますか？障害者の権利一問一答』（共著、DPI日本会議編、2016年、解放出版社）、『障害者に対する支援と障害者自立支援制度〈第3版〉社会福祉士シリーズ14』（福祉臨床シリーズ編集委員会編、2014年、弘文堂）など。

麦倉泰子（むぎくら・やすこ）
　1974年生まれ。早稲田大学大学院文学研究科社会学専攻博士後期課程単位取得退学。専攻は、障害学、障害者福祉、福祉社会学。現在、関東学院大学社会学部准教授。
　主な著書に、『共生の社会学――ナショナリズム、ケア、社会意識』（共著、2016年、太郎次郎社エディタス）、『支援の障害学へ向けて』（共著、2007年、現代書館）、『障害学入門――福祉・医療分野に関わる人のために』（共訳、明石書店、2008年）など。

鈴木　良（すずき・りょう）
　1975年生まれ。NPO「ラルシュ・デイブレイク」(カナダ)の生活支援員、NGO「地に平和」のパレスチナ・プロジェクト担当員として勤務。立教大学大学院コミュニティ福祉学研究科にて博士号取得。京都女子大学家政学部生活福祉学科助教を経て、現在、琉球大学法文学部人間科学科准教授。
　主な著書に、『知的障害者の地域移行と地域生活――自己と相互作用秩序の障害学』(2010年、現代書館)、論文に、「知的障害者の脱施設化／ポスト脱施設化評価研究についての批判的検討――生活の質・専門性・費用対効果」(2016年、『障害学研究』11) など。

木口恵美子（きぐち・えみこ）
　1964年生まれ。国立秩父学園付属保護指導職員養成所修了後、障害者施設での勤務や介護支援専門員等の業務を経て、東洋大学大学院修士課程に入学。2012年、東洋大学社会学研究科社会福祉学専攻博士後期課程修了。現在、東洋大学福祉社会開発研究センター研究支援者。
　主な著書に、『知的障害者の自己決定支援――支援を受けた意思決定』（2014年、筒井書房）など。

清原　舞（きよはら・まい）
　1981 年生まれ。2005 年から 2006 年、スウェーデン南部ヴェクショー大学（現リネウス大学）留学。桃山学院大学大学院社会学研究科応用社会学専攻博士後期課程修了。現在、関西福祉科学大学社会福祉学部助教。
　主な著書に、『社会福祉概論──現代社会と福祉〈第 3 版〉』（共著、2014 年、勁草書房）、『新・はじめて学ぶ社会福祉 3　障害者福祉論』（共著、2016 年、ミネルヴァ書房）、論文に、「障害者の地域生活支援体制の構築に向けて──スウェーデン・カールスタッド・コミューンにおける実践を手がかりに」（2016 年、『桃山学院大学社会学論集』49（2））など。

浜島恭子（はましま・きょうこ）
　1967 年生まれ。London 大学 Birkbeck 校 Social Policy and Education 修士課程修了。DPI 日本会議事務局員。明治学院大学非常勤講師。2008 〜 2012 年の英国滞在中、精神障害者デイセンター、女性障害者グループ、自殺の危機にある人のためのレスパイトセンターでボランティアを行った。
　主な論文に、「イギリス意思決定能力法（MCA：Mental Capacity Act2005）に学ぶこと」（2016 年、『成年後見法研究』第 13 号）、「イギリスの地域強制治療 CTO（措置通院制度）の現状と課題──サービスユーザーの体験を聞く』（2013 年、『精神障害とリハビリテーション』17（2））など。

小川喜道（おがわ・よしみち）
　1948 年生まれ。慶應義塾大学法学部卒。神奈川県総合リハビリテーションセンター障害者施設職員として勤務。その間、ロンドン大学児童保健研究所 postgraduate diploma(Community Disability Studies) 修了 (1997 年)。2000 年より神奈川工科大学創造工学部教授。
　主な著書に、『障害者のエンパワーメント──イギリスの障害者福祉』（1997 年、明石書店）、『障害者自立支援とパーソナル・アシスタンス、ダイレクト・ペイメント──英国障害者福祉の変革』（2005 年、明石書店）、『障害学入門──福祉・医療分野にかかわる人のために』（共訳、2008 年、明石書店）など。

本書のテキストデータを提供いたします

　本書をご購入いただいた方のうち、視覚障害、肢体不自由などの理由で書字へのアクセスが困難な方に本書のテキストデータを提供いたします。希望される方は、以下の方法にしたがってお申し込みください。

◎データの提供形式＝CD-R、フロッピーディスク、メールによるファイル添付（メールアドレスをお知らせください）。

◎データの提供形式・お名前・ご住所を明記した用紙、返信用封筒、下の引換券（コピー不可）および200円切手（メールによるファイル添付をご希望の場合不要）を同封のうえ弊社までお送りください。

●本書内容の複製は点訳・音訳データなど視覚障害の方のための利用に限り認めます。内容の改変や流用、転載、その他営利を目的とした利用はお断りします。

◎あて先
〒160-0008
東京都新宿区三栄町17-2 木原ビル303
生活書院編集部　テキストデータ係

【引換券】
パーソナルアシスタンス

パーソナルアシスタンス
── 障害者権利条約時代の新・支援システムへ

発　行	2017年2月28日　初版第1刷発行
編　者	岡部耕典
発行者	髙橋　淳
発行所	株式会社　生活書院
	〒160-0008
	東京都新宿区三栄町17-2 木原ビル303
	TEL 03-3226-1203
	FAX 03-3226-1204
	振替 00170-0-649766
	http://www.seikatsushoin.com
印刷・製本	シナノ印刷株式会社

Printed in Japan
2017 © Okabe Kosuke
ISBN 978-4-86500-063-4

定価はカバーに表示してあります。
乱丁・落丁本はお取り替えいたします。

生活書院●出版案内

ズレてる支援！──知的障害／自閉の人たちの自立生活と重度訪問介護の対象拡大
寺本晃久・岡部耕典・末永弘・岩橋誠治　　　四六判並製　376頁　本体2300円

使わせてと訴えた「重度訪問介護」の対象拡大が実現する中、あらためて問われているものとは何か！支援を使って、地域で自立した暮らしをしている人がいること。集団生活ではなく一対一の支援をモデルにすること……「支援」と「当事者」との間の圧倒的なズレに悩み惑いつつ、そのズレが照らし出す世界を必死に捉えようとする「身も蓋もない」支援の営みの今とこれから！

良い支援？──知的障害／自閉の人たちの自立生活と支援
寺本晃久・岡部耕典・末永弘・岩橋誠治　　　四六判並製　288頁　本体2300円

知的障害／自閉の人の〈自立生活〉という暮らし方がある！　当事者主体って？　意志を尊重するって？　「見守り」介護って？　常識に凝り固まった支援は通用しない！　「大変だ」とされがちな人の自立生活を現実のものとしてきた、歴史と実践のみが語りうる、「支援」と「自立」の現在形。

母よ！　殺すな──厳罰化に抗する新たな役割を担うために
横塚晃一著　立岩真也解説　　　四六判上製　432頁　本体2500円

日本における障害者解放運動、自立生活運動の内実と方向性を大きく転換させた「青い芝の会」、その実践面・理論面の支柱だった脳性マヒ者、横塚晃一が残した不朽の名著。1981年すずさわ書店版を底本とし、未収録だった横塚の書き物や発言、映画『さようならＣＰ』シナリオ、追悼文、年表などを大幅に補遺、解説に立岩真也氏を迎え待望の復刊！

われらは愛と正義を否定する──脳性マヒ者 横田弘と「青い芝」
横田弘・立岩真也・臼井正樹　　　A5判並製　256頁　本体2200円

何故、障害児殺しに対して異議申し立てをしたのか。養護学校の義務化に反対し、川崎バス闘争を戦った彼らの主張の真意は何か。優生思想を巡ってどのように考え、フェミニズムの運動と何を論争したのか…人生の最期の瞬間まで私たちに課題提起を行い続けた、脳性マヒ者、横田弘。その80年の生涯の実像に迫る！

障害者運動のバトンをつなぐ──いま、あらためて地域で生きていくために
尾上浩二、熊谷晋一郎、大野更紗、小泉浩子、矢吹文敏、渡邉琢　　A5判並製　256頁　本体2200円

いまだ道半ばの障害者運動。七〇年代の運動の創始者たちが次々と逝去する中、先人たちが築き上げてきたものをどのように受け継ぎ、どのように組み換え大きく実らせていくのか。その大きな課題に向き合うために、これまでを振り返りこれからを展望する。

生活書院●出版案内

介助者たちは、どう生きていくのか——障害者の地域自立生活と介助という営み
渡邉 琢　　　　　　　　　　　　　　　四六判並製　416頁　本体2300円

身体を痛めたら、仕事どうしますか？　それとも介助の仕事は次の仕事が見つかるまでの腰掛けですか？　あなたは介助をこれからも続けていきますか？　介護保障運動史、ホームヘルプ制度の中身、介護保障と「労働」問題まで、「介助で食っていくこと」をめぐる問題群に当事者が正面から向き合った、これぞ必読の書！

福祉と贈与——全身性障害者・新田勲と介護者たち
深田耕一郎　　　　　　　　　　　　　　四六判並製　680頁　本体2800円

人にものをたのむことをしなければ、助けを請わなければ、生存がままならないという負い目を主体的に生きた、全身性障害者・新田勲。その強烈な「贈与の一撃」を介護者として自らの身体で受け取ってしまった筆者が、公的介護保障の実現を求めて生涯、社会運動にかかわったその生の軌跡と、矛盾と葛藤に満ちた「福祉」の世界を描き切った渾身入魂の書。

「健常」であることを見つめる——一九七〇年代障害当事者／健全者運動から
山下幸子　　　　　　　　　　　　　　　四六判上製　248頁　本体2500円

介助現場の関係性をめぐる困難という課題にたいし、何が議論されどのような行動がとられてきたか。1970年代障害当事者／健全者運動の軌跡から、障害者に不利益を与える構造の諸相と、健常者としてのありようがいかに障害者に与える影響について検討し、障害者と健常者の関係を規定する種々の仕組みを、具体的場面に即したかたちで考察する。

Q&A 障害者差別解消法——わたしたちが活かす解消法　みんなでつくる平等社会
野村茂樹・池原毅和編　　　　　　　　　A5判並製　200頁　本体1600円

権利者(障害のある人)ではなく義務者(行政機関や事業者)の側から差別解消を規定するなど不十分な点も多いこの法律を活かし、権利条約が目指す尊厳と多様性が尊重される平等社会を実現するために求められるものとは何か？　障害者差別解消法を最大限に活用し、実のある法律として障害当事者、市民自らが育て鍛えていくための、使えるQAブック！

支援　Vol.1～Vol.6
「支援」編集委員会編　　　　　　　　　A5版冊子　本体各1500円

支援者・当事者・研究者がともに考え、領域を超えゆくことを目指す雑誌。最新刊Vol.6の特集は「その後の五年間」と「くう、ねる、だす」。他にトークセッション「障害児の母、やってます！」など。